陕西高等职业教育改革创新实践研究

主　编：刘建林　朱晓渭
副主编：崔　岩　胡海宁　何玉麒

北京理工大学出版社
BEIJING INSTITUTE OF TECHNOLOGY PRESS

版权专有　侵权必究

图书在版编目（CIP）数据

陕西高等职业教育改革创新实践研究/刘建林，朱晓渭主编.—北京：北京理工大学出版社，2020.9

ISBN 978-7-5682-9062-3

Ⅰ.①陕…　Ⅱ.①刘…②朱…　Ⅲ.①高等职业教育-教育改革-研究-陕西　Ⅳ.①G719.21

中国版本图书馆 CIP 数据核字（2020）第 176667 号

出版发行　/　北京理工大学出版社有限责任公司
社　　址　/　北京市海淀区中关村南大街 5 号
邮　　编　/　100081
电　　话　/　(010) 68914775（总编室）
　　　　　　(010) 82562903（教材售后服务热线）
　　　　　　(010) 68948351（其他图书服务热线）
网　　址　/　http://www.bitpress.com.cn
经　　销　/　全国各地新华书店
印　　刷　/　三河市天利华印刷装订有限公司
开　　本　/　787 毫米 × 1092 毫米　1/16
印　　张　/　20.75　　　　　　　　　　　　　责任编辑／张文峰
字　　数　/　490 千字　　　　　　　　　　　　文案编辑／李玉昌
版　　次　/　2020 年 9 月第 1 版　2020 年 9 月第 1 次印刷　　责任校对／周瑞红
定　　价　/　69.80 元　　　　　　　　　　　　责任印制／施胜娟

图书出现印装质量问题，请拨打售后服务热线，本社负责调换

编写委员会

主　任：刘建林　朱晓渭

副主任：崔　岩　胡海宁　何玉麒

委　员：刘永亮　王周锁　赵居礼　王　晖　刘敏涵　刘胜辉　刘予东
　　　　杨卫军　田和平　杨云锋　程书强　高福华　张永良　冉　文
　　　　胡海东　杨建民　王晓江

前言 PREFACE

2019年是中华人民共和国成立70周年，也是陕西高等职业教育改革创新、快速发展和实践探索的20年。自1999年经教育部批准、陕西省人民政府独立设置成立陕西工业职业技术学院、杨凌职业技术学院2所高职院校起，陕西高等职业教育历经人才培养工作水平评估、人才培养工作合格评估、国家示范（骨干）校建设、国家优质校和骨干专业建设、陕西示范校建设、陕西"四个一流"建设、教学工作诊断与改进、现代学徒制、集团化办学等系列内涵建设的创新实践，取得了前所未有的发展成绩，成为我国西部高等职业教育的"标杆"，越来越受到全社会的重视和认可。到2019年年底，陕西共有36所独立设置的高职院校，还有2所职业教育本科试点院校，分布在全省10个地市，为陕西乃至全国经济社会发展提供了强有力的技术技能人才支撑。

在陕西省委、省政府的坚强领导下，陕西高职以习近平新时代中国特色社会主义思想为指导，深入贯彻党的十九大、十九届四中全会精神和习近平总书记关于教育的重要论述及全国、全省教育大会精神，落实《国家职业教育改革实施方案》，以立德树人为根本，积极推进高职扩招、现代学徒制试点、实施"双高计划"建设项目、1＋X证书制度试点、加强"三教"改革、教学工作诊断与改进等重点工作，不断深化产教融合、校企合作，全省高职院校内部治理能力、国际合作能力、人才培养水平和服务区域经济社会发展能力等显著提升。

依据《教育部财政部关于公布中国特色高水平高职学校和专业建设计划建设单位名单的通知》（教职成函〔2019〕14号），全国共有197所院校入选（其中：高水平院校56所，高水平专业群141所），陕西共有8所高职院校申报并全部入选，数量位居全国第8，其中：4所院校入选高水平学校，位居全国第4、中西部第1；陕西工业职业技术学院入选高水平院校建设A档"10强校"，为西部唯一；3所院校的3个教师团队，入选首批国家级职业教育教师教学创新团队；国家级教学成果获奖、专业教学资源库建设项目、技能大赛获奖均取得了较好成绩；在教育部组织的全国高职院校实习管理、教学管理和学生管理"50强"遴选中，陕西工业职业技术学院3项全部入选、杨凌职业技术学院分别入选2项、西安航空职业技术学院入选1项。这些成绩的取得，标志着陕西高职教育核心竞争力进入全国前列。

2019年11月，教育部职成司在全国高职高专校长联席会议2019年年会（重庆）期间，组织举办了"高等职业教育改革发展成果优秀案例展"，陕西省4项优秀案例全部入选，还有陕西工业职业技术学院、杨凌职业技术学院、西安航空职业技术学院、陕西铁路工程职业技术学院、陕西国防工业职业技术学院等院校优秀案例参展。2019年12月，陕西省职业技术教育学会2019年高职学术年会暨"立德树人、改革创新、高质量发展"学术论坛在宝鸡职业技术学院召开。先后有陕西职业技术学院、陕西交通职业技术学院、宝鸡职业技术学院、陕西财经职业技术学院等20多所院校提交了经验交流材料并展出了优秀案例。

为了更好地总结、宣传和推广陕西高等职业教育创新发展的"陕西方案""陕西模式"和"陕西经验",由陕西省职业技术教育学会、西部现代职业教育研究院组织编写了本书。

本书主要选编"全国高等职业教育改革发展成果优秀案例"、陕西省职业技术教育学会2019年宝鸡年会(宝鸡职业技术学院承办)、2018年延安年会(延安职业技术学院承办)、2017年渭南年会(陕西铁路工程职业技术学院承办)全省高职院校提交的典型案例和交流材料,从"改革创新促发展、立德树人育英才、'双高'建设谱新篇、内涵建设提质量、专业建设树品牌、'三教'改革强内涵"等六个方面,全面介绍了陕西高等职业教育改革创新的新思路、新做法和典型案例,以供相关院校在内涵建设、人才培养过程中参考。

本书在编写过程中得到了陕西工业职业技术学院、陕西铁路工程职业技术学院、延安职业技术学院、宝鸡职业技术学院等多所院校的大力支持和帮助。在此,向他们表示衷心的感谢!

由于编者水平有限,书中难免有不妥之处,敬请广大读者提出宝贵意见。

编　者
2020年1月

目录 CONTENTS

不忘初心、牢记使命,加快推进陕西高职"双一流"建设
　　——在省职教学会2017年高职学术年会上的讲话 ············· 刘建林　1
落实立德树人根本任务　实现陕西高职教育追赶超越
　　——在省职教学会2018年高职学术年会上的讲话 ············· 刘建林　7
抢抓机遇只争朝夕　奋力打造新时代陕西新职教
　　——在省职教学会2019年高职学术年会上的讲话 ············· 朱晓渭　14
完善现代职教体系势在必行
　　——发表在《光明日报》上的署名文章 ····················· 崔　岩　19
创新高水平专业群建设路径
　　——发表在《中国教育报》上的署名文章 ··················· 崔　岩　21

第一篇　改革创新科学发展　打造陕西职教品牌

推进职业教育集团化办学　深化产教融合校企合作 ····················· 27
积极探索高职"诊改"实践路径　全面推进内部质量保证体系建设 ······· 30
实施高职"双一流"建设计划　引领职业教育高质量发展 ··············· 32
扶智扶志产业扶贫　陕西高职在行动 ································· 34
陕西省高职国家级教学成果奖获奖项目名单(2014年、2018年) ·········· 37
全国首张1+X证书落地陕西工院 ······································ 40
中国高等职业教育首个"专业教学标准"输出赞比亚 ···················· 43
构建"一体两翼"育训体系　聚力知农爱农人才培养 ···················· 45
以赛促教以赛促学　推动创新创业课程教法改革 ······················· 53
服务"一带一路"建设　培养国际铁路人才 ···························· 56
红色基因铸魂　培养军工特质高素质技术技能人才 ····················· 59
扎根军工服务国防　构筑高素质技术技能人才培养高地 ················· 61
组建"一带一路"职教联盟　积极开展教育合作交流 ···················· 63
加强实用技术研究　促进科技成果转化 ······························· 67
构建学院内部质量保证体系　建设一流高职交通名校 ··················· 69

聚焦"一带一路"建设　以多元合作推动国际化发展 …………………………………… 76
内涵建设打基础　产教融合技能大赛国际合作结硕果 ……………………………… 80
营造良好校园文化氛围　推进开门开放国际化办学 ………………………………… 85
以技能大赛为突破口　提升学院办学影响力 ………………………………………… 88
校企"七共同"　融合"育人才" …………………………………………………… 92
扎实推进教育教学改革　创新产教融合校企合作新模式 …………………………… 96
以国家安全社会稳定为己任　培养德法兼修的法治后备人才 ……………………… 101
奋力追赶超越　服务绿色发展 ………………………………………………………… 104
育训并重"三赛"强技　服务地方经济发展 ………………………………………… 107
立足"两个平台"　开启政校行企协同育人新模式 ………………………………… 114
教育扶贫　科技成果转化 ……………………………………………………………… 117

第二篇　立德树人传承鼎新　全面推进素质教育

充分挖掘红色文化教育资源　培养德技双优技术技能人才 ………………… 呼世杰 125
工匠精神引领　军工文化驱动　培养高端技术技能人才 …………………… 张卫平 128
厚植校园文化底蕴　提升立德树人水平 ……………………………………… 杨建波 130
坚持立德树人　深化产教融合　创新航空高职教育文化育人新路径 ……… 杨建勋 132
实施十大素质教育工程　彰显立德树人工作特色 …………………………… 张　迪 135
强化五举措　实现四融入　推进创新创业教育工作 ………………………… 蒋平江 138
传承中华优秀传统文化　落实立德树人根本任务 ………………… 张秦龙　严丽丽 142
凝练培育大学精神　努力践行文化育人 ……………………………………… 王录军 146
提立德树人之"神"　铸立德树人之"魂" ………………………………… 姚志宏 150
传承"铺路石精神"　培育交通建设先行者 ………………………………… 刘　晶 152

第三篇　"双高"建设改革创新　服务国家发展战略

矢志工业强基铸魂精技　融创先进制造汇能成典 …………………………… 刘永亮 157
实施"六新"发展方略　打造高水平旱区农业职业教育新高地 …………… 王周锁 162
两航齐追蓝天梦　五方共育航修人 …………………………………………… 赵居礼 165
智能建造赋新能　高铁建设走世界 …………………………………………… 王　津 170
培养军工特质复合型人才　打造军工特色专业群新范式 …………………… 刘敏涵 174
产教共育智慧文旅　匠心锻造国际品牌 ……………………………………… 刘胜辉 179
打造高水平专业群　服务产业高端发展 ……………………………………… 刘予东 183

持续深化产教融合　建设高水平专业群　　　　　　　　　　　　　　　　　　　杨卫军　188
服务国家交通发展战略　建设一流高职交通名校　　　　　　　　　　　　　　　杨云峰　192
求真务实　突出特色　建设一流高职轨道交通名校　　　　　　　　　　　　　　田和平　195

第四篇　积极探索勇于实践　全面提升办学质量

坚持办好类型教育　为中国制造提供人才支撑　　　　　　　　　　　　　　　　惠朝阳　201
发挥后发优势　推动高质量发展　　　　　　　　　　　　　　　　　　　　　　苏永兴　203
改革创新　奋发有为　全面提高人才培养质量　　　　　　　　　　　　　　　　程书强　207
深化内涵建设　推进学校科学发展　　　　　　　　　　　　　　　　　　　　　张　雄　210
努力推进课堂教学创新　全面提升高职教学质量　　　　　　　　　　　　　　　李教社　213
实施"三建三创"改革　推进社会服务能力再提升　　　　　　　　　　　　　　 余德华　216
开展国际交流与合作　推进优质院校建设　　　　　　　　　　　　　　　　　　梅创社　219
"五双并举，岗位递进"　有序推进现代学徒制试点工作　　　　　　　　　　　　安学武　223
加快职业教育改革创新　推进1＋X证书制度落地　　　　　　　　　　　　　　 薛安顺　226
促进产业转型升级　服务地方经济发展　　　　　　　　　　　　　　　　　　　杨守国　230

第五篇　产教融合校企合作　打造一流专业品牌

立足交通优势　建设一流专业　服务国家战略　　　　　　　　　　　　　　　　王天哲　235
着力打造一流专业　全力推进一流学院建设　　　　　　　　　　　　　　　　　张永良　238
产教融合　引企入教　建设高职旅游一流专业（群）　　　　　　　　　　　　　王　平　241
弘扬工匠精神　深化产教融合　全面推进一流专业建设　　　　　　　　　　　　李林军　244
服务国家海洋发展战略　打造高职航运一流专业　　　　　　　　　　　　　　　王玉彪　247
材料成型与控制技术专业人才培养模式的研究与实践　　　　　　　　　　　　　杨兵兵　250
护理专业"校院融合三一递进"人才培养模式改革与实践　　　　　　　　　　　冯　华　253
酒店管理专业现代学徒制人才培养模式的探索与实践　　　　　　　　　　　　　王中锋　256
高职临床医学专业《儿科学》工学结合教学改革实践　　　　　　　　　　　　　茹官璞　261
学前教育专业"全实践"人才培养模式的探索与实践　　　　　　　　　　　　　祝　彦　266

第六篇　"三教"改革课堂革命　提升学生综合能力

推进课堂教学信息化　打造精品在线开放课程　　　　　　　　　　　　　　　　段　峻　273
搭建"产学研用"合作平台　打造一流教学团队　　　　　　　　　　　　　　　孟繁增　278

加强师德师风建设　落实立德树人根本任务 …………………………………… 张小林　282

加强专业师资队伍建设　提升教师教学科研能力 ………………………………… 贾清波　285

以技能大赛项目为引导　夯实教师实践教学能力 ………………………………… 董佳辉　288

以生产项目为载体　深化课程教学改革 …… 张福荣　田　倩　王　涛　张　亚　袁曼飞　294

提升教师信息化教学能力　推进混合式课堂教学改革 …………………………… 刘月梅　298

"一体两翼"高职思政课教学改革与实践 ………………………………………… 闫红茹　303

O2O教学模式在土建类专业课堂教学中的探索与应用 …………………………… 李　静　309

高职《动物生物化学》实验课程教学改革探讨 …………………………………… 侯金星　316

不忘初心、牢记使命，加快推进陕西高职"双一流"建设

——在省职教学会 2017 年高职学术年会上的讲话

刘建林

陕西省委高教工委委员、省教育厅副厅长（正厅级）、省高教局副局长　教授

（2018 年 1 月 23 日　渭南）

同志们：

今天，我们在这里召开省职教学会学术年会和"立德树人创一流、内涵发展上水平"论坛。海宁同志上午对今年高职重点工作做了安排部署，大家围绕一流专业建设、课堂教学改革、校企合作和国际交流进行了交流发言，刚才对职教论文优秀组织院校和个人、学会先进工作者、优秀通讯员和联络员进行了表彰。大家总结过去、展望未来、共谋发展，我觉得意义非常重大。

十九大报告提出中国特色社会主义进入新时代，我国社会主要矛盾已经转化为人民日益增长的美好生活需要和不平衡不充分的发展之间的矛盾；提出要优先发展教育事业，加快推进教育现代化，完善职业教育和培训体系，深化产教融合、校企合作。对我们来讲，如何以十九大精神为指引，加快推进我省高职教育现代化，全面完成新时代高职教育的新任务，是当前和今后一个时期的重大课题。下面，我就三个方面谈几点意见：

一、深刻理解十九大对高职教育提出的新要求

党的十九大提出了中国特色社会主义进入新时代的英明判断，明确了新时代的奋斗目标，建成富强民主文明和谐美丽的社会主义现代化强国。这需要高职教育不忘初心、牢记使命，继续践行服务宗旨，在新时代新征程上有新担当新作为。当前，正值国家推进"一流大学、一流学科"建设计划，高职教育作为高等教育重要组成部分，在"后示范"如何提升内涵，打造"一流"，完成国务院《关于加快发展现代职业教育的决定》（以下简称《决定》）中提出的"建成一批世界一流的职业院校和骨干专业，形成具有国际竞争力的人才培养高地"的任务，实现由"示范"到"优质"的再提升，是新一轮高职院校内涵建设的目标，是顺应国务院《决定》中建成职业教育"双一流"的关键之举，也是适应未来形成具有中国特色的"高水平高职院校、高水平骨干专业"的国家战略布局，更是深入学习贯彻十九大精神优先发展高职教育的具体行动。

从以上国家对高职教育提出的愿景来看，可以从以下几个层面来理解高职教育发展的新

要求：

一是不忘育人初心。立德树人是教育的根本任务。我们培养的人才，不仅要具备高素质技术技能，更重要的是有担当的德智体美全面发展的社会主义事业合格建设者和可靠接班人；必须以培养担当民族复兴大任的时代新人为着眼点，把握学生思想脉搏，采取更加务实灵活的方式，把习近平新时代中国特色社会主义思想融入教育全过程，讲透新时代思想、讲好新时代故事、培育和践行社会主义核心价值观。

二是强化供给侧改革。新时代的变化是全方位的，整个社会都在经历从传统向现代的巨变转型。作为与经济社会结合最紧密的高职教育，应该主动适应这些变化。新时代，科技进步日新月异，产业交融发展进程加快，新材料、新能源、新装备、新农业、新服务、新业态层出不穷，各院校要有超前的眼光和胆识，在专业建设、人才培养规格和目标定位等方面进行市场细分，持续进行供给侧结构性改革，在继续提高人才培养质量的同时，不断加大内涵建设和特色建设力度，紧跟科技进步与产业发展，调整培养目标和培养模式，源源不断地为新时代输送高质量技术技能人才。

三是增强服务能力。随着社会成员素质提升改善需求的日益强烈，高职院校理应主动承担责任，在服务技能人才培养的同时，研究社会各方面成员接受科学知识、技术技能、文化艺术、健康保健等方面教育培训的需求，充分利用优质资源，在社区教育、终身学习、老年教育等方面主动作为。同时，还要发挥好扶志、育智、培养技能的特殊作用，服务好精准扶贫。

四是激发内生动力。适应新时代需要，高职教育要继续推进综合改革。要更加重视顶层设计和统筹谋划，坚持问题导向和倒逼机制，以制度创新为突破口，着眼于过去想改而没有改好的重点领域和关键环节，破解改革发展中的系列难题，主动地、自下而上地进行体制机制探索，激发高职院校发展的内生动力。

五是迈向国际舞台。站在新时代、面向世界舞台，中国职业教育要不断向世界发声。在"一带一路"倡议等国家战略背景下，各院校要超越过去引进教育资源的限制，开始把国际化作为衡量办学水平的主要指标，要积极与中国企业携手走向世界，广泛寻求"走出去"办学的机会。我国的职教模式，已经开始在广阔的国际舞台发挥作用，必将为世界贡献"中国模式"。

虽然党的十九大为高职教育提出了广阔愿景，但职业教育仍然是教育中的短板，高职教育本身发展不平衡不充分问题依然存在，矛盾突出表现在以下几点：

一是高职教育区域发展不平衡。主要表现在欠发达地区职业教育资源不足，东西部院校发展不平衡。在陕西，主要是陕南、陕北地区教育发展相对滞后，公办院校、行业院校与民办院校间发展不平衡，国家示范校及一般院校间的差距不断拉大。这是下一步我省高职教育努力追赶超越，建设高教强省的首要矛盾所在。

二是高职教育与产业结构不协调。近年来，产业结构升级对人才的需求，已经通过市场传导机制促进了高职院校的专业设置以及人才培养模式改革，但高职教育和实体经济脱节现象依然存在，院校尚未真正成为面向市场办学的主体单位，高职教育与产业结构间的协调度还有待提升。我们在之前的巡视诊断中也发现了不少问题，功利化、同质化的表现就说明了这点矛盾。

三是职业教育的层次不系统。从 2014 年全国职教会召开后，国家正式提出系统构建从中职、专科、本科到专业学位研究生的职业教育人才培养体系，构建职业教育与普通教育之间横向沟通、纵向衔接的立交桥。但目前，我省高职教育体系尚不健全，本科层次职业教育人才培养通道还不畅通。

四是高职教育质量有待提高。提高人才培养质量是高职教育的核心任务。经过几年的外延扩张，高职教育的"四梁八柱"已经确立，下一步要加强"内部精装修"，通过增幅换挡、结构优化、动力转换，实现自身质量的提高。在我省当前贯彻"五新"战略的背景下，高职教育的质量提升之路任重道远。

二、认真审视高职教育创新发展的新形势

适应新时代，解决新矛盾，必须要求我们推动高职教育内涵式发展。

党的十八大以来，以习近平同志为核心的党中央坚持把教育摆在优先发展战略地位，强调扎根中国、融通中外、立足时代、面向未来，对教育工作做出一系列重大决策部署。党的十九大再次明确了教育优先发展的战略地位，要求高职教育必须适应新时代、新发展要求，在规模、结构、层次、质量等方面与时俱进、加强改革创新，真正适应新时代、迎接新需求、解决新矛盾，推动高职教育内涵式发展。

要重新审视和有效推动高职教育走内涵之路，实现创新发展，就要理解我国高职教育内涵发展的内容和特征，把握高职教育内涵发展的演变进程，才能理清创新发展的有效路径。

我国的高职教育起步于20世纪80年代的短期职业大学，经历了曲折的发展历程，真正作为一个类型确立地位是在世纪之交，作为现代职业教育体系的重要环节和层次是在2010年《国家中长期教育改革和发展规划纲要（2010—2020年）》颁布实施之后。无论是作为高等教育的一个类型或层次，还是作为现代职业教育的一个环节，高等职业教育的发展速度和成绩有目共睹。它的内涵发展先后历经"规模扩张与质量提高并重发展阶段（1999—2005年）""质量作为战略重点的内涵发展阶段（2006—2010年）""现代职教体系构建下的创新发展阶段（2010年至今）"三个阶段。

陕西高职教育经过十余年发展，特别是在近年来，党和国家在推进高等教育从大众化转向普及化、提高高等院校办学质量和水平方面采取了许多有力的措施，实现了陕西高职教育的快速发展。到现在，建成国家示范（骨干）高职院校6所、省示范院校12所，在建国家优质校12所；建成国家重点专业30个、省级重点专业239个、省级专业综合改革试点项目117个、省级一流专业200个（建设50个+培育150个）。尤为关键的是，陕西省委、省政府结合自身实际，把国家"双一流"拓展为"四个一流"，形成了具有陕西特色的高等教育一流建设顶层设计，使得不同层次和类型的学校都有冲击一流的机会。在高职"双一流"建设引领带动下，2017年我省高职多项指标扎实提升：10所院校获批现代学徒制改革试点项目，位居全国第1；技能大赛成绩位居全国第10、连续3年创历史最佳，首次承办2个国赛项目；高职信息化教学大赛，首次获一等奖2项，省教育厅获最佳组织奖；数学建模高职组竞赛获奖居全国第1，摘得最高奖"高教社杯"；6个项目入选专业教学资源库，数量超历届总和；11个专业入选行业示范专业，位居全国第8。陕西高职无论是院校数量，还是在校生人数都排在全国中等水平，以中等体量取得以上成绩，非常来之不易，这蕴含着在座各

位以及全省高职战线同志们的心血和智慧。在此，我代表省教育厅、省高教局向大家表示衷心的感谢！

同志们，在总体发展态势良好的情况下，我们还必须深刻认识到新形势下发展所面临的新要求：

一是深化产教融合、校企合作，坚持工学结合、德技并修。产教融合是职业教育的本质要求，是现代职业教育发展的重要方向，是构建现代职教体系的关键，是建设中国特色、世界水平职业教育的核心。因此，必须以高职教育的本质属性，即职业性、技术性和终身性为逻辑起点，深入研究产教融合的内涵，从专业结构与产业结构精准对接，教学过程与生产过程深度融合，学历教育与在职培训并重，为行业企业提供技术服务和技术开发等多方面，探索深化产教融合的模式和实现路径。

二是面向产业转型升级，培养大批知识型、技能型、创新型人才。党的十九大报告提出建设现代化经济体系，加快建设制造强国，加快发展现代制造业和现代服务业，促进我国产业迈向全球价值链中高端，培育若干世界级先进制造业集群，这就需要建设一支知识型、技能型、创新型劳动者大军。因此，高职教育必须主动适应新时代经济现代化的需要，面向现代化、面向世界、面向2035年和2050年，深化供给侧改革，为新时代中国特色社会主义现代化建设培养知识型、技能型、创新型劳动者大军。

三是面向"一带一路"倡议，推进职业教育国际化。高职教育如何更好服务"一带一路"倡议，坚持"请进来"和"走出去"相结合，实现人才输出、技术输出、文化输出、教育理念输出，是提升国际化水平的重大机遇。因此，要想在服务"一带一路"倡议中有大作为，必须做好顶层设计，将自己放到更开放的市场中谋划长远发展，创新与沿线国家的商业模式，开展沿线国家产教协同对接、技术技能标准对接、专业建设标准对接等研究。

四是大力弘扬企业家精神、劳模精神和工匠精神。党的十九大报告指出："激发和保护企业家精神""弘扬劳模精神和工匠精神，营造劳动光荣的社会风尚和精益求精的敬业风气。"因此，高职院校要进一步增强职业素质教育，将工匠精神作为学生职业素质训练和职业能力培养的核心文化，将培养工匠精神和提高职业技能有机融合，构建科学、完善、有效的工匠精神培养机制，在人才培养方案中融入工匠精神要素，在日常课堂教学中融入工匠精神内涵，营造精益求精的校园职业文化。

五是以就业为导向，学历教育和职业培训并重，大力倡导终身教育和终身学习。高职院校要密切关注产业转型升级和技术创新动态，积极深入到行业、产业进行调研，开展各种技能培训和技能提升，对接企业员工终身学习和技能提升需求，不仅为企业在职员工提供及时、优质培训，也为终身学习者提供各种岗前培训、转岗培训、就业培训、创业培训以及农村剩余劳动力转移培训。

六是加强思想政治教育，践行社会主义核心价值观，促进青年健康成长。习近平同志在党的十九大报告中，作出了"中国特色社会主义进入新时代"的重大战略判断，提出了"培养担当民族复兴大任的时代新人"的重大战略命题。因此，将新时代中国特色社会主义思想作为高职院校学生思想政治教育的重要内容，就是要引导广大学生理解、领会、掌握新时代中国特色社会主义思想的理论精髓，在广大学生当中深入开展中国梦教育实践活动，激活学生的理想追求，让每个学生在逐梦旅程当中经磨炼、受教育、长才干、作贡献。

三、准确把握新时代高职教育发展的新使命

刚才，谈了这么多，总结一下，可以说高职教育的地位被提到了前所未有的高度，也预示了高职教育在新时代承担着新使命。

关于我省高职教育的创新发展，在今年年初的时候，我讲过"六个基于"：基于社会主义大学办学方向，把立德树人放在首位，培养中国特色社会主义的合格建设者和可靠接班人；基于供给侧改革，推动高校"办学有特色、发展有优势、工作有亮点"，实现"一校一策"；基于大学现代化要求，重塑大学精神，进一步凝练打造学校的核心价值文化，将其内化为师生的自觉行动；基于目标管理要求，精准发力，助推学校特色发展；基于分类指导原则，准确定位，推动学校发展上水平；基于项目带动，做好教学、科研、实训、大赛、成果培育等平台建设；基于双一流建设思想，以专业建设统领教育教学工作，做好一流学院、一流专业建设，实现陕西高职教育更好更快发展。

因此，我们高职院校实现内涵发展既十分必要，又具有现实紧迫性，同时也是一项系统工程，必须提高认识、重点突破、系统推进。这需要我们回答以下四个问题：为什么建设、谁来建设、建设什么、怎么建设？"为什么建设"是内涵发展的根本性价值定位问题；"谁来建设"是内涵发展的主体性选择问题；"建设什么"是内涵发展要素的进一步细化问题；"怎么建设"是高职院校内涵发展的策略选择问题。详细说来，专业建设无疑是高职院校内涵发展的核心内容，也是高职建设和发展的立足点；课程改革是专业建设的基石，是内涵发展的基本工作；师资队伍的质量与水平是内涵发展成败的主观要素；办学特色关系到高职院校的战略发展问题，是内涵发展的大方向；校企合作是高职院校服务地方经济、提高内涵发展效果的重要途径；教学资源与管理体制保障内涵发展的顺利进行；文化引领与文化育人是高职院校内涵发展的鲜明旗帜。

一是在办学定位上要有新坚守。这就涉及学校发展的愿景和远景，愿景就是希望把学校未来办成什么样的学校，有着共同愿望，形成凝聚力；远景就是如何在不远的将来把学校办成什么样的学校，有着清晰的目标，形成发展力。大学章程、五年规划都是愿景与远景的设计，就是战略与策略的确定。

二是在专业建设上要有新特色。专业建设是高职院校特色办学的逻辑起点。高职院校要建立产业结构调整驱动专业设置与改革的长效机制，紧贴市场、紧贴产业、紧贴职业，紧跟产业振兴、调整、升级、发展的步伐，构建常态化的专业跟随产业发展调整机制，集中力量办好陕西本土和行业发展需要的特色优势专业（群），使学校专业与区域产业良性互动、同步发展。

三是在课程建设上要有新突破。课程建设是高职院校教学内涵建设的重点，是提高教学质量的核心。在内涵建设的新时期，重点在于课程重构和教学设计，通过确定合格的人才培养目标、课程教学内容、构建与人才培养目标相适应的专业课程体系，加强现代信息化教学手段、在线开放课程建设及应用，不断深化课堂教学改革，提升学生的文化、知识、技能、素质和创新精神、创新意识。

四是在师资队伍建设上要有新举措。教师是学校理念、学校精神、学校内涵最直接的体现者和承担者，内涵发展需要全员参与来实现。一要完善教师成长平台，打造一批真正意义

上的大师、能师、名师和技师；二要深入推进教学团队建设，使教师更加贴近技术发展和市场变化的前沿；三要加快"放管服"改革，激发教师成长的内生动力，发挥好导向作用，优化教师职称评审机制，为大家提供公平竞争平台。

五是在校企合作上要有新思路。坚持"纵向到底、横向到边"，把企业生产资源有效转化为教育教学资源，从招生、到人才培养到就业的全过程，从教学资源开发、课程建设、实训室建设、师资队伍建设到学生实习就业的全方位，都要努力让企业参与进来，通过校企合作为工学结合的教学改革提供平台和资源。

六是在加强内部治理上要有新方式。完善治理结构、提升治理能力，是现代大学建设的基本内容。一要抓紧制定完善院校章程，推进"一章八制"建设。二要加快推进管理信息化建设，高标准制订和完善数字校园建设规划，做好管理信息系统整体设计，以管理信息化促进管理的科学化、现代化。三要建立基本教学规范，完善内部质量保证体系建设，实施常态化周期性的教学工作诊断与改进，构建全员全过程全方位的质量保证制度体系，实现自我约束、自我评价、自我改进、自我发展，形成质量提升的长效机制。

七是在社会服务上要有新作为。社会服务是高职院校的重要职能。一要坚持学历教育与非学历教育并举，广泛开展职工继续教育；二要深入开展校企协同创新，促进技术技能积累，服务企业特别是中小微企业的技术研发和产品升级；三要积极服务学习型社会建设，为社区居民提供各种学习机会，成为面向人人的终身学习教育基地。

八是在文化建设上要有新品位。文化建设是学校最为重要的基本建设，也是学校成熟的重要标志。推进文化建设系统化、精细化，努力形成从物质文化、精神文化、制度文化和行为文化的有机协调，加强文化素质教育，推动文化育人，引领社会文化建设向前健康发展。

同志们，当前高职教育已进入内涵发展新常态，我们要把握发展形势、保持战略定力、增强发展自信，全方位提升办学水平、提高人才培养质量、提升社会服务能力，为我省经济社会发展做出不可替代的贡献。

谢谢大家！

落实立德树人根本任务　　实现陕西高职教育追赶超越

——在省职教学会2018年高职学术年会上的讲话

刘建林

陕西省委教育工委委员、省教育厅副厅长（正厅级）　教授

（2018年11月10日　延安）

崔岩会长，各位领导，同志们：

今天，我们齐聚延安，召开省职教（学）会学术年会；很快还要召开高教学会和继续教学学会的年会。我觉得这个形式非常好，要将年初召开工作会、年末召开学术会的这种传统保持下去，为大家搭建一个学术交流、思想碰撞的平台。

刚才，董刚教授为大家做了一场精彩报告。我们对省级教学名师、技能大赛、学会（先进）集体和个人进行隆重表彰，希望大家以获奖项目为榜样，继续深化我省高等职业教育综合改革。

同志们，今年是深入贯彻党的十九大精神的开局之年，是改革开放40周年，是决胜全面建成小康社会、实施"十三五"规划承上启下的关键年。全省高职战线同人以习近平新时代中国特色社会主义思想为引领，以全国教育大会为根本遵循，落实立德树人根本任务，各项工作取得了显著成绩。

第一，院校治理能力进一步提升

一是年初完成"一流学院"评审立项，8所公办高职、1所民办高职进入"一流学院"名单，高职"双一流"正式确立，进入实质建设阶段。"四个一流"建设将贯彻中央精神与体现陕西特色相结合，通过主动性贯彻、创造性落实，让中央部委建设"一流大学、一流学科"的重大决策部署在陕西落地开花（结果），成为"十三五"中后期陕西高等职业教育改革发展的顶层设计，设计思路和政策构架受到国务院领导和教育部的充分肯定，为国家高等教育发展提供了陕西方案。

二是12所（高职）全国试点、省级试点院校诊改方案全部审核通过，其他26所高职院校已有（12）所审核通过，总量达到（24）所；先后召开了全国诊改试点院校座谈会2次、诊改方案培训会2次，（同时）对省诊改专委会组成人员进行调整。陕西诊改工作坚持以教育教学为中心，探索形成了将日常工作、优质校与一流学院、骨干专业与一流专业有机融合机制，得到了全国诊改委的认可与肯定。

三是学生实习平稳有序进行。严格落实实习备案、三方协议、实习保险制度，面向全省

高职院校开展实习自查自纠工作，发现问题及时督促院校整改落实。杨凌职业技术学院、陕西工业职业技术学院、西安航空职业技术学院入选全国职业院校实习管理50强，高职院校入选数量居全国第1。

第二，教学改革持续深化

一是教学成果奖首次进入全国前列。7所高职院校获奖14项，其中一等奖2项、二等奖12项，省厅推荐获奖数量位居全国第5，首次进入全国前列，实现了我省高职教育核心指标追赶超越的历史性突破。在建的8所高职一流学院有6所获奖。陕工职院获奖数量居全国第2位，陕工职院、杨凌职院、陕铁职院、国防职院4所院校进入全国20强；陕铁职院、西航职院、交（通）职院、咸阳职院实现获奖零的突破；咸阳职院成为我省第一所获奖的地市高职院校。二是强化教学资源建设。坚持每两年一次评选优秀教材，今年共评选出优秀教材116种，其中高职院校23种，占32%。开展第十一届教学名师遴选，共评选107人，其中高职院校28人，占26.2%。推荐高职院校的32门课程参加精品在线开放课程遴选，4个专业教学资源库入选国家备选库（陕工职院主持的材料成型专业资源库通过国家验收，这是我省独立主持的第一个国家级资源库）。杨凌职院、陕工职院入选教学资源全国50强。三是打出专业优化"组合拳"。为建立专业设置与产业发展协同机制，省教育厅先后采取改进专业设置管理办法、淘汰同质化专业、新设专业检查、专业普查、师范类专业引导性评估、专业认证等一系列强有力措施。近两年，撤销高职专业299个，高职院校现存专业点1 077个，校均专业29.1个，较2015年（1 168个）下降91个，校均专业点数下降2.5个，取得了阶段性的胜利。

第三，技能竞赛取得新突破

一是技能大赛成绩实现连续4年大提升。对接国赛改革省赛办赛机制，统筹提出6大措施并逐一落实，召开大赛动员会、开发省赛系统、组建省赛专家库、拟定省赛制度文件、夯实国赛赛前集训工作，所有措施为的就是提高大赛成绩，提升高职院校技术技能积累。今年我们在国赛中获奖109项，数量位居全国第9，其中行业特色赛数量位居全国第3，在全国的排位首次进入个位数。二是教师教学能力竞赛规模空前。今年年初，我们将信息化教学大赛纳入技能大赛体系，更名为教学能力竞赛，以"陕教高办1号"文件印发通知，将比赛时间从暑期调整至5、6月进行；参赛范围由原来的个别专业大类扩大到全部专业大类，取消不同类别院校参赛数量限制。以上措施极大地调动了广大教师参赛积极性，参赛作品数量达到去年的3.4倍。三是创新创业大赛持续深入。遴选大学生校外创新创业教育实践基地103个，其中高职院校29个。开展第四届中国互联网+大学生创新创业比赛陕西赛区复赛，坚持本专科同台竞技、分类设置奖励指标的原则，提升了学生竞赛能力，调动了院校参赛积极性。组织87所高校成立青年红色筑梦之旅联盟，在旬邑县等6个红色教育基地设立青年红色筑梦之旅联盟实践基地，全省各高校23 200余名师生，组建1 200余支红旅小分队，通过创业项目帮扶近10万农村人口，对接政府、企业、合作社、农户12 700余个，签约项目164个，直接经济效益5 100余万元。

第四，产教融合校企合作持续推进

各校通过"集团化办学""现代学徒制""企业订单班""顶岗实习""引企入校办学""混合所有制改革""共建实训基地"等多种形式，与企业建立了长效、稳定、运行良好的合作关系，形成了各具特色的实践教学体系和学生能力培养机制。今年，各校企业订单在校生达到 3.1 万人，占在校生总数的 9.7%。6 月底，陕工职院邀请 63 家国内外知名企业，举办校企协同育人战略联盟大会，一次组建订单班 66 个，受益学生 2 680 人，值得大家学习。

3 年来，全省高职院校与合作企业开设订单班 766 个，培养订单学生 2.5 万人。今年我省新增 4 所教育部现代学徒制试点院校，总数达到 16 所，占全省高职院校的 42%，试点院校与 112 家企业联合开展人才培养，累计投入资金 5 200 余万元，培养学徒 3 500 人。交（通）职院入选服务贡献全国 50 强。

第五，国际合作亮点纷呈

2018 年是"一带一路"倡议提出 5 周年。5 年来，我省高职院校与"一带一路"沿线国家共搭合作之桥、友谊之路，通过对外培训、合作办学、技术输出等形式，串联起共同繁荣的发展之路。

由陕西职院牵头成立的"一带一路"职教联盟举行第三届国际职教论坛，联盟站在职业教育改革发展的前沿开展研讨交流，为国内外校校交流、校企交流提供了广阔平台。陕铁职院与肯尼亚铁路培训学院合作，在国内成立实践教学基地，在肯尼亚成立培训中心，共建"鲁班工坊"，向肯尼亚等非洲国家输出中国铁路技术；与俄罗斯萨马拉国立交通大学联合申办萨马拉交通学院，联合培养国际化复合型技术技能人才。杨凌职院与俄罗斯和中亚地区国家合作，迎来首批 4 国 18 名留学生。西航职院与菲律宾八达雁省合作，建立八达雁航空职业技术学院。西铁职院 10 名教师赴肯尼亚支援蒙内铁路建设，与曼谷廊曼技术学院合作成立"中泰轨道交通学院"。工商职院与德国下萨克森州手工业协会、德国德拓育技术学院合作成立中德汽车科技学院、中德机电工程学院、中德物流管理学院和中德职业技能培训中心。汉中职院与新加坡智源学院共同开展早教专业课程开发。（陕工职院跟随中国有色集团"走出去"项目，中赞职业技术学院明年 3 月正式挂牌成立，学院也迎来了来自印度尼西亚和孟加拉的首批 16 名学历教育留学生）

第六，产业扶贫成效凸显

在产业扶贫方面，一是省教育厅以地方产业发展需求为导向，以提升农民技术技能为抓手，组织全省高校积极发挥人才智力优势，切实践行社会服务职能，大力开展特色产业扶贫免费培训，培训项目内容注重"实用"、培训方式注重"实际"、培训结果注重"实效"，累计培训学员 47 000 余人次。其中，安康职院在安康地区面向农药经营人员、家政月嫂、茶艺师等开展培训，受益群众 2 360 人次。榆林职院联合企业开展扶贫培训，结业后直接推荐到企业就业，工作待遇在 4 000 元以上，实现了培训、就业、脱贫一条龙服务。二是依托高校在汉中市略阳县、镇巴县，安康市汉滨区、紫阳县等11个深度贫困县（区）建立省级农民培训基地55个，以深度贫困地区产业发展对人才的需求为出发点，以着力提升当地农民学历层次、技术技能及文化素质为落脚点，大力开展学历继续教育和非学历教育培训。其中，杨凌职院先后在富平等地建立了10个县（区）职业农民培育学院，率先实施农民学历教育，共招收162名农民大学生。

在苏陕职教帮扶协作方面，去年年底两省教育厅站在讲政治、讲大局的高度签订《合作协议》和《实施方案》，在建利厅长大力协调推动下，双方院校迅速行动、积极对接，上半年校校协议全部签订，双方共建专业33个，由陕西工商职业学院牵头成立全国现代服务业职教集团西北分部。7月10日，苏陕教育协作现场推进会在延安召开，提出要健全"教育+产业+就业"的扶贫模式，聚焦教学改革、特色发展、师资交流等重点工作，做好特色专业和实训基地建设，以教育协作带动提升脱贫攻坚"造血"功能，增强人民群众的获得感。

同志们，"十三五"期间省委、省政府对我省高职的战略定位是：高等教育的重要组成部分、职业教育的龙头引领；发展定位是：2020年，核心竞争力跃居全国前列，也就是要进入全国前10。到今年，我省高职多项核心竞争指标已经提前实现了"十三五"发展目标，这其中离不开教育部职成司领导的大力支持，离不开省委、省政府的坚强领导，离不开全省高职战线同人的砥砺奋进。在此，我代表省委高教工委、省教育厅、省高教局向大家表示衷心的感谢！

同志们，看到成绩也要正视问题。一是内部发展方面：今年高职遭遇最难招生，今年计划完成率是74.3%，较上一年下降将近5%，省属、行业属、地市属、民办高职整体下降，其中民办高职下降10.5%，近5万名考生放弃填报志愿。在高考生源持续走低的背景下，招生难恐怕是今后一段时间全省高职面临的最突出的问题，这背后反应的深层次问题依然是老调常谈的"办学无特色、专业同质化"。二是外部竞争方面：在教学成果奖、技能大赛等诸多指标上，我们与江苏、山东第一梯队省份相比，获奖数量存在成倍数差距，二、三等奖数量大，但一等奖数量依然偏少；与天津、湖北、四川等省份交织在一起，无明显优势。

同志们，"行百里者半九十"，要实现陕西高职教育追赶超越就要坚持问题导向、目标导向，牢固树立成果意识、指标意识，坚定必胜信念，下定一鼓作气攻城拔寨的决心，咬定目标加油干，就能够实现我们的既定目标。

新时代高职教育是在习近平新时代中国特色社会主义思想指导下，与社会培训相融合的高职教育；是实现高质量发展，服务国家战略、重视百姓民生关切的高职教育；是统一管理、多元办学的高职教育。这要求我们在更高、更长远、更宽广的视野中谋划陕西高等职业教育发展。

习近平总书记在全国教育大会上指出："坚持面向市场、服务发展、促进就业的办学方向。"我国经济从高速增长进入高质量发展的新常态，新常态的国情和生源有限的省情反映到高职教育就是规模扩张已经到达顶点，必须转型进入高质量发展的内涵发展期。这是今后我省高职教育发展的新常态，所有工作都要面对、适应这一新常态。

对明年乃至今后一段时期我省高职改革发展，我谈以下4点意见。

第一，扎根陕西，办社会主义高职院校

习近平总书记在全国高等学校党的建设工作会议上指出，要扎根中国大地，办好中国特色社会主义大学，要坚持立德树人，强化思想引领。各院校要立足省情、民情，围绕社会需求培养高素质技术技能人才。

一要坚持立德树人根本任务。要将思想政治工作覆盖办学各方面、贯穿教育全过程。要将党的教育方针体现到教书育人、科学研究、学校管理等各个环节中，引导广大师生做社会主义核心价值观的坚定信仰者、积极传播者、模范践行者。严格落实意识形态工作责任制，坚决抵御和防范错误思潮对校园的渗透影响。进一步健全师德建设长效机制，实行师德"一票否决制"。鼓励毕业生到祖国最需要的地方去，培养又红又专、全面发展的社会主义建设者和接班人。二要加强课堂教学管理。大学教育是一项有责任、有义务的神圣事业，是引导人们追求光明和进步、追求真善美的崇高实践。课堂是教育教学的中心场所，是传递价值观的神圣殿堂。课堂教育教学要创造一种让人们积极起来、向往进步、追求光明和美好的价值导向。今年，我们面向本科院校开展了课堂教学创新大赛，高职院校已经有了成熟的教师教学能力竞赛，明年要把两个比赛结合开展，希望广大教师积极参加；省教育厅将继续推进技能大赛改革，对接国赛继续扩大省赛规模，争取实现专业点全覆盖；各院校要结合专业特色设置赛项，实现"人人赛"的目标。三要坚持"三个面向"（面向现代化、面向世界、面向未来）。要依托陕西"一带一路"桥头堡地缘优势，借鉴吸收世界上先进职业教育办学治校经验，通过海外培训、合作办学、鲁班工坊等形式"走出去"，弘扬我国社会主义高等职业教育的优良传统，努力在办学治校上探索中国模式、陕西模式，引领时代潮流。

第二，凝练特色，突破招生瓶颈

招生已经成为影响我们部分高职院校生存的大问题。我认为解决这个问题要从两个方面着手。

短期来看：要在招生办法上下功夫，要突破体制机制障碍。一是要"向下看"，面向中职院校"开源"，拓宽中高职3+2联办规模，拓宽高职招生入口，实现3年制中职和2年制高职教学无缝衔接，将中职学校培养成稳定优良的生源基地。二是要"向上看"，打开出口，拓宽高职升本渠道，试点高职举办本科专业，打通人才上升通道，完善职教体系。

长期来看：要实现"办学有特色、发展有优势、工作有亮点"的目标首先要优化专业结构、要凝练特色。没有特色就没有发展，没有特色只能坐吃山空。陕铁职院、西铁职院为什么招生好，就在于多年来坚持围绕铁道办专业，不胡搞、不折腾。

办专业搞教学一要对得起自己的良心。这不是谈生意做买卖，觉得挣钱了就做，没利润就不做；不要跟风办学，人家有优势、有基础、有师资，你不能靠一张嘴把人招进来，人没有培养好就放出去，这是对学生、家长、社会的极度不负责任。二要重视积累。罗马城不是一天盖起来的，教授不是一天培养起来的，实训条件也不是一天完善起来的。教学是学校的中心工作，所有工作都要围绕这个中心来开展，要优先保障教学和教师发展，教学上该花的钱一分都不能少。三要有眼光。要关注市场变化，要着眼新经济、新业态，根据新的经济增

长点开发专业。比如：未来国家三个重要新兴产业——新能源并网、智能电网、新能源汽车，这些产业发展都需要新型储能材料技术支撑，航空、航天、航海设备对储能材料的需求量也很大，所以今年高职专业目录增补了"储能材料技术专业"。大家要多关注这样的新导向，不要"一窝蜂"地办护理、学前教育、会计这些已经被列入"省控目录"的专业。一定要结合办学条件和社会需求认真考虑。

第三，早作谋划，冲击"双高"

一是做好"创新发展行动计划"收官工作。陕西承担"行动计划"总量位居全国第1，建设案例成功入选教育部1+1新闻发布会。"行动计划"涵盖学校教育教学方方面面，每个学校承接的任务都很重，距离年底不到两个月的时间，大家要赶紧对照任务书自查，看看还有哪些薄弱环节、哪些欠账，赶紧督促落实。

这其中一项重要工作就是教学诊改，3所国家试点院校经过近3年建设，已经达到了复核水平。经过与职成司、国家诊改专委会协商，同意陕西作为全国第一个省份、下周陕工职院作为全国第一所高职院校参加"国考"，本月底完成陕铁职院、交（通）职院的国家复核。下个月我们将邀请省外专家对第二批9所院校开展复核。剩余26所院校明年要复核，目前还有14所院校的方案没有审核。诊改复核是否顺利，事关"创新发展行动计划"能否完美收官、事关我省优质高职校能否验收通过、事关全省高职教育改革发展的全局、事关全国诊改复核推进工作进程。各校务必要高度重视，持续推进。二是建好"一流学院、一流专业"。"一流学院、一流专业"不能放松，明年我们要进行中期检查，检查大家的进度。尤其是对"一流专业"，建设推进不合格的要撤下来，表现优秀的要增补进去。最后一批省示范校和专业综合改革试点项目建设期即将结束，明年我们要组织专家进校验收。三是积极争取"特高计划"。本科层面国家在建一流大学、一流学科，在高职层面国家也要推出"中国特色高水平高职学校和专业建设计划"。据了解，今年年底教育部要发文申报，明年年初要遴选。"特高"建设以"当地离不开、业内都认同、国际可交流"为目标，是教育部面向全国的择优遴选，是"十三五"后期高等职业教育提质升级的"标杆工程"。在"特高计划"中取得的成绩如何直接决定陕西高等职业教育在全国的影响力。全省高职院校要以"特高"为目标，以"跳起来摘桃子"的精神砥砺奋进，争取在遴选中取得好成绩，带动全省高职院校协调发展。

第四，精准发力，打赢脱贫攻坚战

扶贫是政治任务，是社会主义优越性的集中体现；教育扶贫是扶贫开发的重要任务，是阻断贫困代际传递的重要途径。高职院校要履行社会服务基本职能，结合学校特色在脱贫中发挥重要作用。

一要继续推进产业扶贫培训。扶贫有没有效果，关键看措施是否精准。产业培训要着力于让贫困群众掌握一技之长、提高就业本领和创业能力，着眼于引导贫困群众依靠自己的双手开创美好明天，变"输血"为"造血"。要明确工作目标，努力实现"培训一人、脱贫一户"；要做好调查研究，培训要选对路，切忌一哄而上，要分镇分村分户制定培训方案，列出时间段，分月分周，倒排日期，积极推进；要创新培训方式和内容，各校可通过校企合作等形式参与扶贫，争取做到培训、就业、脱贫一条龙服务。目前，陕西高校特色产业扶贫培训已初步形成良性循环的"生态圈"。55个农民培训基地，已招收学历教育学生2 366人，2.8万余群众接受了非学历免费培训，其中实现就业、创业的人数近1.7万人，切实做到了群众受利、政府受惠、学校受益。在今后的工作中，高职院校要进一步做好基地的学历继续教育和非学历教育培训工作，发挥战斗堡垒作用，切实履行社会服务职能。要加强工作宣传，营造社会各方面共同参与的良好氛围。杨凌职院、陕工职院都提出了成立陕西乡村振兴人才培养基地的报告，两所学校要依托基地做好职业农民培训和职业农民学历提升工作；杨凌职院面向村干部开展学历教育，明年开始招生，你们要用好政策，把好事做大办实。

二要推动苏陕职教帮扶开花结果。苏陕职教帮扶既是国家向江苏省下达的政治任务，也是陕西谋求发展、学习先进、追赶超越的良好机遇。江苏职教发展在全国处于"领头羊"位置，参与帮扶的12所学校也都是示范校或者行业内的强校。陕西被帮扶的9所院校要珍惜好这次学习机会，要积极与江苏沟通，要沉下身子真抓实干，学东西要深入。教学改革研究项目、专业教学资源库、教学工作诊断与改进、技能大赛、创新创业教育等，需要学习的内容有很多，一定要结合项目去做，要保证帮扶有成果。万不可走马观花、一知半解、浮于表面，如果只停留在座谈会、交流会、观摩会这种表层工作，就辜负了党中央对我们的殷切希望，就错失了这次发展的良机。明年省教育厅将加大对帮扶效果的督查力度，希望大家都能够"帮有所成"。

同志们，还有50天左右就要迎来新年，希望大家抓紧最后时间查漏补缺，为明年工作打下坚实的基础。携起手来，在习近平新时代中国特色社会主义思想指引下，在省委、省政府的坚强领导下把我们的高职工作推向新高度！

谢谢大家！

抢抓机遇只争朝夕　奋力打造新时代陕西新职教

——在省职教学会2019年高职学术年会上的讲话

朱晓渭

陕西省委教育工委委员、省教育厅副厅长

（2019年12月19日　宝鸡）

各位领导，老师们，同志们：

最近我到一些职业院校调研，刚才我看了各院校的展板，感受很深，觉得职业教育事关国计民生，事关中国梦和"两个百年"目标的实现，十分重要。此时此刻，我们这些职教人都有一个共同的感觉，就是使命光荣，责任重大。

今天，陕西省职业技术教育学会2019年学术年会在宝鸡职业技术学院召开。我代表省委教育工委、省教育厅，对大会的召开表示热烈的祝贺，向省职教学会、宝鸡职院的精心筹备以及宝鸡市政府的重视支持表示衷心的感谢！

借此机会，我想把年度重点工作作一个简要的总结，把明年工作的一些想法和大家交流一下。

即将过去的2019年，是职业教育改革发展的关键一年。全国职教大政策、顶层设计，发生了重大转化，中央从类型教育的内涵和规律出发，对职业教育的战略定位、改革方针、体制机制作了全面部署。我省的职业教育也发生了重大变化，教育部、财政部正式公布了"双高计划"建设名单，我省8所院校的入围，标志着我省高职核心竞争力进入全国前列；中职今年也发生了翻天覆地的变化，招生量比上年增长了3成，为中职改革发展形成了突破口，同时为高职持续发展奠定了基础。

我们首先梳理学习中央精神。党的十九大开启了中国特色社会主义新时代，四中全会系统部署国家治理体系和治理能力现代化。在新时代治国理政的基本制度里，建设现代化经济体系与建设教育强国两大战略逻辑相关、命运相连，特别是第四轮工业革命及其伴生的中美贸易战，直接把职业教育推到了国计民生主战场的前沿一线。大家都知道，历史上有三次工业革命，第一次蒸汽机发生在英国，后两次以电气化和计算机为代表的信息化发生在美国。西方之所以领先我们，就是靠工业革命。所以我们这代人有责任让第四次工业革命发生在中国，这就要依靠一个先进的、基础厚实的制造业。但没有现代化的制造业就没有中国的现代化，没有现代化的中国职业教育也就没有现代化的中国制造业。在这样一个大的历史背景下，中央大刀阔斧地推进职业教育改革。去年9月全国教育大会以来，习近平总书记5次、李克强总理13次对职业教育作出重要指示，要求把职业教育摆在更加突出的位置。今年元月，国务院印发《国家职业教育改革实施方案》，作出两个重大论断：一个是"职业教育与普通教育是两种不同教育类型,具有同等重要地位"——这是整个职教改革的逻辑起点;一个是"没有职业教育现代化就没有教育现代化"——这是整个教育发展的战略考虑,基于这两条,形成了20条政策措施。4月,国务院召开深化职业教育改革电视电话会议;随后,国家有关部委连续出台具体政策措施。回顾改革开放乃至中华人民共和国成立以来的历程,党和国家最高领导人密集部署职教工作,这是第一次;以国家方案专门安排职教改革,这是第一次;纳入国务院的督查与激励,也是第一次。中央对职业教育的重视前所未有,力度之大已经超越业务层面成为政治任务。这种超常规部署,是新时代优化国民劳动力结构、促进国内发展应对国际变化的战略举措,充分体现了党中央以人民为中心、坚持新发展理念的治国方略。我们要深刻领会中央精神,树牢"四个意识",结合"不忘初心、牢记使命"主题教育,把中央各项要求变为具体工作。

我们再梳理回顾省委、省政府的决策部署,集中体现在"两个会议、两个文件"中。"两个会议":一是年初召开的全省教育大会,明确了职教发展的方向要求;二是7月召开的全省深化职教改革座谈会,确定了职教改革的具体路径。"两个文件":一是经省深改委审议同意,省政府印发的《陕西省职业教育改革实施方案》,确定了"调结构、提质量、强师资、建体系"的总体思路和工作措施;二是省发改委会同省教育厅研究制定,省政府办公厅印发的《陕西省关于深化产教融合的实施意见》,确定了"项目+金融+税收+财政+土地+信用"的对企业激励政策。今年以来,省委、省政府主要领导和分管领导多次就职教改革开展调研、作出指示,职教事业发展的环境越来越好。令人欣喜的是,在大家的努力下,政策红利得到了充分释放,全省职教风生水起,仅仅最近1个多月,就有"三项指标、三场活动、三个第一"值得称赞。"三项指标"——教师教学能力大赛、专业教学资源库、中央职教经费2020年首批经费,都有新突破新提升。"三场活动"——首届高职课堂教学创新大赛、第四届世界职业教育大会、首届西部职教论坛,都拓宽了职教的舞台。"三个第一"——我省第一个市域公共实训中心在宝鸡开工建设,我省第一个产教园区在西安高陵规划建设,我省第一次全民终身学习活动周在宝鸡眉县举行,都是开创性工作。

2019年即将过去,我们从两个方面简要总结全年工作。

一是打赢了高职扩招、"双高"立项两场硬仗。高职扩招是中央下达的硬任务,我省的年度任务是16.4万人,截至上周末,我省录取19.9万人、实际报到16.42万人,圆满完成任务,还为明年储备了5万生源。工作过程中,这里面有两个"47"——省教育厅先后开了47次会议,承担扩招任务的有47所院校,各学校"一把手"主抓、全员都上阵、千方百计克难攻坚,充分体现了我省高职战线尤其是各位领导过硬的政治意识、大局意识、担当精神和工作水平,待教育部考核认定后,我们提请省政府表彰先进。

"中国特色高水平高职学校和专业建设计划",是未来一个时期国家职教发展的"一号工程"。大家昨天都看新闻了吧,教育部、财政部正式公布了"双高"建设名单,我省8所院校入选——陕工职院、杨凌职院、西航职院、陕铁职院以及国防职院、陕西职院、能源职院、咸阳职院,数量位居全国第8;前4所院校入选"高水平高职学校",数量位居全国第4、中西部第1;陕工职院入选"高水平高职学校"A档,在西部地区是唯一的,孙春兰副总理专门到学校视察;"十一五"以来我省入围国家示范、骨干建设的6所院校都入围了,巩固了发展势头;难能可贵的是,能源职院和咸阳职院以前并不是"国字号",这次也冲上来了,咸阳职院也是我省唯一入选的市属高职院校。"双高"决定着国家新的职教格局,省际竞争是刺刀见红的，我省成绩非常突出，方光华副省长说我们是扬眉吐气。同志们，我深知，"双高"的成绩，具有里程碑意义，是来之不易的，它凝结着几代职教人的智慧和汗水，凝聚着各学校师生的不懈奋斗，是长期努力、长期积累、特别是近年来持续快速提升的结果。以此为标志，我省高职核心竞争力进入全国前列，我们奇迹般地实现了"十三五"初的发展愿景，我省高职掀开了崭新的一页！

二是提升了教育教学能力和国际化水平。教学诊改，本质是具有职教特点的质量保障体系建设，对学校治理能力的提升具有重要作用。去年年底，陕工职院、陕铁职院、陕交职院等3所院校率先通过国家复核，杨凌职院、西航职院、咸阳职院等9所院校通过了省级复核；今年，20所院校全部复核有效，按计划实现了全覆盖。我们在工作中探索形成了"陕西方案"，多个省份以及400多所外省院校来我省学习交流。

在教育教学项目上，我省高职取得了良好的成绩。国家级项目方面，职业院校技能大赛、教师教学能力大赛、"互联网+"创新创业大赛、1+X证书试点、专业教学资源库、教学创新团队、精品在线开放课、系列"50强"遴选，我省高职整体成绩优异，值得表扬的是西航职院在多个项目中表现优异。省级项目方面，开展了教学成果奖评审和教改项目遴选；对4所院校进行了省级示范校验收；举办了课堂创新大赛，2万人次参赛、13万人次观摩，有效树立了提高课堂质量的导向，陕铁职院组织得很好。

在国际交流与合作方面，以"一带一路"为重点走出去、请进来。我省高职开发国（境）外认可的专业教学标准、课程标准122项，招收留学生81人，多所院校建立合作办学实体。

另外，我省高职积极投身脱贫攻坚主战场，在产业扶贫、苏陕协作等方面做了大量工作。

一年来的工作成绩突出，我省高职站在了新的历史起点上。我代表省委教育工委、省教育厅，向大家表示诚挚的慰问和感谢！

肯定成绩的同时，我们要清醒认识存在的困难与问题。一是经济基础，我省产业发展水平有限，新旧动能转换震荡较大，行业企业参与职业教育的动力和能力都有所不足。二是体系建设，中高本衔接通而不畅，缺乏接续培养技术技能人才的机制，不同学段之间的相互支撑不够。三是高职自身，院校发展两极分化明显，部分学校内涵建设跟不上，办学特色不明、培养质量不高，服务经济社会发展的能力不强，招生就业困难，已经面临着生存危机。这些问题，有些是客观条件，我们要正视这些客观条件，倍加努力积极探索在这种条件下的发展路子；只有自身发展好了，强大了，才能反过来影响和改造客观条件。

最近，委厅基于职教体系建设的考虑，将高职教育教学管理职能从高教处调整到了职成教处。今后，我们将贯彻落实中央新精神新要求，遵循职业教育的类型教育规律、高职的职业教育与高等教育双重特性，继承发扬这些年形成的好的做法，与时俱进、开拓创新，谋全局、抓大事，解难题、办实事，不懈怠、不折腾，为大家服好务，和大家一起推动我省高职再上台阶。

我省高职工作的主线是全面推进高质量发展，我就明年工作设想谈4点意见。

一要坚持立德树人，强化思政教育。今年3月，习近平总书记在学校思想政治理论课教师座谈会上指出：我们办中国特色社会主义教育，就是要理直气壮开好思政课，用新时代中国特色社会主义思想铸魂育人；思政课作用不可替代，思政课教师队伍责任重大。8月、10

月、11月,中央连续就思政课改革创新、思政课教师队伍建设、爱国主义教育印发文件。上周,中央在天津召开深化新时代学校思想政治理论课改革创新现场推进会,孙春兰副总理要求:突出教师、教材、教法三项改革重点,将爱国主义和"四个自信"教育贯穿于思政课建设的全过程各方面;省委贺荣副书记在会上介绍了经验。昨天,工委会传达学习现场会精神,审议通过了《陕西省高等学校思想政治工作质量提升实施意见》;工委书记董小龙强调,讲政治是具体的,各类学校要落实中央要求切实抓好思政课建设。职业教育讲究德技并修的育人机制,要结合职教特点,深化"三教"改革,构建"思政课程"与"课程思政"大格局,弘扬劳模精神、工匠精神,增强思政教育的亲和力、针对性。

二要坚持产教融合,强化发展根基。职业教育作为一个类型教育,最大的特点就是产教融合。要落实激励政策,激发企业参与职业教育的内生动力,培育产教融合型企业、产教融合型区域。要优化学校和专业布局,鼓励校企共同建专业,新增专业原则上必须有企业的实质性参与;对应我省支柱产业,组建行业教学指导委员会,促进供需两侧契合对应,形成校企命运共同体。要建立校企协同育人机制,支持厂中校、校中厂的合作模式,支持学生3天在企业、2天在学校的"3+2"双元学习、工学交替培养模式,将企业生产要素转化为教育教学资源。要主动投身经济社会主战场,服务乡村振兴、"三个经济"及区域发展战略。省职教改革方案允许学校、企业及个人在校企合作中依法获取报酬,但要注意的是,校企合作不能出现违法违规协议,不能损害学校和师生利益,要提高依法办学办事、严防廉政风险的能力。

三要坚持分类指导,强化优势特色。全力支持"双高"院校建设,协调落实配套资金,在关键政策上给予突破,一校一策解决制约发展的瓶颈问题;最近,8所院校正在按照教育部要求修改"双高"建设方案,下周部里还要专题指导;委厅将召开"双高"建设研讨会,专题研究建设方案和支持措施。要开展省级"双高"建设,实行绩效评价、动态管理,错位发展,形成梯队。要重视市属高职建设,完善体制机制、激发办学活力,找准定位与抓手,形成独特优势。支持多元办学,帮助企办、民办高职协调解决发展中的难题。支持本科层次职业院校开展探索,积累经验。我省每所高职院校都有其独特的历史积淀、都有令人尊重的社会贡献,我们将从政策层面做好统筹,既要锦上添花、又要雪中送炭,让所有想干事、能干事的学校有机会、有舞台。希望每所学校都能保持昂扬向上的精气神,走在前列的不要骄傲自满、故步自封,暂时落后的不要丧失信心、畏葸不前,只要你努力,委厅就支持,大干大支持、小干小支持、不干要问责。

四要坚持"三教"改革,强化内涵建设。推进教师、教材、教法"三教"改革,根据市场变化每年调整专业、3年修订1次教材,实践性教学课时要达到总课时的50%以上,顶岗实习6个月。加强"双师型"教师队伍建设,改革教师准入制度,专业教师原则上从具有3年以上企业工作经历并具有高职以上学历的人员中公开招聘;健全学校自主聘任兼职教师的办法,推动企业工程技术人员、高技能人才和职业院校教师双向流动;培训方面,教师每年至少1个月在企业或实训基地实训,每5年一周期全员轮训;培养教学名师和创新团队,发挥传帮带作用;改革职称评审制度,体现职业教育特点,体现技术技能水平,体现教书育人实绩,树立导向。推进1+X改革试点,为人才持续成长拓宽通道。高职扩招,将按照积极稳妥的原则,把重心放到目前办学规模还有富余的学校,组织编写培养方案,保障质量标准。教学项目评审,将保持原有项目的大体稳定,同时彰显职教特色。职教体系建设上，改革考试招生办法，推动中高职教学内容有机衔接，让中职成为高职稳定而优质的生源基地，高职成为中职提高质量的强力推手；专升本要向农林水地矿等技术技能性强、就业质量高、但招生不旺的专业集中，通过长学制解决职业兴趣和实操能力问题。内涵发展是治校办学的基本规律，要作为主线紧紧抓住不放。西铁职院前一阵召开了内涵建设推进会，很好，这是办学的"硬实力"。

关于明年工作，我就谈这些。最后，临近期末，各学校要加强稳定安全和学生实习管理，确保不出群体性事件或恶性事件。

省职教学会很好地发挥了决策咨询、桥梁纽带和学术研究作用，为我省职教改革发展作出了重要贡献，这里向学会及崔岩会长表示敬意和感谢。希望学会进一步提升研究水平和协调能力，全力推动我省职教改革创新发展。

同志们，职业教育天地广阔、大有可为，可以说职业教育发展正当其时，职业教育的春天已经到来，让我们把思想和行动统一到中央精神上来，抢抓机遇，只争朝夕，奋力打造新时代陕西新职教，为建设教育强省、实施追赶超越作出应有的贡献！

谢谢大家！

完善现代职教体系势在必行

——发表在《光明日报》上的署名文章

崔 岩

国家督学、全国职业院校教学工作诊断与改进专家委员会副主任委员
全国教材委员会委员、陕西省职业技术教育学会会长　教授

党的十九大报告强调必须把教育事业放在优先位置，并提出完善职业教育和培训体系，指明了我国加快发展现代职业教育的关键突破点所在。

逐步建立现代职教体系

2010年颁布的《国家中长期教育改革和发展规划纲要》，要求"到2020年，形成适应经济发展方式转变和产业结构调整要求、体现终身教育理念、中等和高等教育协调发展的现代职业教育体系，满足人民群众接受职业教育的要求，满足经济社会对高素质劳动者和技能型人才的需要。"

自2010年以来，全国已有1/3的省份先后开始进行中、高、本职业教育的探索，特别是对高职本科教育办学模式进行了多层次、多类型的试点。其中，有中职与本科分段培养的"3+4"模式，有中职、高职、本科一体化培养的"5+2"模式，有本科院校独立举办以及与高职院校联合举办的四年制高职本科，还有高职院校与本科院校联合分段培养的"3+2"模式等多种形式的探索实践。逐步破解了困扰我国现代职业教育体系建立的难题，取得了阶段性成效，基本建成了具有中国特色的初等、中等、高等职业教育相互衔接，又与普通教育、成人教育相互沟通，学历教育和职业培训并举的体系框架。在中职与专科层次高职广泛衔接的基础上，各级政府都把发展本科职业教育作为完善现代职业教育体系的重要环节，用政策杠杆调控普通本科向应用型转型。

增强现代职教体系服务能力

随着我国现代职业教育体系层次结构失衡难题的逐步破解，职业教育在人才培养和社会服务功能方面的能力不断增强。

在满足人才支撑方面，我国职业教育建成了世界上规模最大的职业教育人才培养与开发体系。在现代制造业、战略性新兴产业和现代服务业等领域，一线新增从业人员70%以上来自职业院校毕业生。可以说，中职、高职为我国经济社会的发展提供了强有力的技术技能

型人才支撑。

在提供社会服务方面,由教育部牵头和相关部委推动,全国范围内共建设了12个国家级职业教育改革试验区,成立了62个职业教育的行业指导委员会,大力推进集团化办学,深化产教融合、校企合作,确定了368家单位首批试点探索建立中国特色的现代学徒制。随着职业教育内涵发展不断深入,中国现代职教体系正将服务面拓展到有需求的社会群体,既满足学生在职业教育体系内的连续学习,也方便职业工匠"回炉"接受与其水平相适应的职业教育和培训。

内外兼修,实现能力倍增

要健全职业教育体系及其结构层次,无疑要求这个体系"内部协调"与"外部适应"要实现有效对接,从而释放其倍增的能力。那么,"内""外"两个方向的探索力度必须加大:

(1)对内要全方位构建现代职教体系人才成长立交桥。多年来,国家为学术性人才培养建构了专科—本科—硕士—博士的学历资格框架,而对培养非学术性职业人才的教育,尚未给予与学术性人才相对等的学历证书。在经济及职教发达的国家,多以职业资格(证书)予以框定,来实现职业资格与学历资格的对等、上升、互认。在我国现代职教体系的不断完善中,授予类似于学术性教育的学历学位、构建"人才立交桥",就必须积极探索实施。我们不仅要彻底铺就中职升高职、高职教育内部专科升本科的人才培养通道,与此同时,更要构建职教与普教并行、并重、能够相互流动互认的人才成长立交桥,从而有效培养更多的各类高素质技能人才。

(2)对外要建立双向合作的职业教育国际开放体系。随着经济全球化发展,提升职业教育国际化水平和培养具有国际适应能力的职业人才成为发展的必然。因此,未来职业教育国际化发展,就要构建多层次的政府间宏观政策沟通交流机制、建立完善的国际合作交流机制平台、构建区域特色的职业教育国际化布局、鼓励更多职业院校和企业同国外成功的职教和培训机构开展双向合作,通过提升职业教育国际化水平来促进我国职业教育现代化和职业教育体系的完善,形成具有国际化水平、中国模式的现代职业教育体系。

对于完善我国教育体系的层次与结构、铺就技术技能型职业人才成长通道,构建完善的现代职业教育体系,具有举足轻重的作用。站在新的历史起点上,现代职教体系的建设和完善,势在必行,迫在眉睫。

(该文公开刊登在《光明日报》2018年07月12日14版)

创新高水平专业群建设路径

——发表在《中国教育报》上的署名文章

崔 岩

国家督学、全国职业院校教学工作诊断与改进专家委员会副主任委员
全国教材委员会委员、陕西省职业技术教育学会会长 教授

中国特色高水平高职学校和专业建设计划("双高计划")提出,"聚焦高端产业和产业高端,重点支持一批优质高职学校和专业群率先发展。"高水平专业群是高水平高职学校建设的关键所在,与学校改革发展定位密切相关,关系到人才培养与社会服务的方向性和有效性。如何立足学校实际,创新高水平专业群建设路径,是"双高计划"亟待解决的一个重大课题。

专业群建设应突出"高"特征

专业群是高职专业建设的"升级版",外部对接产业链或岗位群需求,内部促进专业协作、资源共享。高水平专业群面向高端产业和产业高端,构建高水平技术技能人才培养体系,打造技术技能创新服务平台,是高水平高职学校办学特色、办学水平和办学效益的集中体现。

对接产业吻合度高。产业发展是专业群建设的外驱力,是专业群组建的逻辑起点。衡量一个专业群水平高低,首先要看其是否精准对接产业需求,并动态调整、实时优化,实现与产业发展协调互动。高水平专业群紧贴区域产业结构调整规划,围绕区域经济发展战略规划的支柱产业和新兴产业,聚焦服务面向,优化资源配置,动态调整专业组成、专业结构和专业内涵,推动教育链、人才链和产业链、创新链有机衔接,有效服务企业技术研发和产品升级,为增强产业核心竞争力提供有力支撑。

资源整合共享度高。资源整合是专业群建设的内驱力,是优于传统单体专业建设的直接体现。离散的单体专业建设模式,一个明显弊端就是办学资源割裂,造成单体资源不足与整体资源浪费并存。高水平专业群充分发挥集群效应,有机整合课程资源、教师资源与实训资源,实现资源整合和共享效益最大化,使原本"小"而"散"的单体专业相互支撑,形成人才培养合力。

人才培养产出度高。人才培养是专业群建设的根本任务,是评价专业群成效的根本标准。"群"是专业建设的手段,而不是目的,根本在于实现更高水平的人才培养。高水平专业群是我国高职专业建设和人才培养的最新成果和最高水平,培养一批又一批大国工匠和能

工巧匠，形成具有国际竞争力的人才培养高地，为中国产业走向全球产业中高端提供高素质技术技能人才支撑；同时，探索形成一系列的理念、标准、模式、资源、课程、教材，为全国高职人才培养提供指引和借鉴，带动提升高职教育的学生满意度、服务贡献度和社会美誉度。

专业群建设并不是简单地把几个专业进行"物理组合"，而是在群统领下，实现专业之间的"化学融合"，促使资源配备和教学组织的系统优化乃至重构。

搭建融合化的产教协同平台

当前，我国由高速增长转向高质量发展阶段，着力建设现代化经济体系。面对快速变化的外部产业环境，专业群应发挥集群优势，实现与产业发展的深度融合。

一是产教协同。服务区域产业转型升级，深化与产业园区、行业协会、企业的合作，建设集科技开发与咨询、技术推广与服务、人才培养等功能为一体的产教融合育人平台，推进实体化运作的职业教育集团化办学，与地方"走出去"企业深度合作，利用集群优势开展国际职业教育服务。

二是教研互促。强化应用导向，围绕生产生活中的实际问题，打造跨专业的师生技术服务团队，推动中小企业的技术研发和产品升级，提升服务行业企业社会的技术附加值，成为区域性技术技能积累中心；构建科研反哺教学机制，把科研项目成果转化为课堂教学案例，实现教学内容与技术进步同步更新，在技术研发中提升师生实践能力和创新能力。

三是育训结合。对接行业企业需求，大力开展高技能人才培训，积极开展职工继续教育，服务企业员工职业生涯成长，成为行业企业重要的继续教育基地。

创新柔性化的组织管理模式

专业群突破传统专业建设的刚性模式，促进资源整合共享，发挥"1+1＞2"的集聚效益。

一是建设结构化团队。改变传统专业教研室组织方式，打破专业限制，根据不同职业岗位面向，组建结构化教师团队，更好地贴近市场发展和技术变化前沿；打造高水平专兼结合的教学团队，校企联合建设一批名师工作室和大师工作室。

二是建设模块化课程。探索柔性、可拓展、面向岗位群的课程建设新模式，按照"平台＋模块＋方向"思路，系统重构课程体系。平台课程相对稳定，整合群内共同必需的知识、技能和素质，帮助学生构建职业整体认知；模块课程对接职业标准，按不同职业方向分流培养，帮助学生形成岗位核心能力；方向课程机动灵活，跟随市场需求和技术进步不断调整，使课程体系实时保持与产业界的信息交流、资源共享。

三是建立开放型培养模式。积极应对求学群体多元化、学习基础差异化、学习场景多样化的实际情况，实行弹性学制和学分制，赋予学生群内专业选择权、课程选择权、教师选择权，自主选择学习路径和进度，激发学习动力，满足多途径成长需求。

完善动态化的持续发展机制

专业群建设不是一成不变的静态结果,而是伴随产业发展持续优化升级的动态过程,要健全对接产业、动态调整、自我完善的专业群建设发展机制。

一是动态调整专业构成。适应产业发展需要,在通用共享的群基础平台之上,灵活调整专业组成和专业方向,拓展相近或新兴专业,通过原有专业的衍生开发、滚动发展,在专业群主体面向保持稳定的同时,增强外部适应性,使专业群富有旺盛活力,生命周期远远长于单体专业。

二是动态升级专业内涵。密切跟踪新技术、新模式、新业态,对接未来产业变革和技术进步趋势,调整人才培养定位,更新教学内容,将新技术、新工艺、新规范等产业先进元素纳入教学标准和教学内容,确保培养目标适应岗位要求、教学内容体现主流技术,人才培养体系与时俱进。

三是动态优化评价机制。以教学诊断与改进为基本制度,以学习者的职业道德、技术技能水平和就业质量,以及产教融合、校企合作水平为核心,内部质量保证与行业、企业等外部质量评价有机结合,实现评价主体多元化、评价内容动态化,持续推动高水平专业群高质量发展。

(该文公开刊登在《中国教育报》2019 年 5 月 28 日 09 版)

第一篇　改革创新科学发展
　　　　打造陕西职教品牌

推进职业教育集团化办学　深化产教融合校企合作

2010年陕西省承担国家教育体制改革试点项目"探索职业教育集团化办学"后，政行企校携手抢抓西部大开发的发展机遇，强力推进职业教育集团化办学内涵式发展，探索形成了高职教育集团化办学的"陕西模式"，为引领高职教育集团化办学贡献了"陕西智慧"。

职业教育集团化办学工作受到国家教育体制改革领导小组办公室的充分肯定

图1　"陕西积极推进职业教育集团化办学"的经验在《教育体制改革简报》上刊发　　　图2　教育部集团化办学专家组一行调研陕西职业教育集团化办学工作

服务区域产业发展组建职教集团，探索形成高职教育集团化办学新模式

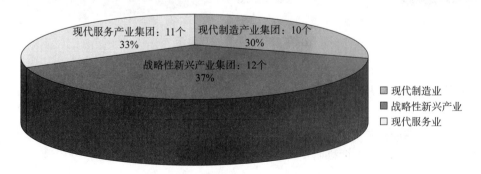

图3　陕西职教集团服务区域产业分布图

2010—2019年，陕西职业教育集团化办学驶入内涵式发展"快车道"。组建成立职业教

育集团 33 个，基本覆盖陕西主要产业领域，探索形成职业教育集团化办学新模式。

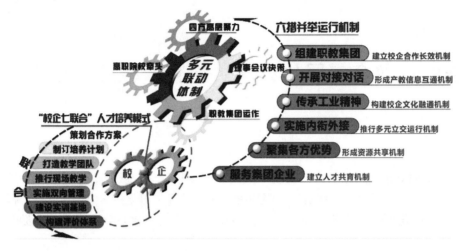

图 4 "校企一体 产教并举 中高衔接 区域联动"集团化办学模式

持续开展集团化办学专项研究，理论创新和实践探索成果丰硕

陕西职业教育集团化办学始终坚持探索与实践相结合，持续开展集团化办学专项研究。出版项目研究成果 5 部、荣获国家级教学成果奖 1 项。

图 5 集团化办学成果展示

校企共赢惠及各方，集团化办学成效显著

10 年间，陕西职教集团惠及学生 112.7 万人次、教师 3.1 万人次、企业职工 136.4 万人次，校企联合攻关生产技术性科研项目 2 026 项，实现集团总量、政行企校深度合作、机制体制创新等多个方面的突破。

2010—2019年陕西省职教集团相关指标数据统计对比

年份	集团总数（个）	政府部门（个）	行业协会（个）	企业（个）	科研机构（个）	职教集团共享实习实训设备资产总值（万元）	职教集团企业对学校实训基地建设资金投入（万元）	职教集团开展"订单培养"总人数（万人）	工学结合顶岗实习人数（万人）	集团内企业接受集团学校毕业生就业人数（万人）	集团内企业接受教师实践锻炼人次（万人）	学校为企业培训职工人次（万人）	学校与企业联合开展生产技术攻关项目（项）
2010	17	9	61	511	35	619 186.3	7 491.5	7.3	22.1	6.7	1.6	20.1	388
2019	33	106	73	1 371	57	1 284 502	38 849	10.8	60.8	30.9	3.1	136.4	2 026
增幅	194%	1 177%	120%	268%	163%	207%	519%	148%	275%	461%	194%	678%	522%

积极探索高职"诊改"实践路径 全面推进内部质量保证体系建设

自 2016 年起,在全国诊改专委会指导下,各院校逐步建设了各自的内部质量保证体系。截至 2018 年,3 所国家级诊改试点院校和 9 所省级诊改试点院校先后完成复核工作,其余院校诊改复核正在进行,计划 2019 年年底前全部完成,实现诊改复核全覆盖,探索形成了高职院校教学工作诊断与改进的"陕西方案"。

国家级诊改试点陕西工院
复核工作现场

省级诊改试点渭南职院
复核工作现场

陕西省教育厅召开高职
院校诊改复核工作推进会

持续探索高职诊改路径阶段性成果丰硕

在历经 3 年的诊改实践探索中,形成了理论研究、实践探索,试点推广、全面推进的三支团队、三级推进、三批实践"333"诊改组织实施机制。出版 3 本专著——《高等职业院校教学工作诊断与改进文件选编与实践研究》《高等职业院校教学工作诊断与改进实操导引》《高等职业院校教学工作诊断与改进实践探索》,指导全省诊改工作,为全国诊改提供陕西经验。

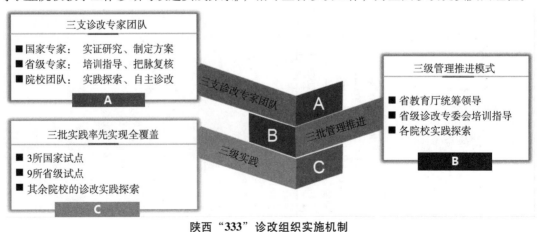
陕西"333"诊改组织实施机制

高职院校诊改实践的 3 部专著

积极推广惠及各方诊改工作成效凸显

汇集陕西标准、陕西经验、陕西方案的 3 本专著已被 480 余所高职院校借鉴，发行总量达 5 万余册。率先试点、首批复核的陕西方案全国推广，先后有 306 所省外高职院校来我省学习诊改经验，辐射带动四川、河南、河北、江苏等 16 个省份高职院校诊改工作有效开展，陕西诊改专家团队在全国诊改专委会及其他省份 30 余次诊改专题培训会上推介陕西经验。

陕西省举办诊改专题培训会现场

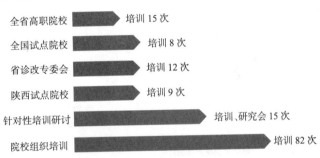

陕西省举办诊改相关培训及研讨会情况

实施高职"双一流"建设计划　引领职业教育高质量发展

2015年,国家对高等教育(本科院校)推出"双一流"建设计划。2016年,中共陕西省委办公厅、陕西省人民政府办公厅决定在陕西普通高校实施"四个一流"建设计划(普通本科"一流学校、一流学科和专业";高职院校"一流院校、一流专业",即高职"双一流"建设计划)。首创性地将国家"双一流"建设拓展为"四个一流"建设计划,并列入陕西省"十三五"发展规划。

实施高职"双一流"建设

陕西现有高职院校38所,高职院校数量在全国高职居第17位。省教育厅在高职院校共遴选"一流学院"8所、"一流专业"200个,投入建设资金7.08亿元。政策支持力度大、院校参与度高、专业涵盖面广。

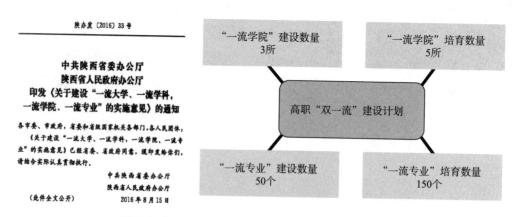

陕西省委办公厅文件及陕西高职"双一流"建设计划

"双一流"建设成果丰硕

自高职院校"双一流"建设计划立项以来,陕西高职教育取得了一系列可喜的成绩,多项核心竞争指标进入全国前十。

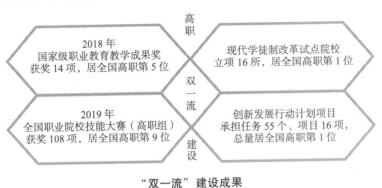

"双一流"建设成果

全力推进高质量发展

在高职"双一流"建设基础上，积极参与国家"双高计划"建设项目。陕西高职将引领陕西职业教育高质量发展，为陕西现代职业教育体系建设、陕西职业教育事业做出新的贡献。

	A档	B档	C档	合计
江苏	2	3	2	7
浙江	2	3	1	6
广东	1	4		5
山东	1	2	1	4
陕西	1	1	2	4
北京	1	1	1	3
天津	1	1	1	3
湖南		1	1	2
重庆		2		2
河北		1		1
山西			1	1
内蒙古			1	1
辽宁			1	1
吉林			1	1
黑龙江			1	1
上海			1	1
安徽			1	1
福建			1	1
江西			1	1
河南	1			1
湖北			1	1
广西			1	1
海南			1	1
四川			1	1
贵州			1	1
云南			1	1
甘肃			1	1
宁夏		1		1
新疆		1		1
西藏				0
青海				0
兵团				0

教育部公示文件和名单

扶智扶志产业扶贫　陕西高职在行动

陕西高职院校坚决贯彻落实省委教育工委"双百工程"（100 所高校结对帮扶 100 个贫困县）决策部署，以促进贫困县区产业发展，实现持续造血为脱贫攻坚的主要目标，按照掌握实情、搭建平台、聚力攻坚的整体思路，将规定动作和院校自选动作有机结合，打出了一套漂亮的脱贫攻坚组合拳。

聚焦产业　精准施策

全省 38 所高职院校结对帮扶 38 个贫困县区，根据县域经济发展和产业结构特点，高职院校先后投入帮扶资金 2 897 余万元，协调帮扶资金 5 000 余万元，实施产业扶贫六大工程。

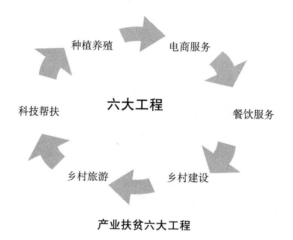

产业扶贫六大工程

一校一品　彰显特色

陕西各高职院校结合自身专业特点，依托建成的产学研基地，以实体项目为载体，精准发力，形成了一校一品产业扶贫的新格局，助力贫困县区脱贫攻坚。

陕西工业职业技术学院科技人员为
贫困县中小企业提供技术服务

杨凌职业技术学院教师在猕猴桃
基地开展栽培技术现场培训

西安航空职业技术学院开展贫困
劳动力焊工职业技能培训

陕西铁路工程职业技术学院教师
服务贫困村通村公路建设

陕西国防工业职业技术学院在
贫困村开展电子商务培训

安康职业技术学院依托产学研基地开展
"安康和汤"绿茶冲泡新技术培训

陕西旅游烹饪职业学院开展
贫困地区餐饮从业人员培训

陕西财经职业技术学院以
项目驱动助力脱贫攻坚

陕西工业职业技术学院科技人员为贫困村建成的光伏发电装置

合力攻坚　成效显著

自 2017 年以来，全省高职院校在对接帮扶县区已建成 58 个产学研基地和产业园，开展实体项目 97 个，依托产学研基地、产业园和农民培训基地，开展各类特色产业扶贫免费培训，累计培训学员超过 12 万人次，为县区产业新增经济效益超过 5 亿元。

陕西省高职国家级教学成果奖获奖项目名单（2014年、2018年）

陕西省2014年度高职国家级教学成果奖获奖项目名单

一等奖成果

序号	成果名称	成果完成人	成果完成单位	成果推荐单位
1-11	高职机械制造与自动化专业人才培养体系的建设与实践	田锋社、邓志辉、王金辉、赵利平、朱航科、舒蕾、胡建辉、魏康民、刘清	陕西工业职业技术学院	陕西省教育厅

二等奖成果

序号	成果名称	成果完成人	成果完成单位	成果推荐单位
2-62	煤炭类专业人才培养与社会服务"双向促进、同步提升"的研究与实践	赵新法、吴革新、魏焕成、李志、闫光准、贾雨顺、李克孝、李永怀	陕西能源职业技术学院	陕西省教育厅
2-106	基于行企校联合制定的专业人才培养标准建设高职特色专业的研究与实践	崔岩、刘向红、黎炜、张碧、蒋平江、贺天柱、段峻、刘永亮、焦胜军	陕西工业职业技术学院、陕西铁路工程职业技术学院	陕西省教育厅
2-167	中英合作构建符合国际框架和具有中国建筑行业特色的建工专业标准研究与实践	邓振义、张迪、刘洁、申永康、王云江、王琦、张小林、马建锋	杨凌职业技术学院	陕西省教育厅
2-267	创建校企合作工作站深化计算机网络技术专业改革的探索与实践	刘敏涵、孟繁增、郭立文、李小遐、王公儒	陕西国防工业职业技术学院、西安开元电子实业有限公司	陕西省教育厅
2-300	航空特色"三维一体"人才培养模式的探索与实践	苗润才、陈万强、张晓云、张同怀、谭少敏、杨少斌、郑东红	西安航空学院	陕西省教育厅

陕西省2018年度高职国家级教学成果奖获奖项目名单

一等奖成果

序号	成果名称	成果完成人	成果完成单位	成果推荐单位
1-17	对接产业 制定规范 产教融合 贯穿标准——高职材料成型专业建设的新模式	杨兵兵,王晓江,韩小峰,罗怀晓,王艳芳,李光照,田昊,郭新玲,刘洋,王举,袁亚娟,雷王平	陕西工业职业技术学院	陕西省教育厅
1-24	对接现代能源化工核心岗位,实施"产教五融合"应用化工技术专业建设与实践	杨建民,尚华,纪惠军,姚海伟,刘迪,赵双军,赵明威,孙琪娟,张朝美,张小军	陕西工业职业技术学院	陕西省教育厅

二等奖成果

序号	成果名称	成果完成人	成果完成单位	成果推荐单位
2-19	高职高铁建设类专业七维度综合实践教学体系的构建与应用	焦胜军,刘超群,周安福,王宏礼,祝和意,张学钢,毛红梅,张碧,罗建华,李昌宁	陕西铁路工程职业技术学院	陕西省教育厅
2-21	高职交通土建类专业五大能力培养体系的创建与实践	李林军,蒋平江,张福荣,张团结,吴海光,赵东,刘明学,赵晓智,杨小玉,宋德军	陕西铁路工程职业技术学院	陕西省教育厅
2-31	基于"现代工作坊"的高职计算机类专业建设与实践	王津,何玉辉,梅创社,王坤,夏东盛,刘引涛,刘明学,赵东,赵晓智,史小英,裴清福,姜东亮,刘鹏,赵革委	陕西工业职业技术学院;陕西铁路工程职业技术学院;西安航空职业技术学院	陕西省教育厅
2-50	军民融合共研促教、协同培养军工人才——机电类专业建设模式研究与实践	王明哲,孟繁增,高葛,李慎安,马书元,姜鑫,张永军,刘向红,鲁伟,谷瑞杰,郝瑾,山峰,郭杰	陕西国防工业职业技术学院;中国兵器工业集团第二一二研究所;中国重型机械研究院股份公司;陕西省户县①东方机械有限公司	陕西省教育厅
2-62	园林工程技术专业创新创业型技术技能人才培养研究与实践	赵建民,刘新燕,衣学慧,刘卫斌,陈祺,张君超,张纯,陈丹	杨凌职业技术学院	陕西省教育厅

① 户县:今为鄠邑区。

续表

序号	成果名称	成果完成人	成果完成单位	成果推荐单位
2-64	重大项目引领，对接德国标准，汽车维修人才现代学徒制培养体系探索与实践	蔺宏良，崔选盟，廖发良，冯晓，Sabine Porsche（白思妍），房大军，郭建明，罗明，邱官升，李占锋，黄珊珊，刘涛，李帆，丁春莉，李婷婷	陕西交通职业技术学院；SGAVE 项目中方秘书处（同济大学）；德国国际合作机构；新丰泰集团控股有限公司	陕西省教育厅
2-77	高职电子商务专业"训、赛、创、服"四位一体实践教学模式的探索与实践	张永良，张宗民，杨宏祥，郑伟，张学琴，郭伟，苏秋芬，蒋霞	杨凌职业技术学院	陕西省教育厅
2-91	基于创新创业能力培养的高职物流管理专业育人模式的研究与实践	李选芒，杨卫军，晋淑惠，何奇彦，王红艳，王冠宁，成志平，李思维，吕文凯，施云飞	陕西工业职业技术学院	陕西省教育厅
2-107	商业形态变革下经管类专业"教产结合、学训合一"人才培养模式的探索与实践	赵居礼，唐忍雪，韩春梅，万珊，王瑞，段建，王玙，吕妮，王吉寅，李色旧，折贝	西安航空职业技术学院	陕西省教育厅
2-153	"工作站载体 集团化办学"培养军工特质技术技能人才的创新实践	刘敏涵，张鑫，修学强，侯晓方，李俊涛，刘建伟，吴玮玮，张晨亮，李会荣，樊建海	陕西国防工业职业技术学院；陕西省国防科技工业办公室	陕西省教育厅
2-208	基于农业生产四类主体需求的职业院校"产教双元分层交融"模式创新与实践	王周锁，王云江，张宏辉，党养性，祝战斌，刘敏哲，范学科	杨凌职业技术学院；杨凌现代农业示范园区开发建设有限公司	陕西省教育厅
2-212	健康中国背景下"大护理、精方向、跨界融合"人才培养新模式的研究与实践	赫光中，冯华，张存丽，邢小燕，李昱，米婧，骆小仲，卢健，王智杰	咸阳职业技术学院	陕西省教育厅

全国首张 1+X 证书落地陕西工院

陕西工业职业技术学院

2019年1月,国务院印发《国家职业教育改革实施方案》提出,"从2019年开始,在职业院校、应用型本科高校启动'学历证书+若干职业技能等级证书'制度试点工作。"6月,教育部职业技术教育中心研究所颁布了《关于首批1+X证书制度试点院校名单的公告》(教职所〔2019〕141号),陕西工业职业技术学院获批成为全国首批Web前端开发、建筑信息模型(BIM)和物流管理1+X证书制度试点院校。

中共中央政治局委员、国务院副总理孙春兰在陕西工院调研时指出,国家对职业证书要重新认定,学分银行就是鼓励职业教育的终生学习,为国家培养更多技能性人才。

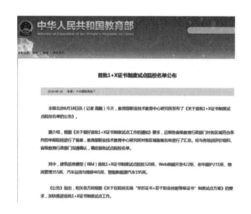

关于首批1+X证书制度试点院校名单的公告

孙春兰副总理在陕西调研

◇ Web 前端开发证书

Web前端开发证书的培训评价组织机构为国家工业和信息化部教育与考试中心。10月19日,陕西工院组织首批"1+X"Web前端开发职业技能等级试点考试工作,共有135名学生参加考试。陕西工院闫佳轩同学拿到全国首张1+X证书。

陕西工院闫佳轩同学获得全国首张 1+X 证书

◇ 建筑信息模型（BIM）证书

建筑信息模型（BIM）证书的培训评价组织机构为廊坊市中科建筑产业化创新研究中心。陕西工院将在 11 月底完成首批 1+X 建筑信息模型（BIM）职业技能等级试点考试工作。

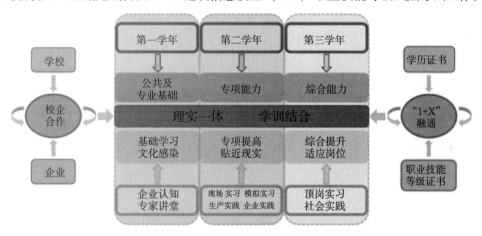

1+X BIM 证书融通人才培养模式

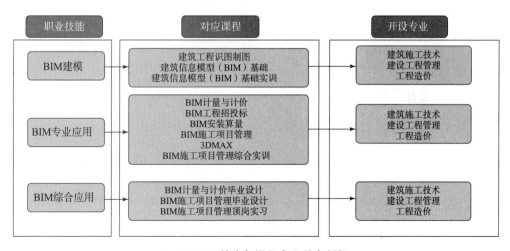

1+X BIM 技术与课程专业融合创新

◇ **物流管理证书**

物流管理证书的培训评价组织机构为北京中物联物流采购培训中心。陕西工院将在12月中旬完成首批1+X物流管理职业技能等级试点考试工作。

物流管理1+X证书教材

中国高等职业教育首个"专业教学标准"输出赞比亚

陕西工业职业技术学院

陕西工业职业技术学院（简称"陕西工院"）被教育部确定为有色金属行业开展职业教育"走出去"项目试点院校。

陕西工院赞比亚分院正式成立

2019年8月，赞比亚高教部部长Brian Mushimba、中国教育部职成司巡视员郁洁共同为"中国—赞比亚职业技术学院机械制造与自动化分院、陕西工业职业技术学院赞比亚分院"授牌。

教育部办公厅文件

中国—赞比亚职业技术学院领导合影

专业教学标准正式批准

2019年3月，赞比亚共和国正式批准陕西工院制定的"机械制造与自动化专业教学标准"成为赞比亚国家职业教育教学标准。

赞比亚共和国职业教育与培训管理局批文

6.0 PROGRAMME OUTLINE

YEAR 1			
Module no.	Title	Core/Non-Core Modules	Duration (hrs)
408-1-A	Engineering Mathematics Ⅰ	Core	150
408-2-A	Communication Skills	Non-Core	90
408-3-A	Introduction to Computers	Core	80
408-4-A	Engineering Drawing	Core	180
408-5-A	Mechanical Engineering Principles Ⅰ	Core	180
408-6-A	Electrical and Electronic Technology	Core	180
408-7-A	Mechanical Manufacturing	Core	240
408-8-A	Entrepreneurship	Non-Core	100
		Subtotal	1200

YEAR 2			
408-9-B	Engineering Mathematics Ⅱ	Core	120
408-10-B	Engineering Drawing And Design	Core	100
408-11-B	Mechanical Engineering Principles Ⅱ	Core	140
408-12-B	Electrical and Electronic Technology Ⅱ	Core	120
408-13-B	Mechanical Manufacturing Technology Ⅱ	Core	120
408-14-B	Hydraulic and pneumatic	Core	140
408-15-B	Manufacturing Equipment Control Technology Ⅰ	Core	140
408-16-B	Equipment Maintenance ●●●	Core	90

机械制造与自动化专业标准部分课程截图

教学培训工作顺利开展

陕西工院先后选派 8 名教师赴赞比亚为中国有色集团驻赞企业员工开展理论教学和技能培训，培训员工 243 人次。

我院青年教师赴赞比亚

张顺星老师在授课

罗枚老师在授课

乔琳老师在授课

构建"一体两翼"育训体系　聚力知农爱农人才培养

杨凌职业技术学院

　　杨凌职业技术学院（简称：杨凌职院）是一所省属全日制普通高等学校。1999年经国家教育部批准，由原国家级重点中专陕西省农业学校、陕西省水利学校和省部级重点中专陕西省林业学校合并组建，学院历史可以追溯到1934年于右任先生和杨虎城将军创建的国立西北农林专科学校附设高职。建校85年以来，共培养各类专业技术人才22万多名，为陕西乃至西北地区经济社会发展做出了重要贡献，先后荣获省级以上奖励60多项。在首届全国高职高专"优质校"建设与评价论坛会议发布的《中国大学及学科专业评价报告》中，连续两年位列全国1 300多所高职院校竞争力排行榜第11名，稳居全国高职教育第一梯队。

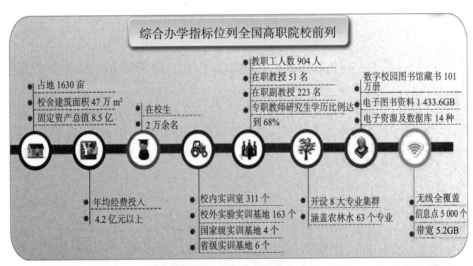

杨凌职院介绍

一、构建"一体两翼"育训体系 聚力知农爱农人才培养

以培养知农爱农人才为己任,助力乡村兴和脱贫攻坚,探索形成了以在校生培养为主体,以新型职业农民(村干部)学历提升培养和生产一线动者实用技术培训为两翼的"一体两翼"培养与培训体系。

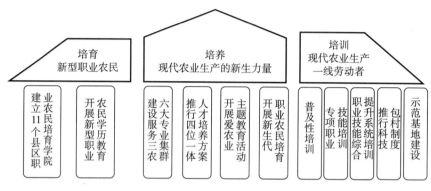

"一体两翼"职业农民育训体系

★深化改革,实施"四位一体"人才培养方案,培养新时代知农爱农新型人才

坚持"经国本、解民生、尚科学"的办学理念,紧跟农业产业结构的转型升级,推进专业与产业的融合;人才培养注重学生全面可持续发展,通识能力、个人发展、创新创业能力与专业技能"四位一体"同步培养;开展"学农、爱农"主题教育,引导、熏陶学生知农业、懂农业、爱农业情怀。办学85年来,累计培养各类人才21万。

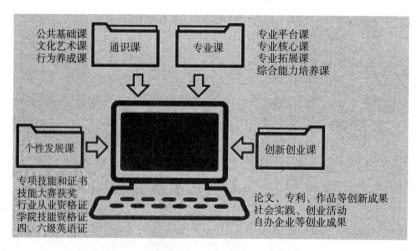

"四位一体"人才培养方案

★创新办学模式,开展职业农民(村干部)学历提升

2016年,在全国率先探索新型职业农民(村干部)全日制学历教育,并不断创新形成了9大教学举措,有效推进农村基层人才建设,为百万扩招先行先试。

一	二	三	四	五	六	七	八	九
因地制宜,创新招生形式	坚持标准,定制培养方案	需求导向,灵活设置课程	农学结合,创新培养模式	根据实际,灵活组织教学	突出特色,建设教学资源	专兼结合,配强师资队伍	严格考核,确保教学质量	校地结合,加强组织管理

创新形成 9 大教学举措

★校地合作,建立职业农民培育(培训)学院

在陕西11县(区)分别建立职业农民培训学院,开展普及性培训,解决农民生产中的实际问题;开展专项职业技能系统培训,提升面向农业生产一线的专业技术能力;开展职业技能综合提升系统培训,全面提升生产经营能力;以产学研示范基地建设为抓手,发挥引领作用。

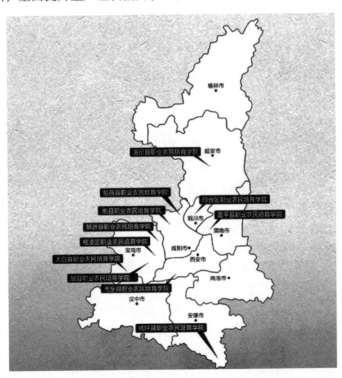

建立 11 个职业农民培训学院,构建职业农民培育体系

二、区校一体融合发展　产教融合共筑高地

杨凌是首个国家农业高新技术产业示范区，国家唯一农业自贸区，上海合作组织现代农业技术培训交流基地，肩负着"支撑和引领干旱半干旱地区现代农业发展"国家使命。长期以来，杨凌职业技术学院与示范区实施区校融合一体化发展，共筑现代农业人才培养新高地。

★创新融合发展新机制，产教融合呈现新形态

多年的融合发展，形成了"共生共荣"的融合理念、"共建共享"的融合机制、"互利共赢"的融合格局。

学院依托上合农业基地和杨凌示范区　　　学院与杨凌现代农业
与柬埔寨帕拉贡国际大学签订合作备忘录　　示范园共建实训基地

★"1367"方略引领，产教融合筑起新高地

依托杨凌示范区 100 平方千米的现代农业示范园区和 300 余家专业化、标准化的现代农业龙头企业，构建了"1367"产教融合新方略，即建立 1 个现代农业职教创新园区、实施产教融合 3 项计划（设施农业 3+2 技术推广、农产品质量安全提升、规模化畜禽养殖污染防止新技术）、打造 6 个技术技能协同创新中心、建立 7 个产教融合实训基地。

6 个协同创新中心

依托技术协同创新中心，教师发明实用技术专利 16 项、推广实用技术 31 项、培育国家教学名师 4 人、企业技术大师 5 人，全面提升了专业群集聚集度和配套供给服务能力。

区校共同打造了现代农业生产、水利工程、农产品加工与质量检测、药物生产、机电一体化、电子商务与物流服务、毕业生创新创业等 7 个产教融合实训基地。近 5 年孵化厅局级以上项目 84 项，经费 1 488.29 万元。培育科技推广团队 20 个，38 名教师被企业聘为科技顾问，44 名教师被省市聘为科技特派员，推广品种、新技术

50多项。年科技推广效益达到1.5亿元以上，毕业生注册企业、专业合作社27家，注册资本4395万元，涌现出了李松、许彦云等10名全国大学生创业明星。

三名全国水利行业首席技师担任　　毕业生李松作为创业典型参加　　　毕业生许彦云获
　　　　我院技能导师　　　　　　共青团第十八次全国代表大会　　"全国大学生创业之星"称号

三、"引融输建"拓路径　国际交流提水平

与杨凌示范区共建"一带一路"现代农业国际合作中心、中国唯一农业自贸片区、中哈现代农业示范园等13个国际农业合作平台，不断拓展国际合作与交流途径，在人才培养、技术培训、优质资源引进等方面开展全方位合作，学院在丝路沿线国家的影响力不断提升。

★引进资源

与比利时组织在植物组织培养、食品加工等方面长期开展技术合作，引入国外先进技术。引进英国、荷兰建筑工程技术、酒店管理、现代农业、园艺技术课程资源，为提升专业和课程水平奠定坚实基础。

引融荷兰课程资源

★技术输出

举办水利、建工国际订单班，已有300余名毕业生实现海外就业，为"走出去"企业

开展员工培训 1 200 余人。承担"一带一路"沿线国家农业技术人员培训项目,累计为 110 多个国家培训了 1 400 余名政府官员和技术人员。招收来自哈萨克斯坦、俄罗斯等国家学历教育留学生来校学习。

承担"一带一路"沿线国家技术官员实用技术培训

招收外国留学生

★ 消化融合

将引进的国外先进技术和职业教育资源,通过充分运用和消化吸收,形成了具有中国特色的课程体系和课程标准,提升了相关专业和课程的国际化水平,课程资源引融获国家职业教育教学成果二等奖。

★ 建立基地

在哈萨克斯坦建立学院现代农业技术培训中心、良种推广示范基地,开展品种推广和农业科技培训,年培训人数 3 000 人。对中哈杨凌现代农业示范园进行技术指导。

在哈萨克斯坦建立现代农业技术培训中心

建工国际班开班典礼

四、"产学研用"创模式　强农兴农担使命

学院紧密结合陕西及西部干旱半干旱地区农业产业发展,坚持以服务"三农"为己任,

以"产学研用"为核心,将论文写在三秦大地,在实践中探索形成"3+X"为农服务模式,助力乡村振兴、脱贫攻坚,担当强农兴农使命。

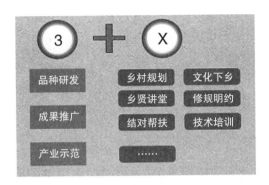

探索"3+X"为农服务模式

★ **将品种研发作为强农重心**

学院先后培育小麦、花椒、菊花、观赏桃等新品种 18 个,小麦育种专家赵瑜研究员培育的 5 个"武农"系列小麦优良品种在黄淮河流域累计推广 8 000 万亩,促进农民增收 48 亿元;教师和学生获得专利 45 项;主持制定西瓜栽培用水国家标准。

杨安平教授制定西瓜　　　　赵瑜研究员培育的
栽培用水国家标准　　　　"武农"系列小麦品种

★ **将产业示范作为富农主举措**

围绕陕西及西部干旱半干旱地区农业产业发展,建立 11 个各具特色,集实践教学、科研推广、生产示范为一体的产学研示范基地。共建的彬州市产学研基地,被农业农村部确定为"农业科技创新与集成示范基地"。

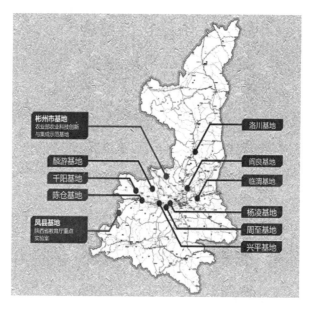

11 个产学研示范基地

★ 将农业科技成果推广作为兴农主途径

探索形成"技术服务型、基地示范型、企业带动型、科技包村型、专家大院型"5 种农业高职院校产学研示范推广模式,年均培训科技人员、职业农民等达 10 万人以上。

★ 将扶智扶技作为扶贫主抓手

开展职教帮扶,为青海省 3 个地区订单培训水利专业技术人才,探索出了为贫困边远地区人才培养新模式。建立了"示范基地+科研项目+特色专业"脱贫攻坚模式,创新形成了涉农高职院校"技术支撑+龙头企业+合作社+家庭农场"多样化社会服务路径。

青海水利订单班"爱国爱水北京行"分享会

以赛促教以赛促学 推动创新创业课程教法改革

西安航空职业技术学院

项目简介（一）

匠音坊秉承精心、专心、潜心的态度，力求为用户打造高品质和性能的音频产品，这款焦尾琴不仅在续航、温度、重量上赶超其他同类型产品，同时还拥有极高的性价比。而且我们针对入门级和骨灰级的烧友提供了定制版和标准版两种产品及服务。

产品优势：

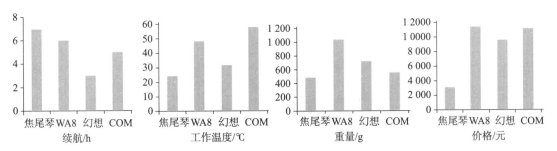

为入门级烧友提供了多功能元件插口，烧友可以通过它来对设备进行不同元件的搭配和调试打造自己想要的声音。针对客户的需要和环境进行一对一的定制，从客户的听歌风格、解码、耳机等设备的搭配等方面进行单独的调试，只求打造出客户喜爱的专属微型功放设备！

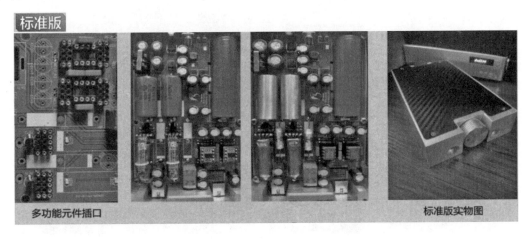

项目简介（二）

我院组建以机械创新设计、3D打印、机电一体化、电子技术、产品设计等交叉学科的专业教师指导团队及创新创业教师和十余名企业家形成的创新创业团队，鼓励和引导学生团队跨专业、跨学院组合，突出知识交叉、能力融合、团队协作。并将"互联网+"大赛的要求融入专业课课程标准，采用创新创业大赛模式进行课程讲授，引导和支持学生积极参加大赛；课程以创新设计、团队路演、编写项目计划书等多元化方式进行考核。推动创新创业课程教法改革，在授课过程中，引入创新创业大赛的学生案例进行讲授及分析，从而达到以赛促教的目的。通过创新思维激发、课程引导、小组竞赛、小组互评等方式，从而达到以赛促学的目的。

在第五届"互联网+"大学生创新创业大赛上,我院《蚓清》项目获得了全国银奖及陕西省冠军的成绩。该教师团队已经在四届"互联网+"大学生创新创业比赛中获得国家银奖一项、省级金奖二项、省级银奖一项、省级铜奖一项的好成绩,并且在2016年"挑战杯—彩虹人生"全国职业学校创新创效创业大赛国家一等奖等20多个创新创业类奖项。团队成员毕业创办公司4家,年产值超千万,有效地带动了当地的经济和就业。没有创业的同学,由于较高的综合能力及素质,纷纷进入航天六院、四院及各大国际知名企业就职。

服务"一带一路"建设　培养国际铁路人才

陕西铁路工程职业技术学院

作为教育部"高端技能型应用型、人才培养百千万交流计划"中方项目学校，陕西铁路工程职业技术学院紧随"一带一路"建设和中国铁路"走出去"步伐，探索国际化办学，先后为多家企业的海外公司订单培养国际化人才，为国外项目员工开展岗位技术培训，与国外高校、教育机构开展合作，选派师生420余人次先后赴德国、澳大利亚、新加坡、俄罗斯、韩国等国家研修学习，开阔国际视野。

2017年选派学生在俄罗斯萨马拉国立交通大学学习　　**2019年俄罗斯萨马拉国立交通大学来院访问交流**　　**俄方外教为学生讲授俄罗斯社会与文化**

学院在肯尼亚设立陕铁院铁路培训中心，建设"鲁班工坊"。近三年，40余名教师远赴肯尼亚，为当地蒙内铁路员工开展工务、电务、信号、行车等技术培训。2017年、2018年连续入选"高等职业院校国际影响力50强"，当选"中俄合作办学高校联盟理事单位"。

高等职业院校国际影响力50强　　　　　　　　　**支援肯尼亚铁路建设**

2019年5月11日，第四届丝绸之路教育合作交流会在古城西安盛大举行。会上，陕西省副省长方光华、学院院长王津和萨马拉国立交大校长安德龙切夫·伊凡共同为中俄合作办学成立的陕铁院萨马拉交通学院揭牌。

教师在肯尼亚指导当地学员实训

方光华副省长为萨马拉交通学院揭牌

陕西铁路工程职业技术学院萨马拉交通学院，是陕西省属高职院校中第一所开展全日制高等专科学历教育的中外合作办学机构，现开设铁道交通运营管理、高速铁道工程技术、铁路物流管理、铁道信号自动控制等4个中外合作办学专业。学制均为三年，学生可选择"2+1"或"3+0"模式，即在国内学习两年或三年，俄语水平通过俄方考核后赴俄罗斯留学，攻读学士和硕士学位。

高速铁路隧道实训基地建设与应用

高速铁路隧道实训基地建于2013年，由中央财政、陕西省财政支持建设，是全国首座具有独立知识产权、高标准、集成化的隧道实训基地。基地按照速度200km/h单线高铁隧道1∶1标准断面设计，建筑长100米，高11.27米。采用明洞隧道结构，进出口分别采用柱式洞门和斜切式门洞，洞内按照隧道施工流程分段设置工法展示、监控量测等13个实训功能区，可以开展隧道施工、质量检测等110余项实训项目。

基地外貌

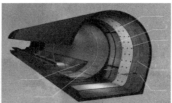
基地局部构造

教师指导学生实训

按照"展示工程结构、训练专业技能、培养职业素养、拓展服务功能"的思路，自主研发，创新设计了真实职业文化氛围的高速铁路隧道实训基地。

国内首创，建成高标准、集成化的高速铁路隧道实训基地，基地取得发明等3项专利。借助BIM、互联网技术，配套开发了铁路隧道仿真系统、隧道BIM模型等资源，实现"线上+线下、实体+虚拟"的全工法、全过程、全要素实习实训，满足学生实训、教师科研、企业培训、技术服务等多项需求。

陕西铁路工程职业技术学院每年有9个专业近5 000名学生在基地进行实习实训，效果良好；78批省内外学校980人次来校学习交流；西安理工大学等院校300余名学生使用了实训基地和教学资源；为中铁二十局、中铁九局等12家企业开展技术培训24期；隧道专家

  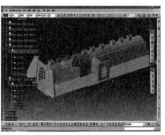

盾构机大型实训工区　　　铁路隧道施工虚拟仿真系统　　　隧道 BIM 模型

梁文灏院士评价该实训基地建设理念先进，设计新颖，内涵丰富，建设水平达到了国内领先，具有较高的推广应用价值。国务院副总理刘延东在中国东盟轨道交通教育培训高峰论坛参观高速铁路隧道实训基地 3D 打印模型。

专利证书

刘延东参观基地 3D 模型　　　学生实践训练

红色基因铸魂　培养军工特质高素质技术技能人才

陕西国防工业职业技术学院

学院自 1958 年建校以来,立足军工服务国防,积极传承军工文化。凝练形成了"忠、博、武、毅"的国防职教精神、"厚德重能,励学敦行"的校训和"勤奋　严谨　求实　创新"的校风。

一、传承红色军工文化,培养军工特质工匠精神

坚持传承与弘扬军工文化,积极探索军工文化涵育学生工匠精神新路径,使学生浸润在军工文化所蕴含的工匠精神之中,内化于心、外化于行,塑造大国工匠的品格。学校被教育部认定为"全国国防教育特色学校""中国国防科技工业军工文化教育基地";与中国航天科技国际交流中心、中国航天科技集团联合成立"新时代航天工匠人才联合培养基地";拥有国家级国防教育专家 2 人。

全国国防教育特色学校

中国国防科技工业军工文化教育基地

二、扎根军工,培育军工行业高端技术技能人才

积极发挥校企合作、文化育人优势,在中船重工 872 厂等合作企业设立了 13 个校企合作工作站,师生通过驻站工学交替、顶岗实习、接受军工文化的熏陶。学校已成为全国国防科技工业高素质技术技能人才培养的主阵地,技术能手、大国工匠孕育的摇篮。

新时代航天工匠型人才联合培养基地揭牌

"大国工匠"徐立平班组 5 名本校毕业生

三、打造"开放共享"的军工文化育人平台

以国防科技展览馆、军工精神文化墙、户外军事素质拓展中心为主体，国防职业技能教学、培训为辅助，打造了一个集"教学—培训—科普—景观"为一体、国防军工特色鲜明的综合性教育平台，成立了军工文化教育研究中心。定期举办国防大讲堂，每年面向军工企业、驻地部队、军事院校、大中小学生开展爱国主义教育 2 万多人次。

兵器第 202 所吴运铎精神
宣讲团来我院作报告

军工文化教育研究中心

校领导进行军工文化
育人专题调研

建校 60 余年来，学校立足陕西面向国防，为国防科技工业和经济社会发展培养了 8 万余名军工特质技术技能人才。形成独具特色的"中国国防科技工业职业教育模式"，为推动社会主义现代化强国建设和实现新时代中国梦、强军梦做出卓越的"国防职院"贡献。

军工文化墙

扎根军工服务国防 构筑高素质技术技能人才培养高地

陕西国防工业职业技术学院

学校以培养"德技并修、学思并举、脑手并用"高素质军工特质技术技能人才为目标，以服务国防科技工业发展为宗旨，以深化教育教学改革为动力，为我国军工行业培养出了大批拔尖人才和技术技能人才。

一、忠博武毅，培养"红色军工传人"

坚持"立德树人"根本任务，将"忠博武毅"的国防职教精神和严谨专注、敬业专业、精益求精、追求卓越的"工匠精神"融入人才培养全过程，培养具有刻苦钻研学习精神、艰苦奋斗创业精神、忠诚忘我奉献精神的"红色军工传人"。为我国兵器、航空、航天、船舶、核工业等领域培养了 8 万余名高素质军工特质技术技能人才，学子遍布全国十二大军工集团。

军工企业专场招聘会

二、校企合作，提升学生军工职业素养

牵头组建陕西国防工业职业教育集团，学校与兵器 845 厂、航天 4 院等建设校中厂、厂中校，建立校企合作工作站，实施"七共同"育人过程。与 204 研究院、804 厂、805 厂等开展合作，开设订单班，开展现代学徒制试点，培养军工特有工种人才。建成教育部"工业机器人职业人才培养中心""教育部—中兴通讯 ICT 行业创新基地"，两个案例入选中国高等职业教育人才培养质量报告。面向军工企业、政府机构开展各类非学历培训，年规模达 10.4 万人·日。

校企合作

三、军民融合,创新人才培养模式

以国防科技工业职业技能鉴定站为平台,参与开发4项与军工装备制造、信息技术等相关的职业技能等级证书;面向学生开展职业技能等级证书培训,将培训内容融入军工特质人才培养方案;完善学生培训评价机制,建立"课证融合"同步考试(评价)制度;设立职业技能证书标准化考点。

四、立德树人,拔尖学子辈出

近三年,毕业生就业率均在95%以上,企业用人满意度93.6%。军工子集团公司副总以上13人,在知名校友中涌现出世界最具影响力科学家、国家杰出青年基金获得者、长江学者特聘教授、哈尔滨工业大学航天学院教授高会军,兵器工业惠安集团有限公司总经理魏合田等具有世界影响力的军工行业领军人才,西安交通大学田高良教授等大批行业专家;邓呈波、周晓波、任金鹏等兵器工业技术技能带头人、西安工匠、四川工匠高素质军工特质技术技能人才和"陕西省技术能手"等36人;时代楷模、大国工匠徐立平班组7名成员中5名为我校毕业生;"大国工匠"杨峰班组6名成员中4名为我校毕业生。1名毕业生获全国五一劳动奖章,6人获得"西安工匠"称号,5人获得省级技术状元。

校友国家杰出青年基金获得者、
长江学者特聘教授、哈尔滨工业大学
航天学院教授高会军作专题报告

校友西安交通大学会计与财务系主任
田高良教授来校作专题报告

毕业生蒋楠获得全国五一劳动奖章

毕业生邓呈波获"西安工匠"称号

学校将抢抓机遇、特色发展,不断创新办学体制机制,深化教育教学改革,着力培养高素质军工特质技术技能人才,为国防科技工业发展和经济社会发展做出新的更大贡献。

组建"一带一路"职教联盟　积极开展教育合作交流

陕西职业技术学院

一、人才培养

对专业人才培养方案进行三级研讨论证，与职教专家、合作企业、家长、学生联合，创新性开展人才培养方案的修订工作，按程序面向社会公开发布。

人才培养方案论证

二、校地融合

积极对接长安区委区政府，共同谋划校地融合具体举措，开展了一系列活动并取得阶段性成果。

党建引领促校地融合深入推进，以"党员进基地、进高校、联系实地学，持续推进校地融合发展"为主题与长安区农业农村局联合开展主题党日活动，深入乡村及学院调研，增强了广大党员干部的政治意识、大局意识和干事创业的责任感、使命感。

签署了《关于深化校地融合开展乡村振兴人才培育合作框架协议》，挂牌成立了"西安市长安区乡村振兴人才培训基地"。

举办新型职业农民培训班，150名"农民大学生"转型升级为新型职业农民；开展"农业专家团进高校"活动，增强师生助力长安发展的意识和自觉性，更加积极地服务长安区经济社会快速发展。

获批长安区就业创业培训资质，为长安区内贫困劳动力等七类人员提供就业创业培训服务。

举办新型职业农民培训班

三、产教融合

我院与珠海世纪鼎利科技股份有限公司（以下简称世纪鼎利）深度校企合作，经过6年的探索实践，形成了促进校企融合，共建校企命运共同体理论研究成果与实践经验，建立并成功运行了具有混合所有制性质的信息技术与通信技术高度融合的产业学院（电子信息工程学院）。

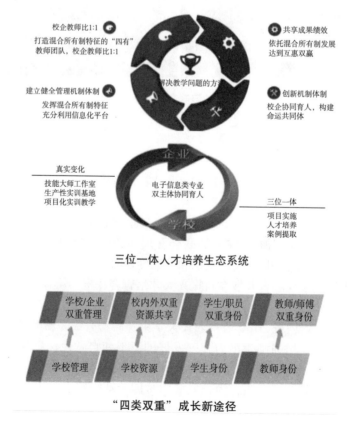

三位一体人才培养生态系统

"四类双重"成长新途径

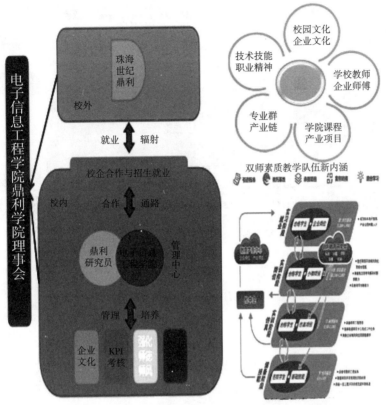

理事会领导下的院长负责制　　混合式教育与产业链的人才生态系统

四、国际合作

学院发起组建"一带一路"职教联盟,并依托联盟平台与"一带一路"沿线国家与地区的职业院校与教育机构建立了友好、务实的合作关系,先后与澳大利亚、加拿大、韩国、新西兰、印度尼西亚、乌克兰、巴基斯坦等国家与地区的合作院校开展教育合作交流,在师资研修、留学生培养、学生短期游学、教学资源引进、实训基地建设等方面开展工作并取得实效。

五、"双高"建设

打造"旅游管理""物联网应用技术"2个中国特色高水平专业群,辐射带动其他专业群发展。

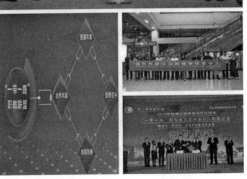

发起组建"一带一路"职教联盟

旅游管理专业群 NTPD 人才培养模式

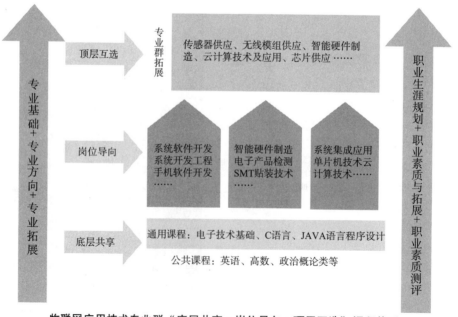

物联网应用技术专业群 "底层共享 + 岗位导向 + 顶层互选" 课程体系

加强实用技术研究　　促进科技成果转化

咸阳职业技术学院

本项目研制出一种鉴别猪瘟疫苗毒株和流行毒株的反转录—复合套式聚合酶链式反应检测诊断试剂盒，操作简便快速，易于推广。

项目组在研究过程中，通过比对疫苗毒株和各流行毒株的基因组差异，寻找潜在的区分位点；根据潜在的区分位点，设计多条引物，对这些引物进行组合，设计反转录—复合套式聚合酶链式反应体系，探索出能够区分疫苗毒株和流行毒株的引物组合；选定引物组合及探索出最适扩增条件和反应体系后，对检测方法的灵敏度、特异性进行确定。最终，根据建立的检测方法体系和反应条件，组装鉴别猪瘟疫苗毒株和流行毒株的反转录—复合套式聚合酶链式反应检测诊断试剂盒，编写相关操作说明书。

名称：
计算机网络用远端插线装置
专利号：
ZL 201720070872.4
类型：
实用新型专利
发明人：
李焕

名称：
一种建筑施工用水泥灰浆施工装置
专利号：
ZL 201621247921.9
类型：
实用新型专利
发明人：
陈婷、董宇毅、段薇薇、朱凤君、史国庆

名称:
一种用于放置测量仪器的架子
专利号:
ZL 201620118661.9
类型:
实用新型专利
发明人:
林凯、雷海涛、徐德乾

名称:
一种基于 FFT 处理器的转动装置检测仪
专利号:
ZL 201521142002.0
类型:
实用新型专利
发明人:
史亚维、杨斌

构建学院内部质量保证体系　建设一流高职交通名校

陕西交通职业技术学院

一、构建学院内部质量保证体系，促进内涵质量稳步提升

（一）质量基础

近年来，学校持续推进教育教学改革，坚持以改革促发展，以质量促提升。2016年成为全国首批诊改试点高职院校。学校"十三五"事业发展规划中，明确提出学校要向重特色、抓内涵、提质量方向实现战略转变，重点建设包括内部质量保证体系在内的"十大工程"，扎实推进国家优质高职院校和陕西省"一流学院"建设，师生质量意识进一步增强，为我校内部质量保证体系的建立奠定了坚实基础。

01 国家优质高职院校建设单位	02 全国首批现代学徒制试点院校
03 全国首批教学诊断改进试点院校	04 陕西省优秀示范性高职院校
05 国家教学成果二等奖	06 陕西省教学成果特等奖、一等奖
07 陕西"一流学院"建设单位	08 教育部"中德职业教育汽车机电合作项目"西北地区首家入选院校
09 交通运输部公路主干专业重点支持院校	10 国家汽车维修紧缺人才培养基地

我校所获荣誉

（二）体系构建

质保体系按照"建、诊、改、提"四步进行构建，通过"高标建设"理顺目标链与标准链，构建五个层面的"8字形质量改进螺旋"。

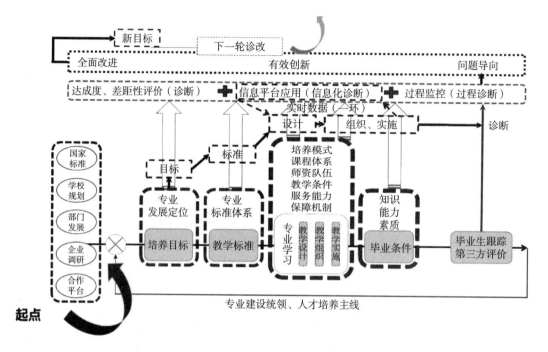

构建"8字形质量改进螺旋"

（三）运行实践

2016年9月，我校开展试点诊改，构建和完善了横向五层面目标链与标准链，并通过选择12个专业、66门课程进行试点诊改，贯通"8"字螺旋，检验和完善了监测预警体系。2017年9月，进入全面诊改阶段。对全部38个专业、758门课程进行了诊改，进一步完善学校质量保证体系、打造各层级目标链和标准链、构建五个层面诊改机制、凝练交通特色质量文化。2018年9月，开始进行线上为主，线上线下相结合的诊改。以智能化信息平台为支撑，开发完善应用系统，支撑五个层面的诊改运行，建立基于数据分析的诊改与报告机制。

（四）诊改成效

（1）建成了比较完善的质保体系，质量意识明显增强。
（2）搭建了信息化平台，智能校园建设初现成效。
（3）建立了诊改机制，内涵建设显著提升。
（4）强化了基础设施建设，教学条件极大改善。
（5）借助诊改理念，促进了学校各项事业发展，社会服务能力持续增强。

诊改期间，年均培训社会各类人员10 000余人次，校办产业年均经营收入3 000余万元，连续两年获全国高职院校服务贡献50强。

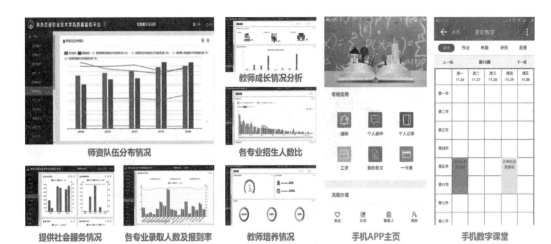

智能校园建设

新增标志性成果

- 国家教学成果奖2项
- 国际创新创业大赛二等奖2项
- 全国各类技能大赛一等奖5项,二等12奖项
- 毕业生就业率保持在95%以上
- 新增陕西省教学成果奖特等奖1项,二等奖2项
- 新增陕西省高等学校优秀教材奖一等奖1项

我校代表队在美国普林斯顿大学参加"蓝桥杯"大赛荣获二等奖

标志性成果展示

实训室展示

- 年均培训各类人员10 000余人次
- 监理高速公路项目6个
- 设计农村公路30条
- 完成公路检测项目45个
- 年均完成经营收入3 000万元
- 2017、2018年全国高职院校服务贡献50强

我校临理的西乡—镇巴高速公路特大桥

社会服务项目

二、服务国家交通发展战略，建设一流高职交通名校

（一）学校的办学定位与特色

陕西交通职业技术学院是由陕西省人民政府举办、陕西省教育厅主管、与交通运输厅共建的公办高等职业院校；学校坚持"立足交通、服务交通、支撑交通、引领交通"的办学定位，以培养交通运输类高素质技术技能人才为宗旨，被誉为中国西部"交通建设管理人才的摇篮"。

（二）学校所获荣誉

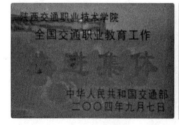 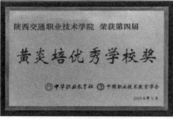 

学校荣誉展示

（三）学校专业群

学校特色专业群

（四）学校建设思路及主要举措

1.立足交通优势，提升专业产业协同发展能力

一是依托陕西交通物流职业教育集团，发挥"两厅共建"的管理体制优势，创新合作方式方法，探索混合所有制办学模式，提高产教融合、校企合作水平。

二是以人才共育、教育服务为契合点，吸引中铁一局、杭港地铁、一汽大众等知名企业，实现资金留校、人员驻校、设备入校，累计吸收社会资金3 300万元。

2．瞄准综合交通，提升专业服务产业转型升级能力

我校优秀毕业生靳雨诺被誉为"最美站务员"

3.借力国家项目,提升专业改革创新能力

主动承担创新发展行动计划,统筹推进43项任务和15个子项目,深化内涵创新发展

加速智慧校园建设,持续投入近2 000万元,搭建智能网络和应用平台;投入700余万元推动了教学信息化改革

以国家首批现代学徒制试点为依托,创新人才培养模式,探索与实践招生招工一体、校企协同育人的新机制

入选全国首批诊改试点院校,以质量诊改为内生动力,形成了自我诊断、持续改进的质量保证体系

4.拓展文化育人,全面提升学生综合素质

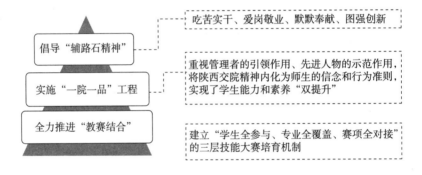

- 倡导"辅路石精神" —— 吃苦实干、爱岗敬业、默默奉献、图强创新
- 实施"一院一品"工程 —— 重视管理者的引领作用、先进人物的示范作用,将陕西交院精神内化为师生的信念和行为准则,实现了学生能力和素养"双提升"
- 全力推进"教赛结合" —— 建立"学生全参与、专业全覆盖、赛项全对接"的三层技能大赛培育机制

5.共享校内资源,提升技术积累与社会服务能力

通过"两个基地""三个中心",广泛开展继续教育与培训服务、技能鉴定、技术服务、企业考评等活动。学校连续2年荣获全国高职院校服务贡献50强。

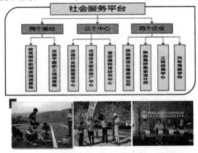

6.依托"一带一路",提升职业教育国际影响力

一是作为丝绸之路职教联盟成员、"中韩项目"、中德"SGAVE"项目单位,争取国际合作平台、加大教师培训力度、推进学生深层次多样化交流。

二是参与教育部职教走出去试点,与南非等国签署协议,探索职业教育试点项目教学标准建设,为开展外方教师来华培训和建立海外学院做好了前期准备。

中德职业教育汽车机电合作项目示范学校

联合承办发展中国家铁道通信信号技术培训任务

主持"一带一路"国际职教论坛

聚焦"一带一路"建设 以多元合作推动国际化发展

西安铁路职业技术学院

不忘初心谋发展

西安铁路职业技术学院从 1999—2019 年走过了高职教育 20 年风雨历程。从 2001 年经陕西省人民政府批准成立高等职业技术学院，2005 年从铁道部划归西安市人民政府，2006 年由西安铁路运输学校和西安铁路运输职工大学实质性合并，正式成立了西安铁路职业技术学院，到 2014 年成为陕西省示范性高职院校，西铁院始终坚持"特色鲜明、省内示范、行业领先、国内一流、国际知名"的学校发展战略。如今的西铁院先后入选国家第二批现代学徒制试点单位、国家首批"1+X"证书试点院校、陕西省一流高职院校建设单位、陕西省第一批内部质量诊改试点院校、陕西省创新创业教育改革试点学院，荣获全国职业技术教育先进单位、全国铁路职业技术教育先进单位、黄炎培优秀学校奖、全国信息化试点优秀单位、陕西高等学校毕业生就业工作先进集体、陕西省高技能人才工作先进单位、陕西省文明校园、陕西省平安校园。

20 年来，学校以服务为宗旨、以促进就业为导向，依托行业、面向社会，走产教融合、校企合作之路，不断提升内涵，夯实基础，在管理体制改革、人才培养、团队建设、公共服务体系、基础设施建设、国际化办学等方面多点发力、多措并举、多层推进，取得累累硕果，贡献卓越。

学院成立大会

通过省级示范校建设项目验收

第四届黄炎培优秀学校奖

牢记使命育工匠

学院与西安地铁签订现代学徒制合作协议

学院在2017年全国大学生数学建模竞赛中获得陕西省历年来唯一一座专科组"高教社杯"

全国职业院校技能大赛工程测量赛项蝉联四连冠国赛一等奖

贾彦伟（99届毕业生，荣获"全国五一劳动奖章""火车头奖章""全国技术能手""全路技术能手""全路新长征突击手""青年岗位能手""全路首席技师"等荣誉称号）

王小卫（93届毕业生，荣获"全路技术能手""火车头奖章""全国铁路劳动模范""全国劳动模范"、陕西省"十大杰出工人"等荣誉称号）

唐兴武（96届毕业生，荣获"火车头奖章""全国技术能手""全国五一劳动奖章"等荣誉称号）

王雅芸（2011届毕业生，2014年获"全路尼红式青年"；2018年全路车辆系统技能竞赛理论二等奖，实做一等奖，同时被授予2018年"火车头奖章""全路技术能手"荣誉称号）

走出国门 筑梦"一带一路"

近几年随着国家"一带一路"倡议的不断深化,西安铁路职业技术学院充分发挥行业背景的办学优势,全方位拓展多种形式的国际交流合作,取得了丰硕的成果,得到了陕西省教育厅和西安市政府的高度评价,荣获2018年亚太职业院校影响力50强称号。

厚植友谊,合作办学硕果累累。2016年学校与俄罗斯圣彼得堡国立交通大学合作成立了国际交通学院,这是我国西北第一家职业院校合作办学机构。目前有中外合作办学专业5个,在校学生878人,共有两届95名学生按照合作协议赴俄深造(已经成为该学校最大的留学生群体),国内学生有240人在轨道交通企业就业,初步实现了合作办学目标。

借船出海,教育援外谱新篇章。随着国家"一带一路"倡议的落地生根,学校跟随企业"走出去",本土化人才培养工作得以实施。2018年7月,学院与中国路桥公司肯尼亚蒙内铁路运营公司合作,组织10名专家教师,为肯尼亚蒙内铁路培训铁路4个工种184名学员,书写了中非友谊的新篇章。

不断探索,境外办学实现创新突破。2018年我校与泰国曼谷职教中心、泰国廊曼职业技术学院合作,挂牌成立了"中泰轨道交通学院",这是我校第一所海外分校。今年,首批泰国留学生将在我院实施分段培养,学习汉语和中国文化以及专业实践课程。

广泛交流,建立多元合作格局。近两年来,学院分别接待了尼泊尔共产党书记处总书记、吉尔吉斯斯坦国驻华大使及参赞、俄罗斯驻华使馆参赞、蒙古国外交部邻国司司长、芬兰科沃拉市代表团、巴基斯坦开伯尔省教育厅代表团、赞比亚奇帕塔市长一行、第七届丝绸之路欧亚经济论坛与会20个国家代表等各国贵宾等到我校参观访问。同时我校代表团出访了中亚、英法、澳新等国,实施"留学中国"教育推介工程,寻求高质量教育合作。特别是2019年6月我校随同西安市市长及政府代表团赴中亚考察交流,与吉尔吉斯斯坦教育部和高校代表就合作建立海外培训机构、教师留学生交流等方面进行了深入交流,初步达成共识。

近年来,西安铁路职业技术学院按照办学目标要求,不断强化国际化办学意识,以国际化视野实施多元国际合作,为我省、我市职业教育的国际发展赢得了荣誉。同时,也进一步推动了我校国际化的稳步发展。

施利民书记率团访问圣彼得堡国立交通大学

与哈萨克斯坦阿拉木图教育学院洽谈合作

安学武副校长参加中泰轨道交通学院在泰国挂牌成立大会

邓耀斌副校长向圣交大校长代表阿列克塞先生赠送我院院徽

赵六杰副校长在第五届"中俄交通大学校长联盟"暨金砖国家教育联盟活动中致辞

尼泊尔共产党书记处总书记妣湿奴·鲍德尔一行来我院考察

蒙古国外交部邻国司波莫森特副司长访问我院

第二批肯尼亚教育援外教师团队

深度融合　服务行业企业

与西安教育局、郑州铁路局、西安铁路局签署友好合作共建协议

新道科技签署校企战略合作协议

校企深度融合，协同创新发展

青藏公司调度新技术第三期培训班

内涵建设打基础 产教融合技能大赛 国际合作结硕果

渭南职业技术学院

案例1 产教融合成果丰硕（图1~图12）

学校主动融入服务地方经济社会，在政府的支持下，我校与渭南市临渭区创新创业园、渭南经开区"中国酵素城"、渭南高新区3D打印产业培育基地以及新能源汽车产业园、吉利汽车、中德诺浩公司、西安大唐移动通信设备有限公司、世纪鼎利集团、用友集团新道科技有限公司、渭南市中心医院等签订了合作协议，共建渭南3D打印应用技术创新学院、创新创业学院等。学校在转型发展、内涵发展、科学发展的道路上迈出了坚实的一步。

图1 2019年产教融合政校行企联动办学会议留念

图2 对口支援西藏阿里职校

图3 举办首届校企合作论坛

图4 与北京德青源农业科技股份有限公司合作办学

图 5　我校与大唐移动签订合作办学协议

图 6　我校与吉利汽车有限公司签订合作办学协议

图 7　我校与江苏雨润集团签订合作办学协议

图 8　我校与美斯坦福举办校企合作洽谈会

图 9　与新道科技股份有限公司签订校企战略合作框架协议

图 10　与众智工业机器人职业培训学校签订协议

图 11　学校 3D 打印创新学院成立签字仪式

图 12　政校行企合作交流会

案例2 国际交流与合作喜结硕果（图13~图19）

学校重视国内外教育交流和校企合作。近年来，先后有新加坡、韩国、日本、马来西亚、加纳、中非等国家和地区29个代表团158人次来校访问交流，签署18个项目的办学合作协议，开展境外留学项目8个，境外就业项目3个，交换生项目3个。有6名师生出国留学，10名学生赴马来西亚游学，2名学生赴台交换学习，5名几内亚学生来校学习交流。

图13 与马来西亚科技大学签订合作办学协议

图14 德国图林根州巴德利本斯泰因市代表团来校交流

图15 日本京进株式会社来校交流

图16 新加坡人民行动党社区基金幼儿教育团来校交流

图17 韩国国立庆北大学来校交流

图18 英国吉尔福德学院来校交流

图 19　几内亚留学生来我校学习

案例 3　技能大赛成绩显著（图 20～图 31）

近年来，我校积极培养学生创新精神、创新能力和竞争意识，强化学生专业综合技能，实现以赛促学、以赛促教、以赛促练、以赛精艺。学生参加各级各类技能竞赛共获得省部级以上奖项 150 项。其中在 A 类比赛中，获国家级一等奖 4 项，二等奖 7 项，三等奖 6 项；省级一等奖 15 项，二等奖 33 项，三等奖 59 项。国赛成绩全省排名逐年上升，2016 年位列 12 位，2017 年位列第 10 位，2018 年位列第 6 位。

图 20　2018 年全国中药传统技能
大赛喜获一等奖

图 21　2018 年中药炮制国赛
一等奖获奖选手

图 22　荣获全国"斯维尔杯"（BIM）
应用技能大赛一等奖

图 23　获全国中医药职业教育
技能大赛二等奖 2 项

图 24　获陕西省高职技能大赛护理技能比赛团体二等奖

图 25　获陕西省高等职业院校技能大赛英语二等奖

图 26　获陕西省大学生会计应用技能竞赛二等奖

图 27　获陕西省高职院校学前教育技能竞赛三等奖

图 28　获全国大学生沙盘模拟经营创业大赛总决赛二等奖

图 29　陕西省会计应用技能竞赛二等奖奖牌

图 30　全国护理技能大赛获奖选手

图 31　中药传统技能大赛二等奖获奖选手

营造良好校园文化氛围　推进开门开放国际化办学

陕西财经职业技术学院

案例一：开门办学、开放办学、国际化办学

陕西财经职业技术学院是一所省属全日制公办普通高等职业院校，创建于1960年，是陕西省唯一的财经类职业院校，是教育部人才培养工作水平评估优秀院校，省级示范性高等职业院校。目前形成了以会计专业为龙头，以财经商贸专业为骨干、多专业协调发展的专业格局，打造了1个国家骨干专业、4个省级一流专业、7个省级重点专业、3个省级教学改革试点专业和2个中央财政支持的重点专业，有2门国家级精品在线开放课程、8门省级精品在线开放课程。

学院稳步推进开门办学、开放办学、国际化办学思路，积极响应"一带一路"的倡议，国际交流与合作办学进一步拓宽。2019年成立了专门的外事机构，先后与澳大利亚墨尔本理工学院、马来西亚吉隆坡建设大学、泰国西那瓦大学、美国纽黑文大学、英国罗汉普顿大学、德国IST管理应用技术大学、韩国牧园大学等20余所知名院校建立了友好合作关系，已达成10余项境外专升本合作项目。学院为优秀学生提供200万元留学基金，每位学生最高额度可达10万元。学院多次派出学术交流团，赴中国台湾、德国、奥地利、波兰等地进行交流访问，学习先进的职教经验，不断深化学院教育教学改革，持续提升人才培养质量。

学院成立近60年来，秉持"团结、严谨、勤奋、奉献"的校风，"博学、慎思、诚朴、笃行"的校训，"厚德重能、惟精惟一"的学院精神，全面践行"教书育人，做人做事，够用好用，出人出彩"的治学思路、"做人做事先做人，德能并重德为先"的育人理念和"认知，养成，技术，技能"的育人重点，大力实施"五位一体"的厚德育人工程，积极发挥优秀传统文化育人作用，坚持职业技能培养与职业品行教育并重，人文氛围浓厚，商人效果良好，招生就业两旺，社会评价喜人，累计为社会培养了5万多名高素质财经管理人才，现已成为西北地区的"国家新职业技能人才培训基地"。毕业生就业状况良好，近五年平均就业率在为96%以上，学生专升本连续4年升学率83%以上，连续两年获得陕西省"就业工作先进单位"称号。

未来，学院将以更加崭新的姿态，乘风破浪、扬帆远航，驶向更加灿烂辉煌的明天。

德国 BSK 国际教育机构来访

与韩国国立全北大学签署合作办学协议

学生出国留学宣讲会

案例二：扎实开展校园文化活动用丰富载体活跃青年

近年来，学院创造性地开展了一系列丰富多彩、形式多样的校园文化活动，全方位、多层次、广范围地实现了对学生的人格塑造、文化熏陶、行为养成、能力提升。团委通过举办"我的中国梦"大学生校园文化艺术节、社团文化节、大学生"微讲堂""青春·三走"等主题课外活动，引导青年学生向上向善，同时树立正确的世界观、人生观、价值观；通过举办"弘扬传统文化·追忆古今风尚"——我们的节日系列活动、"品味农耕文化·承袭华夏之美"——二十四节气系列活动等特色鲜明的活动，进一步弘扬传统文化，夯实以文化育人的基础，营造良好的校园文化氛围。

轮滑比赛精彩瞬间

2019"青春心向党·建功新时代"合唱大赛

学生风采

2019年"品味农耕文化·承袭华夏之美"
九峻茶舍春季茶会

"不忘初心·牢记使命"
入团宣誓仪式现场

2018年大学生暑期"三下乡"暨
"万名学子扶千村"社会实践活动现场

学院礼仪队

以技能大赛为突破口　提升学院办学影响力

宝鸡职业技术学院

一、实施课堂教学改革创新，全面提升教育教学质量

宝鸡职业技术学院积极推进"课堂革命"，引导和激发教师探索课改积极性，力求实现课堂教学由"以教为中心"向"以学为中心"转变，努力培养学生的创新精神和实践能力，全面提升教育教学质量。

在 2019 年陕西省课堂教学创新大赛中，我院 8 名参赛教师全部获奖。邵静、陈莎 2 名老师分别荣获一等奖，刘艾侠老师荣获二等奖，张金玲、刘佳、高婷、贾虹、张平梅等 5 名老师荣获三等奖，我院获得优秀组织奖。

学院获得优秀组织奖，邵静、陈莎 2 名老师分别荣获一等奖

在 2019 年全国职业院校技能大赛教学能力比赛中，荣获中职专业技能团体二等奖。在 2019 年陕西省职业院校技能大赛教学能力比赛中，荣获团体二等奖、三等奖各一项。

在 2019 年教师微课教学比赛中，25 个优秀作品在院级教师微课教学比赛中获奖。

在教学中，学院重视云班课教学手段推广和普及，目前在线注册使用教师 589 名，占专任教师总数的 80.9%，已开云班课总数 3 463 班次，学生参与云班课人数达 21 810 人次，开设云班课课程 1 360 门次。开发上传在线教学资源共 73 891 个；在线组织教学活动 59 551 次，参与总人次 987 818；建立在线试题 25 265 条。2019 年我院教师张燕、李少华、郭东梅、李亚妮获陕西省高职院校云教学"2019 年度十大魅力教师"称号。

4 名教师获"2019 年度十大魅力教师"称号

院级评教比赛

二、依托国省技能大赛平台，促进学院教育教学发展

近年来，学院坚持技能大赛导向，以技能大赛为突破口，培养知识性、技能型、创新性人才，积极推进学院教育教学改革，提升学院办学实力和影响力，在各类技能大赛中取得优异成绩，获奖奖项逐年增加。

1. 承办技能大赛，提升学院影响

2019 年，学院承办了"陕西省高等职业院校技能大赛中药传统技能竞赛""陕西省第三届'三好软件杯'建筑施工仿真应用技能大赛"和"第四届全国职业院校康复治疗类专业学生技能大赛暨第五届全国康复职业教育学术大会"等三项大赛，有效促进了学院教育教学发展，提升了学院影响力。

第四届全国职业院校康复治疗类专业学生技能大赛暨第五届全国康复职业教育学术大会

陕西省高等职业院校技能大赛中药传统技能竞赛

陕西省第三届"三好软件杯"建筑施工仿真应用技能大赛

2. 国赛取得突破，引领职教发展

在全国职业院校高职组技能大赛中，我院 2 名学生分获中药传统技能大赛一等奖、二等奖，3 名学生在数控机床装调与技术改造技能大赛中获得三等奖一项的好成绩，实现了国赛一等奖零的突破。2019 年在全省高职院校中排名第 7 位。

我院 2 名学生分获中药传统技能大赛一等奖、二等奖

3. 省赛全面开花，近百学生获奖

在陕西省职业院校高职组技能大赛中，我院 84 名指导教师带领 147 名学生，参加了 31 个赛项的比赛，最终有 24 个赛项、96 名学生获奖，其中一等奖 5 个，二等奖 13 个，三等奖 26 个。

三、加快重点工程建设，增强学院发展动力

（1）2019 年 12 月 6 日，全省第一个市域产教融合公共实训中心——宝鸡（国际）职业技能实训中心和学院图书综合楼项目开工建设。副省长、宝鸡市委书记徐启方下达开工令。宝鸡（国际）职业技能实训中心位于宝鸡职业技术学院北区，项目总投资 10.8 亿元，总建筑面积 9.9 万 m^2，建设周期 27 个月。宝鸡职业技术学院图书综合楼项目，位于学院南区，总投资 2.28 亿元，总建筑面积 4.3 万 m^2，建设周期 24 个月。

宝鸡（国际）职业技能实训中心

(2) 2019 年 9 月 20 日上午,"宝鸡职业技术学院 1 号学生食堂、6 号学生公寓项目"开工。项目总建筑面积为 3.75 万 m^2,总投资 1.47 亿元。其中,1 号学生食堂项目总投资 4 960 万元,总建筑面积为 12 135m^2,可满足 9 200 名师生就餐;6 号学生公寓项目总投资 9 800 万元,总建筑面积为 25 380m^2,可满足 2 136 人住宿。

学院 1 号学生食堂

学院 6 号学生公寓

(3) 2019 年,智慧校园建设投入近 1 000 万元,建成三大基础平台、大数据中心机房和大数据报告厅,完善升级 21 个业务应用系统,学院智慧校园建设迈上了新的台阶。学院投资 100 万元建成心理健康教育与咨询中心,投资 80 万元对 5 号公寓篮球场进行提升改造,投资 90 万元在公共教育中心南门、西门、大学生活动中心东门安装了 LED 电子屏,投资 20 万元建设了校园卫星消防站,全面提升了学院基本办学条件。

校企"七共同" 融合"育人才"

陕西邮电职业技术学院

学院是教育部第二批现代学徒制试点单位，自 2017 年以来，物流管理、软件技术、移动通信技术三个试点专业与企业共同围绕培养高素质技术技能人才目标，立足人才培养全过程，在招生环节、师资队伍建设、教学资源、人才培养方式等方面，共同打造拥有"下得去、留得住"的职业精神和"用得上、干得好"的技能水平的优秀学徒。

一、经验与做法

（一）共同制定人才培养方案

立足岗位特色，构建校企分段的人才培养方案。为做好现代学徒制人才培养方案制定工作，各试点专业分别成立了专业建设专家咨询委员会，委员会由校企相关人员组成，开展了大量的调研和研讨工作。按照遵循高职人才成长一般规律、适应企业生产经营活动特点、强化企业育人主体、充分利用校企资源优势等原则，校企共同对试点专业的人才培养方案进行了统筹设计。按照"素质教育不断线，能力提升不断线"的思路，在校进行文化素质、专业知识培养和基本技能训练，在企业提升岗位技能，全面促进专业能力和职业素养交叉融合，系统构建了试点专业的人才培养方案。

（二）共同开发课程资源

对接岗位技能，重构课程体系，引入企业课程。针对学徒典型就业岗位所需岗位技能，在学徒制人才培养方案框架下，校企双方积极重构课程体系，引入企业课程，将企业文化、质量标准、企业管理等渗透到教学过程中。

在课程体系构建时,按照学生职业发展"从简单到复杂、从单一到综合"的特点,校企双方将学习空间细分为"学校、实训基地、企业"三类,学生通过循环交替在不同学习空间学习相应课程,达到对不同岗位工作内容和工作过程的深入学习和实践。

物流管理专业现代学徒制开设课程与企业课程置换安排

课程	课时	课程内容	企业培训内容	课程安排	指导教师
邮政速递服务管理	40	快递网络建设 快递业务推广 快递客户服务 快递转运中心	京东派业务处理 京东快递业务 京东配送中心运营	2周	杨振林(企业) 屈波(学校)
物流金融	40	物流金融业务形式 物流金融营销 物流金融模式	京东数科业务	2周	白光泽(企业) 张芬(学校)
货物学	40	品类管理 条码技术 货物存储技术	京东仓产品品类、存储、上架、理货、盘点、包装管理	2周	张存、任阳(企业) 王欣(学校)

(三)共同建设教学资源

依据工作内容,联合开发教学资源。根据校企合作人才培养方案及开发的学徒制课程需要,发挥双方优势,开发数字化教学资源和现代学徒制教材,为学生夯实专业基础保驾护航。现共同编写学徒制教材5本,引入企业现代学徒制教学平台1个(物流管理专业),开发现代学徒制在线开放课程一门(移动通信技术专业)。

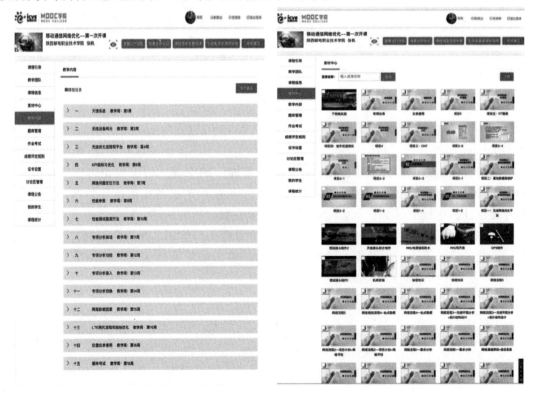

（四）共同建设实训基地

为促进实践教学和技能培养，校企双方共建生产型实训基地，将实训基地作为学生学习的重要空间。目前共建成实训基地 5 个，物流管理专业建成京东前置实训室、京东派运营基地、智慧快递实训室，移动通信技术专业建成 4G 全网建设实训室，软件技术专业建成 IOS 实训基地 1 个。

（五）共同培养师资

学院以工学结合理念为指导，推行双导师制，形成双导师教学团队。打破原有教学模式，实施学校与企业管理人员双向挂职锻炼，提高专业教师的实践能力和教学水平，推动专业教师与企业共同开展技术研发，及时完善和更新相关理论知识。学院与合作企业制订《陕西邮电职业技术学院现代学徒制双导师队伍建设指导意见》，明确双导师的职责与待遇，建立带徒津贴标准，从合作企业中选拔优秀高技能人才担任师傅明确企业师傅的聘任条件、工作职责、待遇、聘用与考核，建立企业兼职教师资源库，同时建立实习师傅人才库，保障实习现代学徒制教学工作质量。

（六）共同实施教学

协同育人，培养"掌握专业技能，具有职业精神"的学徒。根据校企合作协议和人才培养方案，学徒制试点班学员进入企业进行学习，企业 1∶5 配备实训指导师傅。企业参与教学过程设计，在教学内容的开发与编排上以职业领域分析为基础，紧扣学生就业岗位和职业成长规律，以完成典型岗位工作任务所需要的职业能力、知识、素质为依据，帮助学生获得最受企业关注的工作过程知识和基本工作经验。着力培养符合企业文化标准，具有"爱岗敬业""吃苦耐劳"精神的合格学徒。

（七）共同进行学生管理

部分试点企业管理者常年住校，参与试点专业教学与管理。学校专设企业管理办公室，企业派驻专职辅导员，管理试点班日常事务，协调教学资源，校企联手策划丰富多彩的特色活动，落实全方位的学徒制人才培养。

二、工作成效

在现代学徒制试点过程中，教务处共制定学徒制相关制度12个，各专业与企业合作共同编写教材5本，共同开发岗位职业标准14个，共同制订专业教学标准3个、课程标准15门、企业师傅标准5个、质量监控标准3个，企业捐赠实验实训设备资产30余万元。各专业累计招生招工达153人。

扎实推进教育教学改革 创新产教融合校企合作新模式

西安职业技术学院

西安职业技术学院以立德树人为宗旨，坚持服务区域产业发展，按照教学工作诊断与改进制度的要求，通过引企入校、合作共建、共享资源等方式，深化产教融合、校企合作，扎实推进了学院教育教学工作的综合改革。

一、统一思想，提高认识

认真学习全国教育大会精神，学习《国家职业教育改革实施方案》《国务院办公厅关于深化产教融合的若干意见》和教育部等六部门《职业学校校企合作促进办法》等文件精神，学院多次召开专题会议，紧紧围绕《教育部办公厅关于建立职业院校教学工作诊断与改进制度的通知》和《陕西高等职业院校内部质量保证体系诊断与改进实施方案》的要求，认真梳理、科学分析学院在产教融合、校企合作方面取得的成绩和存在的问题。以完善质量标准和制度、提高区域经济社会发展对人才培养工作的满意度为目标，在制定2019年西安职业技术学院重点工作时，学院党委将2019年确定为"校企合作深化年"，把校企合作工作摆在了重要位置。聚集各方资源，以校企合作为抓手，推进综合改革，积极实施引企入校、共建共享、定向培养等合作形式，取得了良好的效果。

西安市委常委马希良与我院党委书记张理在2019年世界职教大会我院展区交流

二、制定规章制度，建立科学规划

为构建学院校企合作的长效机制，学院修订了一批相关制度，修订了学院《校企合作管理和考核办法》，明确了管理机构、两级职责和校企合作的条件、形式、内容，细化了考核标准和奖惩措施；出台了学院和各专业群的校企合作三年规划，分年度制定了目标任务和措施；修订实习实训基地管理办法，引导校企共建生产性实训基地，吸收行业企业先进技术和管理文化；修订学生竞赛管理办法和学生顶岗实习管理办法，明确企业导师工作职责和待遇，为创新校企合作、产教融合新模式提供了制度保障。

三、积极创新校企合作模式，狠抓校企合作项目落实

学院将校企合作作为一把手工程来抓，党委书记、院长积极联系开发区、行业、企业等部门单位，走上门、请进来座谈，形成了全院重视校企合作的良好工作氛围。2019年，在原有校企合作、产教融合工作的基础上，学院与西安市市政建设（集团）有限公司、深圳怡亚通公司、中联集团教育科技有限公司、陕西荣华控股集团等企业开展了深入合作，建立了校企合作新模式，搭建了"政校企合作"新平台。

学院目前运行的校企合作项目基本覆盖了所有专业群，以此促进了专业建设、师资队伍建设、技能竞赛、教学质量提升等方面工作的全面提升。

我院与西安市市政建设集团联合建设建筑与
轨道交通生产性实训基地效果图

校企合作模式1：形成了"一融双育三维四进阶"现代学徒制人才培养模式

"一融"指我校与新昆公司真正融合为一个校企共同体，学校提供场地，企业提供设施及技术，双方互聘师资，引企驻校。"双育"指校企双主体共同培育双重身份的学生（学徒）。"三维"指对学生（学徒）重点从知识、能力、素质三个维度进行培养。"四进阶"指学生（学徒）、师资、专业、企业综合实力等四个方面得到进阶提升：一进阶是学生（学徒）的专业技能水平明显提升，二进阶是建设了一支协作良好、互补性强的"双导师"教学团队，三进阶是动漫制作技术专业在两年建设期中，先后取得了陕西省一流专业建设项目、陕西省专业综合改革试点项目（优秀结题）、西安市重点扶持专业、教育部高等职业教育创新发展行动计划（2015—2018）骨干专业等称号，四进阶是新昆公司企业规模和效益稳步提升，承担了国家文物局2017年及2018年度"互联网+中华文明"示范项目，获陕西省宣传思想文化工作创新二等奖。

校企合作模式2：引企入校，建立市政集团建筑质量检测中心

以推进校企合作深度融合为手段，引企入校与西安市市政建设集团联合建设建筑与轨道

交通生产性实训基地，建筑面积为 1 574 平方米，建设投资 480 余万元，建成后设备投入 450 万元，总投入 930 余万元，建成后将成为西北地区设备、技术、管理和服务一流的建筑材料研发检测中心，为大西安建设提供支持。同时，发挥校企合作双方的优势，为学生提供实习、实训、就业一站式服务，教师与企业可共同完成建筑材料领域的技术战略咨询、技术创新、新产品研制等项目，实现高水平专业化产教融合实训基地建设。通过校企合作共建实训基地，实现校企资源互补，产业和教育融合发展，在实训基地共同开发新产品、新工艺，共育创新型技术人才。

建筑与轨道交通生产性实训基地

校企合作模式 3：西职院怡亚通生产性实训基地

西安职业技术学院怡亚通项目，是规划"互联网+流通"职业教育创新创业人才培养实践教学体系；由深圳市怡亚通教育发展有限公司（深圳市怡亚通供应链股份有限公司子公司），负责具体实施校行企合作项目，协助院校建立、运营怡亚通智能商学院，并围绕母公司产业链、供应链、服务链等上下游企业，为合作对象配置企业优势资源的一个校行企共建的生产性实训基地。

该基地是以建立覆盖商贸流通专业群的实践教学和服务保障系统为目标，设置企业级校本实训实习场所，以"课程体系建设""教学团队培养""教学资源挖掘"为根本，引进怡亚通为流通行业代表的典型企业在用系统平台、历史数据和业务内容，做到真正产教融合，校行企共建特色鲜明、优势突出、结构合理的商贸流通专业群，以增强院校内涵建设、提升核心竞争力和社会服务水平。

项目目标：（1）电子商务、市场营销与网络营销专业群向 O2O 新零售方向改造与升级。（2）物流管理向流通供应链方向改造与升级。（3）移动商务向移动电商方向改造与升级。

项目任务：（1）课程改造。引入 EA – MIVE 创新创业与就业实践教学体系现代流通业供应链实务基础课程包、现代流通业从业者职业能力课程包、现代流通业企业经营与创新实务、怡亚通 O2O 实体经营课程包、供应链与 O2O 运营基础课程包、O2O 新零售运营管理课程包，配套怡亚通公司在用平台、行业典型企业数据、怡亚通企业导师、怡亚通分子公司业务进入学生课程与实训。（2）实训基地建设改造与升级。基于对西安职业技术学院现有的创新创业实训室的利用与功能性改造，改造为生产性实训基地，既体现教学功能完整性，同时兼顾企业真实业务岗位需要。（3）教学队伍建设。

项目特色：该平台将逼真企业环境、全真企业业务和企业课程对接院校财经商贸大类核心专业的实训、实操、实习等实践教学活动，聚焦产业链做优职业院校相关专业（群）内涵建设，走"专业化、差异化、多样化、个性化"的特色发展道路，最终体现行业人才水平评价标准、企业用人能力需求特点和职业教育结果的互动融合。

西安职业技术学院与深圳怡亚通合作，围绕供应链、大数据专业群建设，建成了西职院怡亚通生产性实训基地。全球供应链与电商体验中心项目开展顺利，目前已完成线下超市建设，正在开展线上App开发及微信运营，该项目主要实现线上营销与线下实体超市/工厂相结合，体现全球供应链的综合服务功能，学生通过电商综合服务平台、380供应链服务平台及时了解产品的分销采购、发布、产品展示与购买。9月份运行以来，已经有50余名学生在怡亚通实训基地参加实践教学活动，分别在后台管理、收银、收货、理货、陈列、仓储、后台等岗位进行轮训，学生充分掌握了线下实体运营环节的关键要素。

西职院怡亚通生产性实训基地

中国商业经济学会副秘书长郑天舒、深圳怡亚通商业教育发展有限公司总经理张明泽为我院怡亚通生产性实训基地揭牌

校企合作模式4：以1+X试点院校批复为依托，进一步提升学院职业教育质量和学生就业创业能力

作为首批1+X职业技能等级证书制度试点院校，建筑信息模型（BIM）、物流管理专业成功入选。以1+X制度试点为契机，不断深化1+X证书制度的"书证融合"内涵，将1+X证书制度试点与一流专业建设、课程建设、教师团队打造等紧密结合，建立基于现代BIM技术的"人才培养方案"，着力培养建筑行业BIM技术人才，提升职业教育质量和学生就业能力，为区域经济发展提供人才保障。

会计与金融学院会计专业2019年9月获批为陕西省"1+X智能财税"职业技能等级证书试点院校。智慧财经与教育和产业相结合，新财经与工财一体化融合，将智慧财经融入"1+X证书""双师型"师资和"双创"基地建设等工作正在全面开展。

2019年全国高职院校财税技能大赛西北赛区决赛在我院隆重举行。11月18日，由中联集团教育科技有限公司主办，我院承办了首期陕西省"1+X智能财税"职业技能等级证书师资培训。陕西省教育科学研究院主任郭为、院长李教社、中联集团教育科技有限公司陕西区域校企合作总监赵子军以及来自全省12所院校的领导和老师参加。

西安职业技术学院把1+X证书试点专业（群）作为深化专业教学改革的突破口，将

1+X证书制度试点与专业建设、人才培养方案制定、课程资源建设、师资队伍建设等紧密结合,通过试点建设,深化教师、教材、教法"三教"改革,进一步推动产教深度融合;学院将通过推进"1"和"X"的有效衔接和书证融通,进一步提升学院职业教育质量和学生就业创业能力。

与中联集团教育科技有限公司签订战略合作协议

2019年全国高职院校财税技能大赛西北赛区决赛在我院隆重举行

我院承办首期陕西省"1+X智能财税"职业技能等级证书师资培训

目前,西安职业技术学院正在大力落实《中共西安市委、西安市人民政府关于支持市属高校改革和发展的实施意见》的各项要求,进一步适应陕西省和西安市经济社会发展需要,在省教育厅和市教育局的领导下,学习先进院校经验,不断提升校企合作工作水平和实效,为建成服务区域产业发展的特色高职院校做出更大的努力。

以国家安全社会稳定为己任 培养德法兼修的法治后备人才

陕西警官职业学院

陕西警官职业学院从开办高职教育以来，始终将培养德法兼修的法治后备人才作为办学宗旨，依托学院雄厚的师资力量和学生社团"法律服务社"，通过持续开展法律志愿服务活动，逐步形成了警法结合的特色校园文化，对创新大学生思想政治教育的形式提供了新思路。近年来，陕西警官职业学院在校园文化建设中坚持以国家安全和社会稳定为己任，紧扣时代脉搏，积极践行总体国家安全观，大力宣传国家安全法，持续开展"宪法文化周""国家安全教育周"系列文化活动。该活动对培育具有深厚警察文化底蕴和人文风采的预备警官，打造特色鲜明、深受学生喜爱的校园文化新品牌起到了积极作用，走出了一条独具特色、成绩斐然的特色校园文化育人之路。活动先后被陕西电视台《第一新闻》《都市快报》《西部法制报》《西部法制传媒网》和《陕西法治建设》等多家新闻媒体报道，产生了良好的社会效果。"宪法文化周"成果申报获2016年、2018年全省高校校园文化建设优秀成果二等奖。"国家安全教育周"成果申报获2017年全省高校校园文化建设优秀成果三等奖。

启动仪式

主题签名

国家安全宣传点

讲解展板

发放资料

法律援助活动

| 当事人向援助站学生赠送锦旗 | "模拟法庭进社区"活动 | 法律咨询与宣传活动 |

陕西警官职业学院社会服务活动

我院作为全省唯一一所警察类院校，近年来，先后出色地完成了奥运火炬传递、国庆维稳、大明宫遗址公园开园执勤、世园会交通疏导、园区安检等多项安保任务，为维护社会安全稳定做出了应有贡献。

整装待发的世园安保队伍

赵秦川，男，四川邛崃人，陕西警官职业学院2009级计算机应用技术专业学生；高平，男，陕西榆林人，陕西警官职业学院2009级刑事执行专业3区队学生；两人均于今年4月20起参加西安世园安保工作，被分配到西安市公安局交警支队未央大队执勤。6月10日，52岁的雷大妈（化名）在浐河溺水，经过陕西警官职业学院世园执勤学生赵秦川、高平等人20分钟的奋力营救，雷大妈终于脱离危险。

赵秦川、高平现场救人

优秀保安中队合影　　　　该院学生在对入园游客进行安检

威武雄壮的世园安保队伍

陕西警官职业学院师生圆满完成"西安五一车展"执勤任务

奋力追赶超越　服务绿色发展

安康职业技术学院

安康职业技术学院是安康市唯一一所市属公办高等职业院校。2004年由三所中专学校合并而成；2016年，又合并8所职业教育院校，实行集中统一办学。2016年以来，市委市政府出台《关于支持安康职业技术学院追赶超越加快发展的意见》，围绕"一个目标、四项重点、九大政策"，支持学院做大、做强、做优。学院紧紧围绕建设西北生态经济强市的战略部署，攻坚克难，突破发展，努力提升人才培养质量，为追赶超越、绿色崛起做出积极贡献。

一、突破发展，做资源整合的先行者

一是全面完成新校区建设。三年投资6.38亿元，建成一所规划科学、布局合理、功能齐备的现代职业学院。二是加快推进整合融合。一次性整合市直8所职业教育院校，实现"三合"（人合、事合、心合）"六统一"（机构设置、法人代表、教学安排、财务预算、人员管理、后勤保障六个统一），在统筹市级职教资源、形成规模聚集效应、发挥示范引领作用等方面走在全省前列。三是持续增强办学能力。筹资近亿元，建成附属小学，学位达到2 400个；投资4 500余万元建成安康市示范性综合实践基地，培训中小学生综合能力；新征地82亩，投入1.5亿元新建市公共技能实训中心；投入1 000余万元提升实训设施水平，建成18个实训室。四是提升人才培养水平。开设35个专业，在校全日制学生1.3万人。成教学生8 000人，职业技能培训及鉴定1.2万人。

二、立德树人，做知识技能的摆渡者

学院坚持以立德树人为根本任务，以内涵提升为主线，秉持"学生第一、教师优先"的办学理念，突出"练一技之长、修一身厚德"的培养目标，不断提高人才培养质量。一是加强专业建设。紧紧围绕建设西北生态经济强市的技能人才需求，建成国家级重点专业、生产性实训基地各1个，1+X证书试点建设项目2个，省级一流专业3个、实训基地1个。新申报养老保健、烹饪与营养专业，集中打造毛绒玩具文创专业，提高专业建设与地方产业发展匹配度。二是狠抓教学诊改。着力构建人才培养质量保证六大体系，实现学院有活力、专业有特色、课程有质量、教师有水平、学生有发展。三是建好教师队伍。采取外引、内培、盘活措施，强化高素质师资建设。三年来，引进硕士研究生47人，培育国家、省级技能大师、技术能手、教学名师6人，新聘教授7人；外出进修培训700余人次，教师赴日韩研学5名；获得省级师德先进集体和先进个人各1个、省政府教学成果二等奖1项。四是提高创业能力。年毕业生4 000余人，就业率90%以上，建档立卡户毕业生达100%。学生参加全省技能大赛获奖50多项；参加创新创业大赛，获得国家创新创业大赛优胜奖1项、省级复赛铜奖5项，连续三年获全省大学生创新创业大赛优秀组织奖。

三、开拓创新，做职教改革的领头者

围绕落实《国家职业教育改革实施方案》，转变思想观念，明确改革方向，推动创新发展。一是深化办学模式改革，加大开放办学。全面推进校企合作，加强校企人员互动、资源共享、人才共育。依托苏陕帮扶安康常州合作平台，与常州市人社局和六所大专院校建立对口帮扶关系；与市级医院、市直中小学幼儿园和石泉、岚皋、高新区等县区形成校院、校县、校企合作育人协议；与日本介护交流会、韩国大邱大学、新加坡城市建设学院等国外大学团体实施合作交流，派出50余名学生赴日韩研学并实现海外就业。二是深化人事分配制度改革，激励干事创业。有序推进绩效工资改革，建立教育教学、科研等奖励制度，激发教职工干事创业积极性。三是深化目标绩效管理改革，提升管理效能。建立年度重点工作、教师诉求、学生诉求台账管理，每年集中力量办好师生关注的十件实事。全面实行二级预算，扩大成本核算范围，全面推行绩效管理，厉行节约，勤俭办学。四是深化职业教育改革，发挥引领作用。发挥全市职业教育龙头作用，加大中高职协同发展力度，每年拿出500名五年一贯制招生计划扶持县职中发展。

四、扶智扶技，做脱贫攻坚的践行者

把脱贫攻坚作为首要政治任务，助力脱贫攻坚和乡村振兴。一是大力开展技能培训。每年开展30多个培训项目，培训近万人次。加快建设安康市综合培训中心，全面承接国家"315"职业技能提升行动培训任务，计划年培训和技能鉴定2.5万人次。二是积极拓展成人教育。建成安康市社区教育指导中心，深化与西安交大等高校合作办学，注册学员8 000余人，每年专业技术人员继续教育近9 000人。三是全力以赴精准脱贫。帮扶石泉县和汉阴县铁佛寺镇双喜村。三年来，自筹和多方争取资金600余万元，今年将实现整村脱贫。四是助推乡村振兴。选派国家级茶艺大师姚华，举办推广培训40余场，使茶叶收益最高增值达5倍。国家级烹饪大师毛朝军组建技能大师创新团队，创新研发菜品41道，培养高级烹调师500余名，打造安康富硒美食品牌。

当前，职业教育迎来改革发展的重大机遇。安康职业技术学院将以习近平新时代中国特色社会主义思想为指导，不忘初心，牢记使命，开拓进取，砥砺奋进，奋力实现高职教育新发展，展现服务地方新作为。

校园环境

时任省委书记赵乐际视察职业技能培训

海外就业三方协议签约

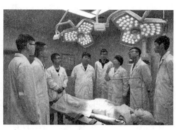
仿真实训室教学

市委书记考察学校

育训并重"三赛"强技 服务地方经济发展

商洛职业技术学院

校企合作办学工学结合育人

学院于 2017 年开始严格按照上级政策要求和联合办学规定，连续 3 年与省内、市内中职学校联合办学，与知名企业和教育机构开办联办班，探索中高职贯通"五统一"人才培养模式和校企合作订单班尝试，兼顾储备生源，积累了一定的合作办学经验，取得了一定的成效。

召开合作办学基地建设座谈会

与足下教育集团共建德克特网络学院作交流

与中国地质大学（武汉）开展合作交流

与浙江吉利集团校企合作人才培养基地作交流

与瑞声集团签订校企合作协议

与韩国大邱大学开展
国际交流合作

学院领导看望慰问在外
实习就业学生

赴陕西医科学校开展合作办学

学院护理专业学生赴日实习就业

与云华集团共建航空学院

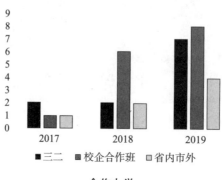

合作办学

"三赛"强技练素质　优学成才促发展

近年来，学院高度重视师生的技术技能提升，选派骨干教师和优秀学生外出学习交流，外请国省专家来我院讲座培训，购置优质实训仪器设备补充实训条件，利用信息化手段提高教育教学质量，动员全院师生积极参加创新创业大赛和各级各类技能大赛活动，以赛促学、以赛促练、以赛促改的新常态已经形成，大学生创新创业孵化基地正常运转，示范带头作用明显，全院师生的教育教学及技术技能得到了稳步提升，创新创业大赛成绩突出。

韩震同学向学院及市领导　　"新佰坊"项目获第四届"互联网+"　同森弗公司合作创办校外
介绍京东派体验店业情况　　创新创业大赛训练营赛银奖　　大学生创业孵化园

商洛职院学生参加大赛及获奖情况统计表

年度	序号	项目名称	获奖情况	合计	年度	序号	项目名称	获奖情况	合计
2017	1	陕西省高校教师微课教学大赛	二等奖1项	3	2017	1	陕西省高职院校英语口语大赛	三等奖1项	4
	2	第二届全国体育教师教学技能大赛	二等奖1项；三等奖1项			2	陕西省高职院校学前教育技能大赛	三等奖1项	
2018	1	陕西省高校教师微课教学大赛	一等奖1项；三等奖1项	10		3	陕西省高职院校自动化生产线安装与调试大赛	三等奖1项	
	2	陕西省高校教师信息化教学大赛	二等奖1项；三等奖2项			4	陕西省数学建模竞赛	二等奖1项	
	3	陕西省高校教师教学能力大赛	三等奖1项		2018	1	陕西省高职院校英语口语大赛	三等奖1项	11
	4	陕西省高校思政课教师大练兵	教学能手			2	陕西省高职院校学前教育技能大赛	三等奖1项	
	5	陕西省高校教师实验展演大赛	三等奖1项			3	陕西省高职院校护理技能大赛	三等奖1项	
	6	第三届全国职业院校教师检验技能竞赛	一等奖1项；三等奖1项			4	陕西省高职院校自动化生产线安装与调试大赛	三等奖1项	
2019	1	陕西省高校教师教学能力大赛	一等奖1项；二等奖2项；三等奖2项	15		5	陕西省数学建模竞赛	二等奖1项	
	2	陕西省高校教师课堂教学创新大赛	二等奖1项；三等奖4项；优秀奖1项			6	2018年全国高职院校医学生临床技能大赛	二等奖3项	
	3	陕西省高校思政课教师大练兵	骨干老师			7	第五届全国卫生职业院校人卫杯检验技能竞赛	优秀奖1项	
	4	陕西省高校教师实验展演大赛	三等奖1项		2019	1	陕西省高职院校学前教育技能大赛	三等奖1项	8
	5	陕西省体育教师教学技能大赛	三等奖1项；优秀奖1项			2	陕西省高职院校护理技能大赛	三等奖2项	
						3	陕西省高职院校自动化生产线安装与调试大赛	二等奖1项；三等奖1项	
						4	陕西省高职院校现代电气控制系统安装与调试大赛	三等奖1项	
						5	陕西省高职院校实验检测赛	三等奖1项	
						6	陕西省高职院校信息安全与评估大赛	三等奖1项	
总计			一等奖3项；二等奖6项；三等奖15项；优秀奖2项；教学能手1项；骨干老师1项	28	总计			二等奖6项；三等奖15项；优秀奖21项	23

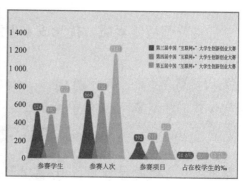

创新创业孵化基地建设情况　　　　　参加创新创业大赛情况

我院医学系学生在国赛中获奖　　我院教师张璇　　　学生们赛前强化训练
　　　　　　　　　　　　　　　　获奖证书

优化机制抓科研多措并举出实效

近年来，学院为了鼓励和激励广大教师从事科研工作，先后修订和完善了《商洛职业技术学院教科研项目管理办法》《商洛职业技术学院科研经费管理办法》及《商洛职业技术学院教科研成果奖励条例》等教科研管理文件，设立院级重大科研项目和100万专项论文（篇）奖励基金，出版《商洛职业技术教育研究》期刊。教师发表科研论文、参编国家规划教材、参与各级各类课题研究的积极性明显提升，学院科研工作取得了新成效。

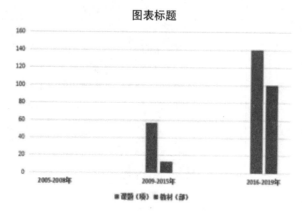

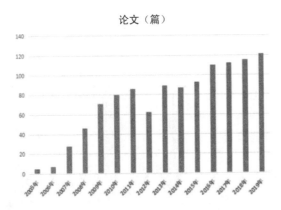

教学资料核查

人才培养方案论证会

产学研一体化示范基地研讨会

教学督导研讨

学院教师编著的教材

优秀微课评选

学生参与幼儿园应急演练实践

骨干专业学习

深入企业考察调研

学历培训并重　服务地方经济

2014年5月,商洛市职业技术教育培训中心在学院挂牌成立,是学院落实"一个中心、两翼齐飞"发展思路的具体措施("一个中心"即围绕商洛经济转型升级培养高素质实用型技能人才。"两翼"即一翼是培养,即全日制学历教育;一翼是培训,即各类职业培训),在中心成立五年以来,年培训人次达到1.5万人,2019年收入突破千万元。

培训餐厅

培训报告厅　　　　　培训公寓标间

幼儿营养与健康教育专项技能提升项目

2018年送教下乡　　　母婴护理培训　　　培训公寓大厅

"国培计划2019"精业文艺晚会合影

中国地质大学（武汉）党委、副校长
王华（左）与商洛市委常委、副市长
武文罡为学院校外学习中心揭牌
院校外学习中心揭牌

中心附设基地一览表

培训基地	陕西省成人继续教育及社区教育培训基地
	陕西省专业技术人员继续教育基地
	陕西省退役士兵教育培训基地
	陕西省家庭服务职业培训示范基地
	中小学幼儿园校园长任职资格培训基地
	商洛市教师培训基地
	商洛市环保系统教育培训基地
	商洛市民政系统教育培训基地
	商洛市公安干警教育培训基地
	商洛市城建系统教育培训基地
	商洛市社会财会人员培训基地
	商洛市卫计系统教育培训基地
	商洛市安全生产培训基地
	商洛市扶贫技能培训基地
	商洛市农民实用技术培训基地
	商洛市旅游扶贫培训基地
	商洛市国土资源系统教育培训基地
	商洛市宁商劳务协作人才培训基地
	中国地质大学（武汉）现代远程教育商洛职业技术学院校外学习中心
	栖商劳务协作技能人才培训基地
	商洛职业技术学院职业技能鉴定所

立足"两个平台" 开启政校行企协同育人新模式

神木职业技术学院

搭建"互联网+实习"平台,优化实践管理模式

神木职业技术学院为推进实习管理工作,不断完善学生实习管理制度,积极探索学生实习管理新模式。依托移动"互联网+",建立"三位一体"的"习讯云"网络实习管理平台,对学生顶岗实习过程实行远程管理,有效进行事前、事中、事后监控。顶岗实习的计划、实施、控制实现学校、企业、学生三方远程实时交流,真正做到实习安排、过程管理、结果考核"可视化与动态化",提高了学生顶岗实习过程的信息化管理水平,保障了实习管理工作平稳有效地运行。加强了与行业联系的紧密度,提高了实习单位的参与度。

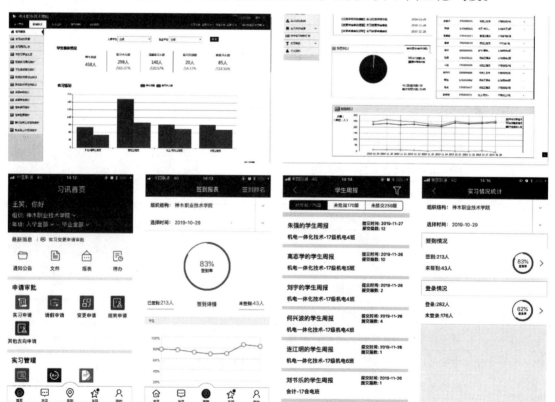

依托继续教育平台，探索政校行企协同育人新模式

神木职业技术学院主动对接神木市市委市政府、各工业园区需求，为市委市政府、行业、企业解决人才培养与技术攻坚克难问题，以"政校行企协同，学产服用一体"人才培养模式为理念，促进神木市产业转型升级，提供了榆林高职教育人才培养模式改革新样板。

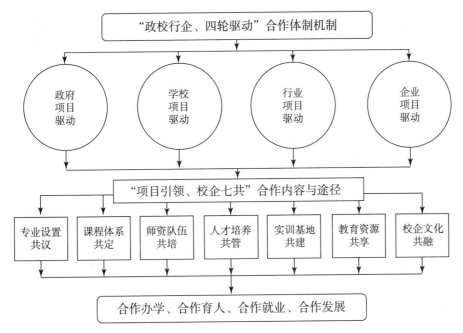

我院牵头成立神木市职业教育集团，"政校行企"协同育人，按照"功能聚类、资源集成"原则，搭建了"政校行企"协同育人平台，解决了教学场景和工作场景对接度不高的问题，实现了教学场景与工作场景的重合。

教育扶贫　科技成果转化

汉中职业技术学院

一、教育扶贫工作成果

近年来，汉中职业技术学院以习近平新时代中国特色社会主义思想为指导，认真贯彻落实中、省、市关于脱贫攻坚的决策部署，始终把脱贫攻坚工作作为最大的政治责任和头等大事，积极承担了五个方面的脱贫攻坚任务：一是扎实开展汉中市委、市政府安排给我院的宁强县阳平关镇酒房坝村驻村联户扶贫任务；二是落实省教育工委、教育厅"双百工程"与勉县、汉台区的结对帮扶扶贫任务；三是落实在校家庭经济困难学生资助政策；四是落实汉中市委、市政府安排包抓汉台区宗营镇二十里铺"美丽乡村建设"任务；五是承担苏陕交流合作培训任务。

面对这些任务，学院党政班子高度重视，切实把思想行动统一到中省市的安排部署上来，全院动员，部门联动，注重实效，积极发挥高校智力优势开展精准教育扶贫之路，各项工作顺利推进，"脱贫攻坚、职教帮扶"特色在实践中得到体现，取得实效。2018年，学院被汉中市委市政府评为"优秀驻村联户扶贫先进单位"。2018年10月，学院被陕西省高教工委、省教育厅评为2017年度"双百工程"工作先进单位。学院被汉台区委、区政府评为2018年度"双百工程"先进单位。

2019年6月2日，省委副书记、省委教育工作领导小组组长贺荣在汉中职业技术学院调研加强职业教育和教育扶贫等工作

2019年6月3日，汉中职院党委书记王永安深入包扶村调研扎实推进脱贫攻坚工作

2018年6月26日，汉中职院院长余德华（左二）到宗营镇包抓点调研"美丽乡村建设"

2018年9月，开展农业、林业、水利、种植、养殖和教育系统基层一线优秀专业技术人员、村镇干部等培训

2018年10月，在汉台区武乡镇、汉王镇的三个农业产业园开展"双百工程"科技帮扶暨"产学研"挂牌活动

二、科技成果转化

（一）杂交籼稻"华盛3号"研发与产业化

该项目以高产、多抗、优质杂交稻种质资源创制及新品种选育为核心，整合农业科研、种子企业及大米加工企业，通过南繁加代、运用复合杂交等技术手段成功创制了遗传性状稳定的籼型水稻雄性不育系"华香A"和配合力强的恢复系"华恢3号"，选育了高产、多抗、优质杂交稻新品种"华盛3号"。

2015年陕西省农业厅发文安排"华盛3号"为陕南平川稻区主栽品种；

2016年10月该项目通过汉中市科技局组织的专家评审委员会评审，认为整体技术达到国内先进水平；

2016年12月经陕西省科技厅确认为陕西省科学技术成果；

2017年5月荣获2016年度汉中市科学技术一等奖；

2018年3月荣获2017年陕西省科学技术三等奖。

负责人：刘红，教授（正高三级），发表核心刊物学术论文 30 余篇。发表的论文多次获得汉中市自然科学优秀学术论文奖一等奖；获得 2004 年汉中市科学技术一等奖、陕西省农业技术推广二等奖、2016 年汉中市科学技术一等奖、2017 年陕西省科学技术三等奖。2000 年被评为汉中市科技工作先进个人，2003 年被评为全国农业科技推广先进工作者，2008 年被评为汉中市第三批有突出贡献的拔尖人才，2017 年被评为汉台区创新驱动带头人。联系方式：刘红 0916 - 2510920

（二）樱花冠瘿病综合防治研究及应用

该项目研究采用药剂结合耕作措施的综合防治方法，进行了多因子联防试验，集成综合防治措施。通过试验研究，建立了"起垄+药剂"组合的防治技术模式，突破了单纯药剂防治的局限性，并研究了防治模式对樱花生长的影响，为樱花冠瘿病的综合防治探索了新的途径。较常规技术实现了亩增经济效益 6 850 元，在汉中苗圃生产推广应用可年创造经济效益 1 000 万元以上。

负责人：罗贵斌，教授，汉中市建筑学会理事、汉中市建筑学会古建园林专业委员会委员、汉中市园林苗木花卉协会专家委员会委员。长期致力于园林规划设计与植物造景栽培的理论与实践探讨研究。主持设计园林景观项目 7 个，主持市级科研项目 3 项，参与省市级研究课题 5 项。发表各类研究论文 18 篇，获汉中市科学技术奖二等奖。联系方式：罗贵斌 0916 - 2510920

(三) 西镇牛核心群建设及秸秆的综合利用

该项目对秦巴山区各黄牛种遗传分化特点及各品种间亲缘关系研究,科学评价了秦巴山区黄牛遗传多样性,明确秦巴山区各个黄牛品种选育程度和亲缘关系。改良低产黄牛 3 256 头,每年可选留特级以上种公牛 10 头,向社会提供一级以上良种母犊牛 2 000 头,新增总产值达 2 000 余万元。建立了稻草秸秆综合利用技术方案,累计完成稻草处理 700 余吨,不仅改善了适口性,而且大幅度提高营养价值、降低育肥成本。

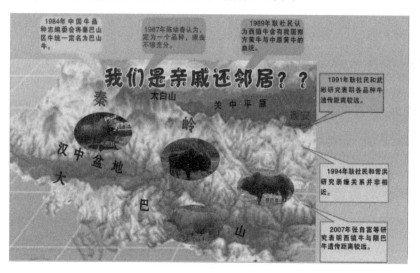

负责人:王斌,副教授,主要从事肉牛选育改良、高效繁育及健康养殖相关科研工作。担任陕西省现代肉牛产业技术体系"遗传育种"研究领域岗位专家,畜牧兽医特有工种国家级职业技能鉴定高级考评员,国家级职业技能鉴定质量督导员,汉中市"三一一人才"。主持完成陕西省农业科技发展计划课题一项,陕西省重大农技推广服务试点计划课题一项,秦巴山区乡村服务计划项目一项,参与国家 863 计划两项。已发表论文 18 篇,其中国家级核心以上期刊发表论文 13 篇。联系方式:王斌 0916 - 2510920

(四) 桔柑花茶生产技术研究及开发

针对汉中桔柑生产有大量疏除废花,联系花茶在我省及北方畅销,立项进行了桔柑花茶研发工作,取得了较好的成效。首次得出桔柑开花初期的花,窨制茶叶质量最佳的结论,为国内首创。总结出最佳工艺技术,其水平居国内先进。试制的桔花毛尖、桔花仙毫、桔花炒青,填补了桔柑花茶产品空白。应用两年来,创产值 627 万元,创利税 227 万元。根据资源和市场条件,预计几年后可行成数千万元产值。发明专利:一种桔柑花茶的制作方法,专利号:ZL2015 1 0026989.8。

负责人:徐凯明,高级工程师,教授。长期致力于陕西及汉中茶产业的发展。主持研制的"陕西特炒"茶获省优产品称号;研制名优茶主研出午子仙毫名茶,先后两度获省优部

优全国名茶等奖项。先后主持和参加完成十多项科研项目，发表论文50余篇，曾获省科技进步三等奖一项、市科技进步奖五项、省市优秀论文奖十余项，主编参编书籍6本，获商业部"全国商业劳模"等荣誉。被聘为陕西理工大学客座教授，陕西省科技厅"双千工程""省级首席农艺师"，陕西省农业厅"茶业技术体系"岗位专家。联系方式：徐凯明　电话：13196397298

第二篇　立德树人传承鼎新
　　　　全面推进素质教育

充分挖掘红色文化教育资源 培养德技双优技术技能人才

呼世杰

学会学校党建及文化素质教育咨询委员会副主任
延安职业技术学院党委书记

多年来，延安职业技术学院发挥红色资源优势，创新育人模式，坚持用延安精神办学育人，在培养德技双优技术技能人才过程中进行了有益探索，取得了一定成效。

延安是中华民族圣地，是中国革命圣地，是"中国梦"的发祥地。延安职业技术学院地处延安市区枣园革命旧址西侧，前身是毛主席亲自命名、中国共产党1937创立的第一所师范学校"鲁迅师范学校"。我校秉承鲁迅师范学校的优良办学传统，坚持"延安精神立院 德能并重育人"的办学使命和"授人以渔 敏行诚朴"的校训，以"服务转型 助力发展"为办学定位，以"创新 开放 务实"为发展理念，将"传承枣园灯火 培育能工巧匠"的学院精神贯穿于"三全育人"全过程，用"延安精神"和"梁家河大学问"武装头脑、塑造灵魂。

一、弘扬延安精神，坚持思想育人

学校把延安精神教育作为贯彻党的教育方针、实现立德树人根本任务的重要抓手，充分利用延安革命圣地丰富的延安精神和梁家河大学问教育资源，传承红色基因。在课余时间组织学生到张思德烧木炭原址拉练，到八一敬老院慰问老革命，到梁家河感悟"中国梦"的起源，着力通过"扬帆起航""引擎助力"和"梦想远航"三项工程全方位、全过程地进行延安精神教育、革命传统教育、理想信念教育和战斗精神教育。学生一入校吃第一顿饭是小米饭、唱第一首歌是《抗大校歌》、看第一部电视剧是《红色延安》、读第一篇文章是《杨家岭的早晨》，让学生扣好"第一粒扣子"。学生在校期间都要到为人民服务讲话台接受"初心课"、到杨家岭七大旧址接受"忠诚课"、到梁家河村接受"担当课"，举办"红色传人"演讲赛、革命歌曲大联唱、延安故事宣讲会等活动，让学生在耳濡目染中受到熏陶激励、亲身体验中汲取精神营养、思考领悟中不断升华自我，使其信念坚定、政治可靠，在心灵深处烙上鲜明的红色印记。

二、筑牢红色基因，坚持政治育人

一是大力开展对中共党史、延安精神和梁家河大学问的专题研究，形成了一系列研究成果和精品政治课程；二是强化思政课程的教育主渠道作用，把课堂开在革命旧址、搬进纪念馆，进行现场教学、激情教学，以生动逼真、更加贴近学生的课程内容和教学形式，增强思政课教学的针对性和实效性；三是创新政治育人形式，落实习近平新时代中国特色社会主义思想"进教材、进课堂、进头脑"的"三进"要求，将党的最新理论成果和文章纳入早读必读书目，在学生中成立理论宣讲团，到各系巡回宣讲，讲好延安故事、感悟精神真谛。

三、传承枣园灯火，坚持行为育人

一是坚持劳动意识和奋斗精神教育。深入挖掘延安精神蕴含的战斗意志、战斗品质、战斗作风这一宝贵财富，发扬自力更生、艰苦奋斗的南泥湾精神，组织学生到南泥湾参加农业生产劳动；继承延安时期边学习、边生产、边战斗的优良传统，广泛开展节约一度电、一滴水、一粒米、一张纸、一分钱等"五个一"活动，在历史场景和实地感悟中强化了学生劳动意识、实干精神和艰苦奋斗意志。二是坚持开展以"诚实守信、用语高雅、礼貌待人、出行文明、紧手弯腰、杜绝浪费、爱护公物、净壁洁面、就餐光盘、健康生活"为内容的"向文明看齐十项行动"，使文明之风浸润校园。三是坚持进行爱国主义教育。每周一都要举行升国旗仪式，各系学生轮值主持，全院师生共同参加。每周确定一个主题，由轮值系部推荐学生代表进行"国旗下的演讲"。每学期汇编《国旗下的演讲》，配发至所有班级及演讲者本人。四是坚持进行集体主义教育。学生天天集体上早操，在晨光中磨砺意志、锤炼品格，"文明其精神、野蛮其体魄"，勤勉、合作、奋进的集体主义精神得到很好的彰显。

四、高扬革命精神，坚持文化育人

一是构建"六魂"文化育人体系。对应建树学生正确的人生观、价值观、政治观、历史观、能力观、品行观，我校构建了"生命之魂、思想之魂、品德之魂、血脉之魂、素养之魂、行为之魂"的"六魂"文化育人体系，把红色文化贯通始终，给学生思想烙上牢固的红色底蕴。二是校园建设彰显延安精神。坚持推进以"延安精神为本、工匠精神为魂、特色文化为根"的校园文化建设主线，规划建成了延安时期的模范人物、重要历史事件雕塑和景观小品。三是坚持举办科技文化艺术节。以创新创业、科技创意、文化艺术为主要内容，一年举办一届主题科技文化艺术节，鼓励师生自创、自编、自导、自演，为学生搭建"参与就在眼前、参与就有快乐、参与就能提高"的重要平台。四是用军营文化筑基。在全校学生中进行国防军事知识、军营文化专题教育，利用培养海军、武警、空军等军队士官的有利条件，让士官生担任新生军训教官，安排其他专业学生观摩士官生宿舍、体验军事训练项目，"学习刻苦、纪律严明、技能过硬"优良作风引领校园风尚。

总之，延安职院在办学实践中，将思想政治教育与职业技能教育相结合，从学院办学理念、教育教学管理、人才培养、创新创业、毕业就业到服务保障等各方面都渗透和浸润着红色文化。我们将进一步探索传承、弘扬红色文化的新路子,坚定学生理想信念、厚植爱国情怀、加强品德修养、培养奋斗精神、增强学生综合素质,培养更多德技双优的技术技能人才!

谢谢大家!

(在陕西省职业技术教育学会2018年学术年会上的发言交流材料)

工匠精神引领　军工文化驱动　培养高端技术技能人才

张卫平

陕西国防工业职业技术学院党委书记　高级工程师

中国制造呼唤"大国工匠",更离不开"工匠精神"的支撑。高职院校作为培养技术技能人才的主体,应该承载起培养"大国工匠"和培育"工匠精神"的责任与使命。陕西国防工业职业技术学院在人才培育过程中,始终扎根军工,确立了军工文化有机融汇工匠精神的育人理念,以培养爱岗敬业、精益求精、创新发展的高技能人才为目标,着力打造"四位一体两融合"的育人模式,走出了一条独具特色的文化育人之路。

一、军工文化融汇工匠精神,凝练国防职院特色育人模式

"工匠精神"主要指的是精益求精,不断提升和创新的职业态度,而军工行业提倡奉献爱国的情怀、严苛认真的精神和追求卓越的工作态度。基于此共同点,学院以立德树人为根本任务,结合军工办学传统,确立了工匠精神引领、军工文化驱动的育人理念,构建起育人基础、主体、载体、环境四位一体协同推进,有机融合军工企业文化、现代企业文化的"四位一体两融合"文化育人模式。

二、坚持育人基础、主体、载体、环境四位一体协同推进

1. 推进精神立校,夯实文化育人基础。学院在长期服务军工的过程中,凝练形成了"忠、博、武、毅"的国防职教精神,"厚德重能,励学敦行"的校训和"勤奋、严谨、求实、创新"的校风。学院为全国国防教育特色学校,国家国防科技工业军工文化教育基地,拥有国家国防教育专家2人。依托雄厚的军工文化教育资源,学院从传承军工文化、弘扬工匠精神、重视校风校训建设、加强职业素养等方面,提出文化建设的目标和要求,成立文化建设领导小组,形成了党政齐抓共管、相关职能部门和基层院部各司其职、师生员工广泛参与的工作体系。

2. 培育匠心教师,发挥育人主体作用。学院着力加强教师队伍建设,育匠心教师,在人才培养方式上厚植军工文化和工匠精神、恪尽职业操守,发挥教师的育人主体作用。通过专题培训、考核评价等多种方式加强师德师风建设,增强每位教师的"育人"意识和能力,把技能教育和培养职业精神高度融合,让学生在匠心育人环境的熏陶中潜移默化地积淀工匠精神的底蕴;鼓励教师将工匠精神贯穿到专业教学中,培养学生以工匠精神为核心的职业素

养；选配专业教师特别是青年教师到军工企业去，感悟军工企业文化，将工匠精神运用到实际教学场景中，引领学生体验企业文化、体会精神实质。

3. 实施文化培育工程，创新育人载体。学院不断丰富文化建设的载体和手段，通过搭建"国防大讲堂""大国工匠进校园"等平台，邀请"时代楷模"徐立平、航天六院特级技师杨峰等进校，让师生近距离感悟大国工匠的风采，形成"人文滋养"品牌；探寻挖掘"西安工匠"获得者邓呈波、任金鹏等多名奉献在军工一线校友的先进事迹，培育"典型引路"品牌，逐步形了一批特色文化育人项目，将传播、弘扬工匠精神寓教于军工特色鲜明的各类活动中，将文化理念分解细化落实落地。

4. 加强环境文化建设，着力培育文化氛围。文化建设外化于形、内化于心，最终固化于制度。学院不断修订完善制度体系，用制度来规范师生的行为，提倡与坚持规范操守，努力培育学生专注坚持、一丝不苟、精益求精的职业精神素养。同时，通过重点统筹规划校内军工文化教育基地资源，校园内设置歼七飞机、装甲车、火炮等实物，设有军工浮雕、吴运铎雕像、军工文化墙、砺剑广场等设施，基本形成了校史馆、图书馆、体育馆、国防科技教育基地等文化场所，将文化元素渗透于校园的每个角落，潜移默化每个学生。

三、有机融合军工企业文化、现代企业文化

1. 发挥行业优势，融合军工企业文化。校企合作、工学结合是高职教育办学的内在要求和特色所在。学院依托陕西国防工业职教集团，在合作企业建有"中航工业 114 厂""中船重工 872 厂"等 13 个校企深度合作工作站，师生通过驻站工学交替，在国防科技企业顶岗实习，在学习专业知识和技能的同时，接受军工企业文化的熏陶，感受国防工业一线干部、职工"爱国奉献、精益求精"的精神，提升学生职业素养，更好地提升人才培养质量。

2. 传承创新，融合现代企业文化。学院高位引入处在产业链上游的大型企事业单位、世界 500 强企业，共建"企业学院"和"校内工厂"，学院为全国现代学徒制试点院校、教育部—中兴通讯 ICT 行业创新基地、戴姆勒奔驰铸星项目基地，开设了中兴、奔驰、海尔卓越工程师等订单班，与 10 余家企业共建"双创基地""众创空间"，双主体协同育人，加强学校文化与企业文化的对接与耦合，学生在校企实践中体验职业文化、领悟工匠精神，校企共育当代工匠。

经过几代人的努力和多年的深厚积淀，学院与国防工业同呼吸、共命运，军工文化与职业教育相结合而铸就的"工匠精神"，成为学院每一位师生的精神源泉和不懈追求。建校 60 年来，学院立足陕西，面向国防，为国防科技工业和经济社会发展培育了 7 万余名军工特质高端技术技能人才，涌现出了一批有影响力的科学家、全国五一劳动奖章获得者、省级劳模，以及一大批省级工匠校友，为祖国发展做出了国防职院人的贡献。

面对未来，陕西国防工业职业技术学院将以习近平新时代中国特色社会主义思想为指引，坚持以立德树人为中心环节，精心培养大批蕴含军工特质、具有工匠精神的高端技术技能人才，切实担负起新时代赋予高职教育的新使命和时代责任。

（在陕西省职业技术教育学会2018年学术年会上的发言交流材料）

厚植校园文化底蕴　提升立德树人水平

杨建波

铜川职业技术学院院长　高级政工师

高校立身之本在于立德树人。习近平在全国高校思想政治工作会议中强调："要坚持把立德树人作为中心环节"。多年来，我院始终把厚植校园文化底蕴作为学院发展的新动能，用浓厚的校园文化提升立德树人水平，引领学院发展。

一、坚定校园文化建设总基调，激发立德树人新动能

"文化是民族的血脉，是人民的精神家园"，在发挥校园文化育人作用上，我院坚持以下做法。

树立"三个并重"理念。一是注重物质文化建设。以打造"书香校园，文化校园"为主线，从一尊雕塑、一处亭廊彰显文化魅力，用"美境"理想营造独特的物质文化。二是注重精神文化建设。从办学理念、校训校史、校风学风、校园文化传统等方面构成"学院精神"，强化"厚德尚能，奋发有为"校训内涵，培育优良校风、教风和学风，用"美育"理想营造良好的精神文化。三是注重校园文化活动建设。通过寓教于乐、丰富多彩的文化活动，全方位培养学生综合素质，激发学生学习创新热情，培育师生人文情怀，提升学校文化品位，用"美心"理想营造充满活力的行为文化。

建立"三级立体推进"工作模式。院党委秉承"教育先行、精细管理、文化育人、实践树人"的思路，围绕培育社会主义核心价值观，实施"党建领航"教育文化工程；各二级学院、院团委以社团建设为主渠道，形成了"思想道德、技能成长、志愿服务、文艺体育、社会实践、创新创业"六大模块为主体的第二课堂，整体设计工作内容、项目供给、评价机制，建立了全方位培养大学生综合素质的制度机制，采取"以技会友""以墨会友""以诵会友"等十多种广场会友形式，举办社团公益节、文化节。其中，青年剧社等6个社团已经建成品牌社团，荣获5项省级奖励；在创建特色品牌班级上，以辅导员职业能力大赛为抓手，建立具有职业特色的班级文化，为大学生班级文化注入了活力。

坚持"两个紧密结合"。一是把文化育人与实践育人紧密结合。组织大学生先后赴延安、梁家河、照金、富平等地开展暑期"三下乡"社会实践活动10余场，活动内容涵盖习近平新时代中国特色社会主义思想宣讲、扶贫政策宣传、文艺节目巡演、敬老助残、健康保健、科普宣传、扶贫调研等内容；二是把思想政治理论课教学与专业技能培养紧密结合。充分发挥思政课育人作用，与其他课程"同行同向"，协同育人。让学生用正确的理论观点分

析不断变化的社会形势,帮助大学生成长成才。

二、注重传统优秀文化传承,提升校园文化品位

我院积极实施中华优秀传统文化传承工程,把中华优秀传统文化融入育人工作。国学文化强自信。开设艺术鉴赏、中国传统文化概论、书法、剪纸等选修课程,对学生进行传统文化教育。定期举办道德讲堂,开展《弟子规》诵、读、写比赛,组织《大医精诚》研、学、问大赛,让学生感受中华传统文化的魅力,增强文化认同感。经典话剧润心灵。"经典话剧进校园"是我院特色文化活动之一,我院师生原创、改编、演出的经典话剧已有十余部,引起了社会强烈关注。话剧《唢呐声声照金红》获得省第六届校园艺术节优秀剧目奖,情景诗画剧《银杏树下的故事》获省第五届大学生艺术展演活动戏剧甲组三等奖,话剧《原野》荣获省首届大学生戏剧节优秀演出奖第一名。话剧《玉碎月殇》荣获第四届省大学生戏剧节优秀剧目奖第一名等多项奖励,并在陕师大、长安大学展演;陕西日报、华商报、凤凰网、陕西大学生在线网等多家媒体进行了报道。

三、创新德育品牌活动,敲响校园文化建设时代强音

创新中国梦活动载体。我院紧紧围绕"我的中国梦"这一主题,先后以"放飞梦想,励志青春""让青春闪光"为主题,举办经典诵读、校园歌手大赛、演讲比赛、主持人大赛等系列活动,举办专题讲座,选派优秀团员参加铜川市"中国梦"宣讲团巡回宣讲,让大学生理解"中国梦"是学院梦想和个人梦想实现的精神实质。创新红色教育活动品牌。利用照金红色教育基地资源优势,充分发挥实践育人作用,成立"红之旅"青年志愿者,先后开展"慈善志愿者""红十字志愿者""红纽扣爱心志愿者"等系列行动,每年组织40余次各类志愿服务、参与上万人次,让广大学生充分感受红色革命文化,汲取红色营养。创新"青春尚德微行动"主题教育。建立"尚德微行动"常态化机制,开展"光盘行动""拒烟行动""守时行动"等十二项系列活动,引领学生学做人。近年来,志愿者受到省市级奖励百余人次,学院获省级志愿者优秀组织单位。

高职教育正在从技术理性走向人文价值理性,培育有工匠精神、人文情怀、爱国之心、国际眼光的技术技能人才,厚植学生的文化底蕴,高职院校任重道远。今后我院将进一步健全育人工作体制,拓宽育人工作载体,全方位构建立德树人工作新格局,把立德树人根本任务落到实处。

(在陕西省职业技术教育学会2018年学术年会上的发言交流材料)

坚持立德树人 深化产教融合 创新航空高职教育文化育人新路径

杨建勋

学会文体工作委员会主任
西安航空职业技术学院党委副书记 副研究员

国无德不兴，人无德不立。2018年全国教育大会，习近平总书记全面阐述了立德树人在发展教育中的重要意义、实施路径、机制保障等。目前，全国高职院校正面临优质校验收、特高计划遴选的关键时期，习总书记的讲话，进一步坚定了我们从目标设计上坚持立德树人、从建设主线上坚持产教融合的办学方向。

一、理念引领：以立德树人统筹文化育人体系建设

学院坚持以立德树人统筹文化育人体系建设，以文化育人深化产教融合，顶层设计，持续用力，不懈创新高职教育文化育人新路径；以培育航空文化、军工文化为重点，以 CIS 战略为抓手，构建了专业教育链与航空文化育人链有机融合的航空文化特色育人体系。

一是坚持以立德树人为根本任务。将立德树人的根本任务贯穿于航空文化育人的体系构建和实践应用全过程，切实发挥航空校园文化对广大师生的思想引领、价值导航、魂魄塑造、行为规范的重要作用。

二是坚持产教融合为主线。努力形成以产教融合为主线、校地融合、军民融合为协同的一体两翼发展格局，在产教融合发展中，融入航空地域文化及军工文化，切实提升学校服务产业、支撑地方、服务军工发展能力。

三是坚持以航空文化引领。对接航空类企业高素质人才培养要求，培育"航空报国、追求卓越"的崇高使命，培养学生"敬业诚信、甘于奉献"的优良品质，培养学生热爱航空、追求卓越的职业道德。

四是坚持以军工文化为基础。传承学院军工文化基因，创建定向培养士官品牌文化，打造校内军校，锻造军政过硬、思想过硬、作风过硬、业务过硬、纪律严明的准军事化人才队伍。

五是坚持以 CIS 战略为总抓手。导入包括理念识别系统（MIS）、行为识别系统（BIS）、视觉识别系统（VIS）为主要内容的 CIS 战略，系统推动学院航空文化育人体系与工学四合"三纵四横"相融合的校园文化育人模式。

二、实践探索：创建"2346"文化育人新模式

经过多年的实践探索，我们形成了"2346"的航空特色鲜明、校企文化深度融通的学校文化育人新模式，即"两种资源""三种文化""四个融入"和"六大举措"，以此实现文化育人体系的有效运行。

一是统筹内外两种资源。利用中国阎良航空城的区位优势，通过"三通"——"打通、沟通、融通"，即开放校园，打通校地文化围墙，促进航空文化资源有序流动。创设平台，沟通产教、校企主体，促进多元主体的文化认同。建立机制，融通校企两种文化，聚集航空特色文化资源。

二是系统构建三种文化。运用 CIS 战略，导入航空产业精神、航空企业文化，实现校企文化在人才培养中的融通，构建出具有航空特色、体现育人功能的高职校园文化育人体系，在核心层、中间层、表现层融入了相对应的精神文化、制度（行为）文化、物态文化，形成师生共同价值观、行为规范和视觉形象认同。

三是全面实施四个融入。通过"三纵四横"，实现航空文化对"工学四合"的全方位融入。"工学四合"是工学结合的"深化和系统化"，通过 CIS 战略的 MI、BI、VI 三个子系统，将"航空报国、追求卓越"为核心理念的航空产业文化和"育人为本、适应需求"为核心理念的高职校园文化有机融合，实现"工""学"两种文化的深度融合。

四是着力实施六大举措。一是以航空文化活动为依托，促进教育与产业、学校与企业理念沟通、精神相通、文化认同。二是以文化设施为平台，建设航空科技馆、校史馆等，把"航空报国，追求卓越"的航空精神外显于物态文化建设中。三是以体制机制为保障，建立健全了促进产教融合、校企合作的各类制度规范。四是以课堂教学为核心，推进航空特色的思政课改革，推动航空精神进方案、进教材、进课堂、进头脑。五是以学生社团为载体，使学生成为传承弘扬航空精神，践行社会主义核心价值观的主力军。六是以校园媒体矩阵为载体，突出微信、微博等新媒体，为航空文化精神传播插上新媒体的翅膀。

三、创新思考：文化融合助推"工""学"交汇对接

一是高职文化与行业职业文化相融合，树立高职文化本质特征的新认识。以物态文化为依托，以制度文化为保证，以活动文化为载体。

二是将企业 CIS 战略移植到高职文化建设中，找准文化育人的着力点。我们凝练出了以"航空报国，追求卓越"为内核的西航精神以及校风、校训、办学愿景等核心理念，创建了CIS 战略手册和具体实施方案。

三是推动职业文化在高职院校的落地生根并开花结果，着力创新高职教育文化育人的新机制。

2018 年 4 月，我校被陕西省教育厅确定为"一流学院"建设单位之一。站在新起点，肩负新使命，应有新作为。我们将牢牢把握人才培养质量这一核心，将立德树人这一根本任务落实于以产教融合为主线的人才培养全过程，全方位地将航空特色文化渗透到人才培养过程中，凸显"酱缸"效应，突出职业精神培养和职业素质养成，传承弘扬工匠精神，为培

养出更多服务航空工业的"大国工匠"培植肥沃的文化土壤。

以上是我的交流内容，敬请指导！

谢谢大家！

（在陕西省职业技术教育学会2018年学术年会上的发言交流材料）

实施十大素质教育工程　彰显立德树人工作特色

张　迪

学会土建类专业建设指导委员会主任

杨凌职业技术学院副院长　教授

近年来,杨凌职业技术学院坚持不懈实施社会主义先进文化、中华经典文化、中华优秀传统文化和革命文化教育,挖掘、提炼和阐释其文化所蕴含的思想观念、人文精神、道德规范,使其文化标识、当代价值、世界意义得以充分展示及活态利用,努力培育和践行社会主义核心价值观。形成了十大素质教育工程,为社会主义事业培养又红又专、德才兼备、全面发展的建设者和接班人。

一、实施"社会主义先进文化"教育工程

以团支部为单位,组织学习"马克思列宁主义、毛泽东思想、邓小平理论、'三个代表'重要思想、科学发展观、社会主义核心价值观、习近平新时代中国特色社会主义思想、党的十九大报告、中华人民共和国宪法、习近平总书记系列重要讲话精神"等社会主义先进文化,进一步坚定了学生的四个自信和三个认同。《实施十大思政工程,彰显学院思政工作特色》,荣获全国高职高专院校党委书记论坛一等奖。

二、实施"中华经典晨读"教育工程

探索实施了"中华经典晨读"主题教育工程。即组织学生每天早晨7:50到教室集体晨读10分钟,读完即上课。每周读1篇,每篇读1周。通过一年的实践探索,取得了可喜的成绩。2017年,学院一、二年级380个班级常态化集体晨读中华经典30余篇,生均晨读时长1530余分钟,参与晨读学生累计达到194.8万余人(次),撰写心得体会38.2万余篇。形成的典型案例在2018年全国高职院校党委书记论坛年会上交流,《凤凰卫视》等多家媒体给予了专题报道。

三、实施"十大节庆"主题教育工程

根据社会主义核心价值观的核心要义,学院从中华优秀传统节日中遴选出10个重要节日,创新实施了"新年之约、清明之思、劳动之荣、五四之魂、端午之忆、爱党之情、中

秋之韵、师恩之念、爱国之怀、重阳之孝"等十大节庆主题教育工程，成效显著。学院多次在中省有关会议上交流工作案例；入编高教工委《弘扬和践行社会主义核心价值观指导丛书》；荣获"全国学校共青团重点工作创新试点项目""全国高职高专院校党委书记论坛一等奖""全国学校共青团优秀研究成果二等奖"等荣誉称号。

四、实施"十大中华民族精神"教育工程

学院从2014年起，就着手以团支部为单位实施"红船精神、井冈山精神、长征精神、延安精神、西柏坡精神、五四精神、雷锋精神、大庆精神、两弹一星精神、载人航天精神"等"十大中华民族精神"主题教育工程。通过主题团日活动、演讲赛等学习、宣传和践行中华民族精神，培育学生的民族精神和民族气节。

五、实施"十大人物"励志教育工程

学院为学生推荐"孔子、马克思、毛泽东、周恩来、邓小平、雷锋、钱学森、焦裕禄、习近平、张海迪"等十大励志人物。组织学生学习他们坚定的社会主义理想信念、高尚的品德、伟大的人格魅力和优秀事迹，感召、感染、教育青年学生健康成长、励志成才。学院涌现出了贾文博、张翼同学火海救人，卜金磊、潘小飞见义勇为的典型事迹，《中央电视台》等媒体进行了采访报道。

六、实施"双百励志"教育工程

开展以"放飞梦想·励志青春"为主题的"双百励志"教育工程，着力培育学生红色基因，提振学生精气神。形成了每周日晚前30分钟的"每周一歌"及"周末影院"红色教育品牌。

七、实施"二十四节气暨农耕文化"教育工程

实施"二十四节气暨农耕文化"主题教育工程，通过组织学生挖掘节气由来、诠释节气概念、了解基本信息、掌握节气养生常识、学习节气知识等，使青年学生知节气、晓气候，学节气、懂农事，读节气、晓地理，研节气、通天文，用节气、益养生。学院冬至节气推出的"万名学子饺子宴"活动，《陕西电视台》等多家媒体给予了现场报道。为学生提供的节气养生小常识，深受学生喜爱。

八、实施"学生社团百千万建设"工程

建好100个以上学生社团，每个社团每月举办1次活动，全年举办不少于1 000次活动，每年参与活动的人数不少于10万人（次），确保万名以上学生个性得到充分发展的"学生社团百千万建设"工程。学院将学生按兴趣、爱好和特长分类，全部纳入学生社团进

行教育、管理和服务，促进学生个性发展。目前，学院已建好学生社团 147 个。《高职院校社团活动与思想政治教育路径研究》，荣获"全国高职高专院校党委书记论坛一等奖"。《新时期学生社团建设与管理模式研究》，立项共青团中央重点课题。

九、实施"青春出彩"工程

学院把"思政导航、榜样育人、励志教育、中华民族精神教育、中华优秀传统文化教育、中华经典文化教育、实践育人、社团文化、青马工程及心理健康教育"等融入立德树人全过程，大力实施"青春出彩"工程，促进学生人人出彩，取得了初步成果，陕西省教育厅网站给予专题报道。

十、实施《大学生第二课堂成绩单》成人成才工程

实施《大学生第二课堂成绩单》，真实记录青年学生成长足迹。考评结果纳入综合素质测评及团员教育评议中，体现在"三好表彰、五四表彰"等环节，得到了团中央书记处傅振邦书记的来信肯定。《34510 高职生素质教育的实践研究》，荣获"全国学校共青团优秀研究成果二等奖"。

（在陕西省职业技术教育学会 2018 年学术年会上的发言交流材料）

强化五举措　实现四融入　推进创新创业教育工作

——"工科高职院校创新创业教育研究与实践"课题总结

蒋平江

学会教学管理改革与技能大赛委员会副主任

陕西铁路工程职业技术学院教务处长　副教授

"工科高职院校创新创业教育研究与实践"于2016年立项为陕西省职业技术教育学会教育科研规划重点课题。课题组基于对企业创业成功人士和工科高职院校师生、毕业生的广泛调研，界定了工科高职院校双创教育内涵，系统设计了实施路径，形成了工科高职院校双创教育方案。经过两年研究，并在陕西铁路工程职业技术学院试点，效果良好，课题以优秀等次通过验收。

一、工科高职院校创新创业教育内涵

工科高职院校双创教育旨在培养具有创新精神、创业意识和创新创业能力的高素质技术技能人才。创新精神主要培养学生的创新意识、兴趣和决心，注重训练求异观念和持续革新思维等。创业意识主要培养创业动机和兴趣，注重训练商机意识、敬业意识等。创新创业能力主要培养创新思维和创业基本素质，注重训练学生应用技术创新、工艺革新等能力。

二、创新创业教育实施路径

（一）营造创新创业校园文化

1. 注重创新创业顶层设计

将"创新""立业"写入学院校训和校风，在学院规划中把创新创业教育作为人才培养和校园文化建设的重要抓手。成立双创教育领导小组和铁成创新学院，落实相关职能部门和专业系主体责任，将双创教育列入年度计划。营造良好的双创文化氛围。

2. 开展丰富的创新创业活动

基于学生发展需求，成立35个专业社团，每年举行校园科技文化节、"互联网＋"双创比赛、创业榜样座谈等系列活动。定期邀请知名企业家、创业成功者、优秀校友来院开展双创讲座和报告，交流体会，启迪思想，激发创新创业热情。

（二）完善人才培养质量标准

1. 制订全过程贯穿创新创业教育的才培养方案

坚持以人为本、德育为先、能力为重、全面发展，在专业人才培养方案中明确双创教育的知识结构、能力目标和学分要求，建好"互联网+"等双创教育载体，将双创能力培养落实到教育教学各环节，有效促进理论教学与实践教学相融合、课程内容与岗位标准相融合、职业能力培养与职业素养培养相融合、产教融合，形成"厚德强技 双创四融"人才培养模式。

2. 健全创新创业教育课程体系

开设"创新教育"必修课，制定标准，明确学分。通识性双创课程全校贯通，开设"创业精神与实践"等10门线上学习限定选修课；技术性双创课程专业大类贯通，将土建专业新技术——建筑信息模型（BIM）引入教学；实践性双创课程相近专业贯通，学生跨专业组队将专业知识融会贯通完成工作任务；159门课程实施以实际工程为载体的"项目化"教学，教学过程渗透双创教育。完善学生就业指导和职业生涯规划类课程建设，健全双创课程体系。

（三）提升创新创业教育师资水平

1. 增强教师创新创业教育的意识和能力

加强创新教育教研室、创业教育教研室建设，发挥"教师发展中心""专家工作室""大（名）师工作室"作用，采取专题培训、交流研讨等形式增强教师投入双创教育的意识和能力。鼓励教师开展双创教育理论、环境、需求和政策等研究，发表教改论文，丰富双创教育理论成果。联合省内15所高职院校编写了《大学生创新创业基础》教材，开发了配套课程信息化教学资源。

2. 鼓励教师开展创新创业教育与实践

将双创教育与专业教育相融合，引导教师在日常教学中融入创新精神、创业意识、双创能力培养。鼓励教师开展课题研究和技术服务工作，更新教学内容，将铁路行业最新技术、最新成果、创新实践经验等融入课堂教学，开展启发式、讨论式、参与式教学，注重培养批判和创造思维培养，激发双创灵感。改革考核内容和方式，专业核心课程全面实施过程考核，突出考核创新能力和解决问题能力的培养效果。

（四）构建创新创业教育实践平台

1. 开放各类实验实训室，服务创新创业

按照土建施工过程和企业标准建成线桥隧一体化实训工区、仿真训练中心等实践育人基地全部投入使用。开发训练项目600余个，完善实训室（基地）管理制度，面向全体学生双创活动开放，为双创研究和实践服务。

2. 创建创新创业孵化基地，孕育创新创业

依托陕西省高性能混凝土工程实验室、BIM 技术应用中心、科研创新基地等产教融合平台，为学生开展实验研究、BIM 技术应用、技术服务、经营管理等双创实践活动提供场地、人员、经费、制度等必要条件，打造技术创新平台。建立840m^2的双创孵化基地，提供实践岗位150个，学生在实战过程中孕育双创能力，打造双创孵化平台。

3. 举办技能竞赛，激励创新创业

组织学生参加数学建模、"互联网＋"大学生双创大赛等校内外竞赛。校内竞赛注重项目学生全覆盖、全参与，校外竞赛注重高水平双创竞赛参赛队员选拔，鼓励学生跨校、跨年级、跨专业组建参赛队伍，形成了"系赛—院赛—省赛—国赛"分级比赛机制和队员选拔方案，打造了双创竞赛平台。

（五）建立创新创业教育保障机制

1. 构建创新创业教育质量评价体系

按照教育部《关于深化高等学校创新创业教育改革的实施意见》，着力双创教育与专业教育在教育理念、人才培养目标、课程体系、教学内容、考核方案五方面融合发展，构建了工科高职院校双创教育质量评价体系，设置了5个一级指标、下设13个二级指标、44个三级指标。

2. 强化创新创业教育实施保障

学院成立"创新创业教育工作领导小组"，设立创新教育教研室和创业教育与就业指导教研室；出台了《创新创业教育改革实施方案》等11项双创教育相关制度；设立专项基金，为师资聘请、教学组织、学生活动、创业孵化等双创教育活动提供支持。

三、创新创业教育实践效果

（一）试点专业建设质量高

课题研究成果在道路桥梁工程技术等3个专业进行试点，成效显著，3个专业均立项为省一流（培育）专业建设项目，试点专业所在两个系均立项省高等学校双创教育改革试点学院（系），"土建类专业校外创新创业实践教育基地"立项省大学生校外双创教育实践基地，专业建设成果远高于全院专业平均水平。

（二）学生创新创业能力强

两年来，试点专业学生双创能力显著提升，学生参加创新创业类大赛获国家级奖 29 项、省级奖 63 项，连续两年获陕西省互联网+创新创业大赛金奖。毕业生因技术功底厚、动手能力强、综合素质高深受用人单位好评，就业率和满意度远高于全院学生平均水平。

（三）教师技术服务和科研水平突出

通过创新创业教育师资培训、开展创新创业教育、指导创新团队开展实践等活动，教师自身的创新创业能力也得到了显著提升。两年来，试点专业教师发表论文 113 篇，申请专利 16 项（发明专利 2 项），为企业开展技术服务 23 项，远高于全院教师平均水平。

（四）推广应用成效显著

经试点专业实践后，研究成果在学校所有专业进行了推广应用，效果良好：学校荣获全国"高职院校创新创业示范校"50 强，双创教育校园文化获省高校校园文化成果二等奖，"基于专业社团的高职学生创新能力培养研究与实践"立项为省高校辅导员工作精品项目。与 46 所省内外兄弟院校分享双创教育经验。"陕铁职院构建'四融入三推进'机制培养'双创'人才"被省教育厅门户网站"热点聚焦"栏目刊发，发表双创教育论文 11 篇。研究成果和双创活动被省主流媒体报道 30 余次，社会影响好。

经不断研究实践，初步建立了双创教育改革实施路径，从专业设置、课程体系、实践平台、教学资源等方面，改善了双创教育软硬件环境、方式方法等供给侧结构，形成了"四融入三推进"创新创业教育体系，实现了双创教育融入办学理念、专业培养、第二课堂和技术服务，实施意识—知识—能力三层次推进。今后，将继续以技术技能创新能力为人才培养出发点，挖掘和充实双创教育资源，进一步探索和完善双创教育改革实施路径。

（在陕西省职业技术教育学会 2018 年学术年会上的发言交流材料）

传承中华优秀传统文化　　落实立德树人根本任务

张秦龙[1]　严丽丽[2]

1. 学会学生工作委员会副主任、陕西财经职业技术学院副院长　副教授
2. 陕西财经职业技术学院宣传部部长　副教授

近年来，陕西财经职业技术学院大力贯彻落实党的十九大精神，以习近平新时代中国特色社会主义思想为引领，紧紧围绕立德树人根本任务，切实践行"厚德重能、惟精惟一"的学院精神，积极弘扬和传承中华优秀传统文化，引导学生培育和践行社会主义核心价值观，着力培养德智体美劳全面发展的财经技术技能人才。

一、加强教育引导，坚定文化自信，矢志培根铸魂

学院把培育和弘扬社会主义核心价值观作为凝魂聚气、强基固本的基础工程，广泛学习和发扬中华优秀传统文化和传统美德，并把传承中华优秀传统文化、培养全面发展财经技术技能人才写入各专业人才培养方案，从中华优秀传统文化中汲取营养，积极引导师生讲道德、尊道德、守道德，追求高尚的道德理想，不断夯实思想道德基础。

为了在学生中广泛学习传承中华优秀传统文化，学院为每一位新生在入学时发放《弟子规》读本，用圣贤教诲引导学生待人处事。同时，学院成立了国学教研室，组建了"国学讲师团"，为所有专业开设了国学课程，编写出版了《国学经典导读》校本教材，通过课堂教学引导学生学习古圣先贤的智慧、了解博大精深的传统文化，增强文化自强，提升文化素养。

学院还先后邀请张发、六小龄童等人来校为师生作传统文化专题报告，安排学管干部、辅导员、国学老师共计30余人次赴北京、天津等地学习传统文化，促进师生同学互进。学院组织各班定期开展传统文化学习主题班会，通过学生讲老师评、相互讨论交流等，提高学习传统文化的兴趣。团委、学生处和各二级学院的微信公众号定期推送传统文化的知识和活动，营造良好的学习氛围。

通过教育引导和学习宣传，诸如天下兴亡、匹夫有责的担当意识，精忠报国、振兴中华的爱国情怀，崇德向善、见贤思齐的校园风尚，孝悌忠信、礼义廉耻的荣辱观念等，逐渐成为青年学生的价值取向，扶危济困、见义勇为、孝老爱亲等中华传统美德越来越多被师生认可和践行。

二、注重第二课堂，丰富校园文化，增强育人效果

学院坚持用中华优秀传统文化滋养师生心田，用社会主义核心价值观引导学生言行，开展了丰富多彩的校园文化活动，寓教于乐，春风化雨达到育人效果。

组织举办"弘扬传统文化·追忆古今风尚——我们的节日"系列活动、"品味农耕文化·承袭华夏之美——二十四节气"系列活动，利用节日节点开展校园文化活动，激发学生学习中华优秀传统文化的热情，推进民俗文化的传播，增强学生对中华民族的认同感和凝聚力。

坚持开展经典诵读活动，学院印发了经典诵读活动方案，配置了两个朗读亭，采取晨读、诵读比赛、读书日活动等形式，深入开展经典诵读活动，让中华优秀传统文化焕发出勃勃生机，使学生积淀厚重的国学底蕴，同时激发爱国热情、增强民族自豪感和使命感。

学院每年开展高雅艺术进校园活动，先后邀请中国评剧院、陕西省戏剧家协会、陕西省青曲社等来校演出，不仅让广大师生近距离感受到了传统艺术的独特魅力，同时提升了校园文化活动品味。

此外，学院还开展校园文化艺术节、社团文化节、文艺晚会等活动，推出了相声、戏曲、华服表演、宫廷舞蹈、书法表演、古筝琵琶演奏等一大批精品节目，让学生在轻松愉快的氛围中接受传统文化的教育，在潜移默化中了解传统文化精髓。

三、坚持行为体验，强化笃行实践，培育优良品德

一是以爱国报国为主题，厚植学生爱国情怀。学院坚持开展清明祭扫活动，缅怀革命先烈，追忆先辈遗志；成立了国旗护卫队，举行"国旗下的爱国主义教育"活动，坚定学生理想信念；组织学生参观咸阳市博物馆、马栏革命纪念馆等爱国主义教育基地，引导学生爱党爱国。通过这些活动，将中华优秀传统文化中精忠报国、忠孝家国的民族精神和现代爱国情怀相融合，坚定了学生立志成才、奋斗中国梦的信心信念。学院已输送多名西部计划志愿者在西部建功立业，每年推荐十名左右学生应征入伍报效祖国，展示了陕财职院学子良好的品德情操。

二是以责任担当为主题，增强学生社会责任感。学院坚持组织开展"暑期三下乡"活动，2019年成立了30支服务队，有49名指导教师、333名志愿者参加，赴山区开展支教、调研、理论宣讲、敬老等方面的帮扶活动。志愿者广泛传播书法、剪纸、茶艺、太极拳和《弟子规》《百家姓》等国学文化，并利用学校所学开展电商培训，线上助销农产品，将志愿服务与脱贫攻坚相结合，锻炼了组织能力、增强了社会责任、强化了担当意识，收到良好效果，受到团省委、教育工委表彰。

三是以诚实守信为主题，培育学生诚信守诺的职业操守。作为财经院校学生，诚信品德尤为重要。学院一方面利用传统文化中的四维五常加强学生诚信教育，一方面开展"诚信"主题征文、演讲、班会、团日活动，让学生理解诚信的价值和意义。另一方面，开展"诚信承诺"活动，引导学生申请助学贷款、助学金等资助项目时，恪守诚信、如实填报申请材料，在考试中认真答题、不作弊，培育学生诚信守诺的职业操守。

四是以孝老爱幼为主题,培养学生助人为乐的高尚情操。学院持续不断组织开展志愿服务活动,"让阳光住进你心里"关爱自闭症儿童公益项目、"有一天我们也会变老"关爱空巢老人公益项目、"特别的爱给'特别'的你"关爱视障儿童公益项目、"衣路有你,一路温暖"小桔灯旧衣回收公益项目等已成为品牌项目。师生志愿者连续十多年定期到敬老院、特殊儿童学院开展活动,学生换了一批又一批,活动从未间断。学生在体验活动中培养了关爱他人、助人为乐的高尚情操。

五是以感恩回报为主题,培养学生感恩亲人良好品行。学院广泛组织开展感恩活动。在敬老院,学生志愿者帮老人洗衣服、打扫卫生、洗头洗脚、表演节日、聊天,体会父母的不易和伟大;在学校,要求学生至少每周与父母通一次电话、了解父母的爱好心愿,收集父母的故事;回到家,要帮父母干家务,给父母洗脚洗头,做让父母高兴的事。学院还利用教师节、重阳节,开展献爱心活动,引导学生感恩亲人、回报社会。

通过多种形式的社会实践体验活动,学生在身体力行中树立起对人民的感情、对社会的责任、对党和国家的忠诚,让优秀传统文化成为青年学生的行为准则,让传统美德在校园蔚然成风。

四、强化日常养成,坚持抓细抓小,提升综合素养

学院吸收"大道至简,知易行难,知行合一,攻自天成"的传统文化思想,从小做起、从细做起,引导学生养成良好的行为习惯。

一是以小德促大德。"天下大事必作于细,天下难事必作于易",学院从学生的日常行为入手,例如从学生上课是否迟到、早退、是否带早餐进教室、是否上课玩手机、是否在宿舍违规使用电器等学习生活的细节开始,引导学生养成良好的行为习惯,从上课喊起立、见了老师要问好、乘电梯要礼让、进办公室要喊报告等引导学生知礼、懂礼、用礼,一言一行彰显"礼"的痕迹。

二是以小德积大德。学院坚持开展"日行一善"活动,引导学生从身边小事做起,从帮助身边需要帮助的人做起,例如捡拾一片垃圾、拾金不昧、捡拾证件及时归还等。每天都做一件好事,成年累月积少成多,久久为功、持续用力,提升个人品德修养,成为思想品德高尚的有为青年。

三是开展模范评选活动。学院坚持开展"道德模范之星"评选和"十佳好青年"的评选活动,以先进典型起到示范引领作用,在学院形成比赶超的良好氛围。近年,有30人次获得学院"十佳好青年"称号,2 000余人次获得"每周之星"称号;先后涌现出了20余起拾金不昧、助人为乐的先进事迹;6名学生荣获"陕西省大学生自强之星"荣誉称号,1名学生获陕西教育系统"我身边的好典型"2019年度人物。

五、夯实基础保障,完善工作方案,建立长效机制

学院加大资金和场地投入,打造了融合国学、茶艺、书画、声乐、钢琴、瑜伽、形体舞蹈为一体的多功能大学生综合素质拓展中心,改善了育人条件;成立6个传统文化社团,与咸阳市九嵕堂、清晨花艺、天茗茶庄、茗悦天下等单位签订校企合作,共同打造传统文化育

人平台;成立了中国工艺美术大师贺兴文工作室、"非遗产学研基地",建立了非遗教学教室,将非物质文化遗产——麦秆画引进校园,传承和创新非物质文化遗产;学院还在柞水职中等建立了15个厚德育人工程教育实习基地,全方位助力学生的成长成才。

学院实施了厚德育人工程,先后印发《"厚德育人工程"工作方案》《提升师生认知工作方案》《"以行为养成为重点,全面提升学生综合素养"实施方案》《提升教工品行实施方案》《校园环境文化建设工作方案》《校园环境提升工程方案》等文件,全面推进立德树人根本任务的落实。

总之,陕西财经职业技术学院以传承中华优秀传统文化为切入点,将传统文化贯穿到学生学习教育全过程,从入校时的《弟子规》宣传册,到《国学经典》的深入学习,再到知行合一的社会实践,培养了学生良好的行为习惯和思想品质,促进了人才培养质量的提升。在以后的工作中,学院将继续以人才培养为核心,以立德树人为根本,用优秀传统文化和财经文化为主导,不断创新新时代人才培养模式,持续构建人才培养的长效机制。

(在陕西省职业技术教育学会2019年学术年会上的发言交流材料)

凝练培育大学精神 努力践行文化育人

王录军

学会校企合作与集团化办学工作委员会副主任委员
渭南职业技术学院副院长 副教授

长期以来，渭南职业技术学院认真践行"文化育人"的理念，坚持把大学精神的凝练与培育作为校园文化建设的首要任务，作为深化职业精神教育，增强思想政治教育工作实效性的重要抓手，经过努力，实现了大学精神与思想政治教育的融合创新。

一、凝练培育大学精神的目标与思路

长达113年的办学历程，形成了渭南职业技术学院凝重丰厚的精神文化积淀。这些以大学精神为突出代表的精神文化积淀，反映了学校的办学理念和价值追求，是促进学校发展、提升办学水平的内在动力，也是深化思想政治教育创新，凝聚师生群体意识，培育时代工匠的重要教育资源。基于这一认识，我校确立了凝练培育大学精神的五项目标：一是坚定社会主义办学方向，体现高职教育崇高的教育理想。二是承续本校百年办学传统，弘扬为中华民族解放与振兴而奋斗的爱国精神、自觉融于社会革命和改革潮流的时代精神、以"教育救国""实业报国""科技兴国"为主线的职业精神。三是融合中国传统道德文化的积极元素，彰显社会主义核心价值观的培育践行。四是凸显我校的办学理念特色和责任使命。五是突出高职教育特色，增强思想政治工作的针对性和有效性。

围绕以上目标，确定了我校凝练培育大学精神的基本思路：以立德树人为根本，有机融合优秀的传统文化、渭南地域文化、现代大学精神的精髓，科学总结学校教育特色和社会服务价值，提炼本校独特的大学精神。要准确定位，明确培养目标；建章立制，加强制度建设；开放包容，坚持和而不同；以生为本，优化师生关系；精心设计，打造特色标志，积极建构学校大学精神培育体系。

二、大学精神的凝练与文化育人功能

1. 我校大学精神的凝练

"一学四访"，追溯源头活水。2015年在我校建校110周年，建院10周年之际，校党委把凝练学校大学精神提上议事日程。号召全体师生学校史，召开老教授、老职工、老领导、老校友座谈会,多次和他们面对面交流,了解学校发展历史,感悟学校办学精神,征询他们对凝练大学精神的意见。

深入研讨,凝聚师生智慧。2016年3月,学校下发了《关于征集学校大学精神的通知》,面向广大师生和校友,征集对学校大学精神的意见。2016年4月,组织了全校性的教育思想大讨论,并将学校大学精神的深化研讨作为大讨论的重要议题之一。形成了学校"顶天立地、内外兼修"的办学理念,"遵循规律、文化引领、改革创新、开放融合"的办学思路,"面向职业办学,贴近产业办学,瞄准就业办学,政校行企联动办学"的办学思想。

认真总结,确定大学精神。在广泛征求意见,充分研讨的基础上,经2016年召开的学校一届四次教代会讨论通过,确定我校大学精神为"忠信笃敬、知行合一、崇文尚新、自强不息"。"忠信笃敬",包括了"言"和"行"的两个方面,是一个人立身行事的全部内容,体现了学校对人性的关怀和立德树人的理念。"知行合一"是对学校教育思想和学生专业学习理念的概括。"崇文尚新"是对师生文化修养和创新精神的要求。"自强不息",是对师生坚持、韧性等个性品质的要求。我校大学精神体现了渭职院人忠信笃敬、知行合一的世界观和价值取向;在历史层面上,客观反映了学校在百年办学历程中百折不挠、自强不息的意志品格;在文化层面上,展现了渭职院人与时俱进、崇文尚新、敢为人先的人文精神和创新精神。

2. 以大学精神为引领,彰显校园文化的育人功能

以大学精神统领校园文化体系。我们将学校大学精神和"一训三风"布置在显著位置,设计制作了校标、校徽和中心广场主体雕塑,形成了独具特色的雕塑文化、橱窗文化,建设了人工湖和以"六园""八林"为代表的景观文化,营造了高雅、恬静的校园环境文化。我们大力倡导"明德、笃行、精技、强能"的校训,"团结、勤奋、求是、创新"的校风,制定了师生行为规范,编印了《渭南职业技术学院师生文明手册》,努力建设体现大学精神的行为文化。我们加强制度建设,印刷学校《管理制度汇编》,努力建设体现科学精神、民主精神和人文精神的学校制度文化。

以大学精神整合校园文化的组织形式。以大学精神建设特色校园文化,就是要以创新精神建设校园文化。我们充分考虑本校的办学定位、学科专业、历史传统、地域特点和时代特征等因素,设计"优秀文化进校园""樱花艺术节""专业技能展演""健美操大赛""医疗保健服务进社区""科技文化扶贫在行动""学雷锋志愿行动"等特色活动。同时注意理顺校园文化活动的组织管理,实行分类管理、分层组织,形成了协调有序、富有活力的校园文化组织管理体系,较好地提升了校园文化活动效能。

以大学精神助推师生精神成长。我们注重以大学精神为引领,助推师生精神成长。学校倡导"忠信笃敬"精神,深化社会主义核心价值和"中国梦"宣传教育,聘请国务院政策研究室信息研究司司长忽培元,中宣部理论局副局长、中国教育电视台党委书记张剑,中国音协主席、西安音乐学院院长赵季平,中科院院士、第四军医大学校长樊代明,陕西《资本论》研究协会会长孔祥利,延安大学干部管理培训学院院长高尚斌等知名专家来校为师生作报告,开展红色文化教育实践活动。举办陕西省道德模范事迹报告会,组织"道德讲堂"系列活动,开展形式多样的教育实践活动。倡导"知行合一"精神,我校多年坚持

"匠心"教育系列活动,坚持组织丰富多彩的校企文化合作育人和国际教育文化交流活动。形成了以强化职业精神教育为主要内容的护理文化、彩虹文化、汽车文化、中医药文化、师范教育文化。倡导"崇文尚新"精神,出台了《校园文化建设实施纲要》《校园文化建设"十三五"规划》,形成了校园文化建设的规划体系、内容体系、体制机制和特色品牌序列。倡导"自强不息"精神,我校利用各种平台,组织开展习近平新时代中国特色社会主义思想学习研讨活动、"一学三到"(学习《习近平知青岁月》,到边疆去,到最艰苦的地方去,到祖国最需要的地方去),实施"青马工程",开展"与大学生谈做人"系列活动和"他们为什么会成功"主题学习教育,引导学生以先进模范人物为榜样,为实现个人"中国梦"而矢志拼搏。近年来,学校荣获陕西省培育和践行社会主义核心价值观优秀案例一等奖,陕西省十年心理健康教育优秀成果三等奖。在陕西省高校校园文化建设优秀成果评选活动中,我校获一等奖3项、二等奖4项、三等奖1项。

三、凝练培育大学精神,助推学校创新发展

凝练培育大学精神,增强了师生的文化认同感和归属感。凝练大学精神,培育大学精神,进一步激发了师生对学校教育文化的认同感,增强了他们的精神归属意识。尤其是"我心目中的大学精神""践行大学精神,为母校增光添彩"等活动的开展,全校师生的凝聚力、自信心和自豪感不断增强,刻苦学习,勤奋工作,不断创新,多做奉献的热情高涨。

大学精神的凝练培育,助推了学校创新发展。学校站在高职院校创新发展的前沿,实施了系列综合改革。创新工作目标考核和人事制度改革,激发发展活力,学校连续多年被评为渭南市2016年度目标责任制考核优秀单位。落实"知行合一"的教育思想,加强专业建设和实习实训建设,被确定为国家优质专科院校建设立项单位、全国现代学徒制试点院校、陕西省示范性高职院校建设单位,护理、中医等专业被确定为陕西高校"一流专业"。与100多家企业和美国、俄罗斯、马来西亚、德国、新加坡、韩国、日本、澳大利亚、泰国、中国台湾等国家和地区联合办学,丰富了学校的校企合作、国际交流文化。制订创新创业教育方案,优化专业技能训练和创新能力培养。在2018年职业院校技能大赛中,我校获国赛一等奖1项,二等奖2项,三等奖1项,获省赛一等奖8项,二等奖9项,三等奖23项。确立校园环境文化建设规划,突出育人功能,深化校园绿化美化工程,学校荣获"全国首批公共机构节能示范单位""陕西省园林建设示范单位"等称号。《中国教育报》以《以改革创新、开放融合为宗旨,打造西北职业教育人才航母》为题,报道我校特色办学成果。

大学精神的凝练与培育,提升了学校的社会影响力。在凝练和培育大学精神的过程中,学校确立了"精神引领,思想导航"的理念和"重在育人,着眼服务"的思想。学校校园文化建设和思想政治工作的谋划策动体系、管理评估机制、规章制度体系、建设内容体系、特色品牌体系、设施设备建设管理体系进一步完善。学校被评为全国文明单位、全国首批公共机构节能示范单位,与渭南市政府联办的渭南市图书馆通过文化部评估定级。著名声乐教授李小琴专题音乐会、《西游记》孙悟空扮演者六小龄童专题分享会,"2017踏秀华山·卤阳湖国际半程马拉松嘉年华"志愿服务,"校园莘子节"系列活动,师生赴马来西亚、德国、日本、韩国、中国台湾进行文化交流,承办陕西省职业院校技能大赛护理及养老服务赛事、渭南市高校首届心理剧比赛等大型文化活动在社会各界产生了广泛的影响。突出教育与

服务两个功能，扎实开展志愿服务工作。坚持开展科技下乡、脱贫攻坚社会调查、政策宣传、学雷锋服务、义务献血等志愿者服务活动，2017年参加各种志愿服务活动的志愿者达4万多人次。《陕西日报》以《渭南职业技术学院——量体裁衣实施技术扶贫》为题，报道我校师生脱贫攻坚工作。

大学精神的凝练与培育，是学校思想政治教育和文化建设的重大工程。在这一过程中，我们深刻地体会到：本校传统教育文化、地域文化、时代教育精神的融合是基础，爱国精神和道德教育是灵魂，学校发展的愿景目标与使命责任是核心，职业精神建构和办学特色是亮点，师生个性品质的养成与引导是重要抓手，凝聚精神合力、引领师生成长是目标。今后，我们将大力加强思想政治教育和校园文化创新，进一步凝练和培育大学精神，使大学精神成为学校发展和师生成长的旗帜。

（在陕西省职业技术教育学会2018年学术年会上的发言交流材料）

提立德树人之"神"　铸立德树人之"魂"

——汉中职业技术学院团学工作勇担立德树人新使命

姚志宏

汉中职业技术学院学工处处长　副教授

修德以立校，明理方成人，博学可精业，自主必成才。汉中职业技术学院学生工作深入贯彻党的十九大精神，以习近平新时代中国特色社会主义思想为指引，夯实基础、稳中求进、开拓创新、提升质量。坚持立德树人的根本任务，切实服务于学生的成长成才，以安全稳定工作为基础，以行为养成教育为重点，建设培育了既具中华优秀传统，又具时代特色的高等职业教育校园文化。

几载砥砺奋进，几载使命担当。汉中职院团学工作正以围绕全员、全过程、全方位的"三全"育人要求全面开展，从思想道德、职业素质、行为素养、身心健康、创新创业能力等几个方面进行不断提升，并向着更高的目标、更好的明天阔步前进。

一、立德树人激励师生砥砺奋进

叶茂因根深，枝荣由本固。为谁培养人、培养什么样的人、如何培养人？建校以来，学院确立了"尚德、自强、乐业、创新"的校训，发扬"以厚德尚行之传统修身育人，以大国工匠之追求精益求精，以自强不息之精神乐业创新"的学院精神，狠抓内涵建设，全面提升人才培养质量和核心竞争力。

按照《汉中职业技术学院"十三五"（2016—2020年）事业发展规划》中提出的"坚持立德树人，积极培育和践行社会主义核心价值观，营造以文化育人的氛围，切实加强思想政治教育，大力开展创新创业教育，全面提升学生综合素质"的总目标，制定了《"十三五"（2016—2020年）育人规划》，提出具体的建设目标，建立了服务学生全面成长成才的育人规划。以立德树人为根本任务，以学院育人规划、学生发展标准、学生工作质量手册等为依据，以学生全面发展为目标，以学年为周期，通过育人队伍培养、育人环境优化、工作机制创新、教育平台四轮驱动，激励学生自我诊断、自我改进，提升综合素质，促进学生全面成长。

通过表彰"学生工作先进集体""先进团支部""先进班集体""优秀班主任""三好学生""优秀学生干部""优秀共青团干部""优秀共青团员""社会实践先进个人"等。评选国家奖学金、国家励志奖学金、学院奖学金。近年来，涌现了陕西省"五四红旗团支部"1个、陕西省第四届高校"优秀辅导员"2人、第九届大学生年度人物邓琼月、全国优秀共青团员王文轩、陕西省高校志愿服务"最美志愿者"曹兰英、最美护士白金伊兰、李茂丹、陕西省"优秀共青团员"王科、陕西省高校志愿服务先进工作者徐坤、"我身边的好学生"赵瑞等一批先进模范人物。

时光荏苒，岁月如梭。《"十三五"（2016—2020年）育人规划》实施以来，学院与日俱进，及时丰富完善"三风"建设内涵，将思想价值引领贯穿教育教学全过程和各环节，促进了校风、教风和学风的全面提升和优化。

二、文化育人打造特色校园文化活动

文运同国运相牵，文脉同国脉相连。文化是人化，文化也化人。优秀的文化给人提供精神养料，赋予人的生活以意义和动力。在发展的过程中，学院坚持用优秀传统文化滋养人、用红色革命文化感染人、用先进文化引领人。

通过创建文明校园，提高师生道德修养和文明素质，使讲文明、践礼仪、守道德在学院蔚然成风；校园文化内容健康、格调高雅、丰富多彩。坚持以立德树人为根本，以学生为中心，加强师德建设，重点围绕领导班子建设、思想道德教育、活动阵地建设、教师队伍建设、校园文化建设、整洁优美环境建设等方面开展工作。通过文明校园创建活动，健全工作机制，提高师生公民道德、职业道德、文明修养和民主法治观念。精心设计和组织校园文化活动，创新形式、打造特色、塑造品牌。建设了一批以"青马工程""校园文化艺术节""读书月""大学生艺术活动中心""学生社团""大国工匠进校园""高雅艺术进校园""青年红色筑梦之旅"以及"心理健康文化节"为代表的一系列校园文化活动品牌。学院荣获2018年陕西省高校校园文化建设优秀成果二等奖。

三、全媒体矩阵促进立德树人显成效

同时学院还积极营造健康网络文化，实施数字化宣传平台建设，完成了通过网络直播、网页宣传、微信公众号、新浪微博、QQ群组、百度贴吧等平台的建设打造和提升工作，坚持推进团建、社会实践、人文教育、心理健康等主题栏目建设，有力地推动了优秀传统文化、红色文化的传播，唱响了新媒体正能量思想文化主旋律。学院同时还注重线下打造，定期开展班级板报评比，在全院开展文明校园主题教育活动。在校园的墙面、楼道、橱窗、展板等处，张贴各类宣传标语、图片、文字资料等，帮助学生更好地了解文明校园创建的重要意义，增强学生文明校园创建的参与意识。

梦启金秋，再续华章，不忘初心，继续前行。站在新的历史起点上，学院砥砺奋进，铿锵前行，始终不忘肩负的责任和使命，努力走出一条适合自身发展的特色之路，坚持"育人为本、务实创新、质量立校、人才强校、特色兴校、开放活校"的办学理念，强化创新发展意识，聚焦特色校园文化建设，以社会主义核心价值观为引领，以社会主义先进文化为导向，以立德树人为根本，立足实际，努力建设内容丰富、格调健康、具有时代风貌、区域特征的校园文化。为实现学院建成陕西省特色高水平高职院校和西部职业教育强校奋斗目标提供强大的精神力量！

（在陕西省职业技术教育学会2019年学术年会上的发言交流材料）

传承"铺路石精神" 培育交通建设先行者
——陕西交通职业技术学院特色校园文化育人

刘 晶

陕西交通职业技术学院党委宣传部部长 讲师

陕西交通职业技术学院作为有着 66 年办学历史的交通特色鲜明的高职院校，始终秉持传承"吃苦实干、爱岗敬业、默默奉献、图强创新"的"铺路石精神"，全面践行社会主义核心价值观，打造独具特色的校园品牌文化，开展健康向上、丰富多彩的校园文化活动，锻造出一批又一批信念坚定、品德高尚、技能精湛的新时代交通建设先行者。

一、传承"铺路石精神"，学习践行社会主义核心价值观

1. 开展丰富多彩的校园文化活动，社会主义核心价值观深入人心

学校坚持每年举办以"传承'铺路石精神'，大力弘扬社会公德"为主题的科技文化艺术节、读书节和电影欣赏节，这三大品牌文化盛会内容丰富，形式多样，时间贯穿整个年度，每年都有近 3 000 名同学直接参与各个项目，万名师生观赏、品评，为学生学本领、增能力、谋创新提供了广阔的舞台。各二级学院也结合践行"爱岗敬业、图强创新"精神，积极开展格调高雅、内容丰富的校园文化活动，使师生将社会主义核心价值观自觉落实到遵守法律法规、遵守公共道德、尊重平等自由、尊重劳动创新的实践行动当中。

2. 开展形式多样的精神文明创建活动，自觉提升道德水准蔚然成风

学校坚持紧贴提升师生社会公德和思想品德的工作需求，2012—2018 年连续 6 年组织以缅怀党的光辉历史、歌颂党的丰功伟绩为主题的教职工歌咏、朗诵比赛，使教职工始终坚定理想信念，办人民满意的高职教育。各二级学院利用清明节、五四青年节、十一国庆节等传统节日，组织学生走进烈士陵园缅怀先烈英雄事迹、走上街头维护交通秩序、走进社区宣传改革发展伟大成就，为师生自觉提升道德水准营造了氛围、激发了热情、增添了动力、创新了载体，全校师生自发传承优秀文化、文明行为举止、爱护校园环境蔚然成风。

3. 大力支持创新创业，文化育人成果丰硕

学校成立了大学生创新创业协会，出资与西安市大学生创业基地、新道科技股份有限公司联合举办"互联网＋"创新创业大赛训练营，先后培训师生 300 余名。学校近 5 年出资

300余万元支持师生制作创新作品,参加陕西省教育博览会、陕西省高校科技创新成果展览会和各类创新创业竞赛,取得了累累硕果,学校师生参加2018年"挑战杯——彩虹人生"陕西职业院校创新创业创效大赛决赛,不仅参赛队勇夺优胜杯,而且参赛作品分别夺得金奖3项、银奖5项、铜奖7项、优秀奖9项,位列全省参赛高职院校第一名。

二、传承"铺路石精神",培育信念坚定、品德高尚、技能精湛的建设者和接班人

1. 深入开展模范精神引领,培养学生坚定的理想信念

学校每年都会邀请优秀毕业生返校作"传承'铺路石精神',坚定理想信念"的专场报告会。同时,整合各类讲座、报告,推出特色鲜明、影响广泛的"交苑大讲堂"系列讲座,开辟道德讲堂、名人讲堂、名师讲堂,用榜样鲜活的事例和真挚的情感,诠释了"吃苦实干、爱岗敬业、默默奉献、图强创新"的铺路石精神,进一步坚定了大学生立志成才、实现中国梦的理想信念。

2. 深入开展职业道德教育,学生自觉练就精湛技能

学校始终坚持传承"铺路石精神"为核心,开展形式多样的职业道德教育。公路与铁道学院针对工程一线地处偏远、条件艰苦的特点,坚持开展吃苦奉献精神教育,用人单位评价公路专业实习生和毕业生是"下得去、留得住、用得上、干得好、后劲足"的优秀人才群体;汽车工程学院结合订单班培养的育人模式,主动引入汽车品牌理念和汽车企业文化,培育学生的职业忠诚度,毕业生被用人单位誉为"铁杆员工";轨道交通学院和经济管理学院教育学生通过努力工作与企业共同成长。

3. 深入开展心理健康服务,学生身心全面健康成长

学校投资近200万元建成了全省普通高校心理健康教育与咨询示范中心,配备心理健康咨询专兼职教师14人,全部取得了心理咨询师资格证书。目前,学校已形成了上半年以"善爱吾"(3.25)、"吾爱吾"(5.25)为标志的心理健康教育宣传季、下半年新生系列心理健康教育活动的成熟特有教育模式,实现了全年心理健康教育活动全覆盖的良好工作局面。学校在全校每个班级均设立了负责学生心理工作的心理委员,使心理健康服务网络延伸到每一个班级,有效预防和解决了个别学生的心理问题。学校心理健康教育工作得到了教育部和省教育厅专家的高度肯定,2018年6月,学校被全国大学生心理健康教育与咨询专业委员会授予大学生心理健康教育工作先进集体称号。

三、传承"铺路石精神",培育学生自觉践行社会公德、家庭美德、个人品德

1. 以"爱"文化为抓手,培养学生关爱他人、助人为乐的高尚情操

学校每年都联合西安市中心血站开展"无偿献血、拯救生命"活动。学校领导们每次

都站在献血队伍的最前列,用实际行动阐释着"生命无价、大爱无疆"的高尚情操。各二级学院坚持组织学生走进敬老院、福利院,走进乡村小学、贫困家庭,关心弱势群体的生活状况,了解留守儿童的生存现状,通过自己的爱心行动让孤寡老人不再孤独,让孤残儿童重拾笑颜。通过活动,学生们学会了理解,懂得了宽容,自觉培养起关爱他人、助人为乐的高尚情操。

2. 以"孝"文化为载体,培养学生感恩亲人、回报社会的优良品质

学校每年都在学生中广泛开展"感恩母亲,歌颂母爱"诗歌朗诵大赛和主题班会,为学生布置感恩父母"四个一"假期作业,即:学唱一首感恩父母的歌,做一件让父母开心的事,了解父母的一个心愿,收集一个关于父爱、母爱或者孝敬父母的故事。通过活动,学生们明白了感恩,知道了报答,培育了感恩亲人、回报社会的优良品质,树立了修德成才、报效祖国的远大理想。

3. 以"诚"文化为依托,培养学生诚实守信、重信践诺的良好品行

学校每年都在学生中开展"诚信友善"主题团日和主题班会等系列活动,让每一名学生讲述自己身边发生的典型案例,通过生活中的点滴小事逐渐懂得诚信的价值和意义。每学期的期末考试前,各二级学院都会组织开展"高举诚信旗帜,严肃考风考纪"教育周活动。活动中,以班级为单位组织诚信考试主题班会,辅导员与每一名学生签订《诚信考试承诺书》,使学生们逐渐养成诚实守信、重信践诺的良好品行。

通过传承"铺路石精神",充分发挥社会主义核心价值观对思想政治教育、精神文明创建、校园文化建设、创新创业活动的引领作用,使青春梦就是中国梦的理想信念转化为学生们的情感认同和行为习惯。近3年,我校培育出了入围"第三届中国梦·青年志——寻找身边的陕西好青年"候选人郭建鹏,河南省"五一劳动奖章"获得者李国强,西安市青年岗位能手标兵、"西安市五四青年奖章"提名奖获得者牟正平,荣获陕西省"杰出能工巧匠"荣誉称号的向少辉等一大批理想崇高、信仰坚定、吃苦实干的优秀毕业生;涌现出了跪地救人的"西安最美地铁姑娘"靳雨诺、"西安地铁最美售票员"谭杨,取得多项国家发明专利的赵宏军等一大批自觉遵守社会公德,有创新精神的青年典型。

66年来,学校为国家培养交通运输行业技术技能型人才6万余名,成为西部地区乃至全国交通建设的先行者,学校也被誉为中国西部"交通建设管理人才的摇篮"。

(在陕西省职业技术教育学会2018年学术年会上的发言交流材料)

第三篇 "双高"建设改革创新 服务国家发展战略

矢志工业强基铸魂精技　融创先进制造汇能成典

刘永亮

陕西省职业技术教育学会副会长　学会学生工作委员会主任

陕西工业职业技术学院院长　教授

2019年，陕西工业职业技术学院全体教职员工，以习近平新时代中国特色社会主义思想为指引，深入学习十九大精神，以全国教育大会为根本遵循，在陕西省委、省政府的坚强领导下，全面贯彻落实《国家职业教育改革实施方案》、强力推进"百万扩招""1＋X证书制度试点""双高计划"等工作。以立德树人为根本任务，以培养适应社会需求全面发展的高素质技术技能人才为主线，加强产教融合、校企合作，不断深化教育教学改革，人才培养质量和服务区域经济社会发展能力显著提升。全院师生顽强拼搏、砥砺前行，学院各项工作取得了一系列可喜成绩。在此，我代表陕西工院向各位领导、同志们、朋友们表示衷心的感谢！

12月10日，《教育部　财政部关于公布中国特色高水平高职学校和专业建设计划建设单位名单的通知》（教职成函〔2019〕14号）（简称"双高计划"建设），共有197所高职学校入选。从专业布局看，申报的389个专业群覆盖了18个高职专业大类。从产业布局看，服务面向战略性新兴产业的专业群有113个，面向现代服务业的112个，面向先进制造业的100个，面向现代农业的32个，其他32个。陕西高职院校有8所院校入选。其中，4所入选高水平高职学校建设单位；4所入选高水平专业群建设单位名单。

"双高计划"建设开启了高职院校发展的新阶段。陕西工院在本次公布的名单中位于A档。陕西工院将聚焦高水平专业群建设，整合优质职教资源，赋能教师专业发展，推进学校内部治理、专业和课程的数字化转型，努力打造与陕西同频共振、区域特色鲜明的中国一流高职学校。

一、聚焦区域主导产业，建设机械制造与自动化、材料成型两个高水平专业群

对接高端装备制造业，重点打造机械制造与自动化、材料成型2个具有世界一流水平的国家级专业群。

（一）机械制造与自动化高水平专业群的建设

机械制造与自动化专业群将围绕"中国制造2025"国家发展战略，紧扣智能制造、智能生产等科技发展前沿，着力服务陕西"关中—天水"经济带、西安中心城市、西咸新区

等区域经济社会发展，对接先进制造业大型企业集团的人才需求。专业群内包含有国家示范专业、国家教改试点专业、国家优质校建设骨干专业、国家现代学徒制试点专业、省综合改革试点专业等特色鲜明、优势明显的专业，有较强的社会影响力。专业群组建逻辑清晰，群内专业教学资源共享度51.5%，师资共享度85%以上，实验实训基地共享度78%以上，就业相关度75.8%。由机械制造与自动化、机械设计与制造、数控技术、机电设备维修与管理、电气自动化技术等5个专业组成，形成了优势互补、协同发展的建设机制。

通过实施"七打造、两形成"建设任务，即：打造全国一流的智能制造技术研发基地、打造国家级智能制造工程中心、打造国家级专业群师资团队、打造开放共享的国家级专业群资源平台、打造全国一流的专业群课程中心、打造国家级智能制造产业社会服务基地、打造全国职业教育"走出去"示范基地；形成国内一流的智能制造人才培养模式体系、形成中国特色的专业群建设系列标准与规范。到2022年，将机械制造与自动化专业群建成全国一流、国际知名的高水平专业群。

（二）材料成型高水平专业群的建设

材料成型专业群将围绕铸造、锻压、焊接、热处理等产业链以及检测技术，面对"中国制造2025""一带一路"倡议、装备制造产业转型升级、区域支柱产业以及现代职业教育发展，急需培养高素质复合型技术技能人才。该专业群内，专业教学资源共享度49.2%，师资共享度82%以上，实验实训基地共享度71%以上，就业相关度81.2%，由材料成型与控制技术、模具设计与制造、焊接技术与自动化、理化测试与质检技术等4个专业组成。通过对接材料成型相关产业领域，服务装备制造业，实现了专业群对接产业链。

围绕高端装备制造产业，深化"行业指导，集团运作，产教融合，合作培养"协同育人长效机制。研制高水平专业群教学标准，创新"全真载体、实境训能"的"352"人才培养模式，开展1+X证书试点，推行现代学徒制，完善学分认定、积累和转换机制，打造行企校命运共同体。建设专家智库、研发中心、专项工作室、技能大师工作室、检测技术中心；建成国家级协同创新中心、扩建实训室、新增校外实训基地，打造国家级生产性实训基地。加强教材改革与建设，编写"双元"电子教材、活页式教材、工作手册式双语教材、国家规划教材。采用AR、VR、MR等技术开发虚拟工厂、建设信息化教学资源，建成精品在线开放课程，培育省级、国家级课程。培育专业带头人、骨干教师、双语教师、技术技能大师，建立兼职教师库。培养专业领军人物，国家万人计划教学名师，打造国家级教学型创新团队、国家级示范性职教集团。在"一带一路"国家建立"鲁班工坊"，到2022年，将材料成型专业群建成全国一流、国际知名的中国特色高水平专业群。

通过以上两个专业群的建设，陕西工院将整体建成全国一流、国际知名的高水平高职学校。主要办学指标和整体实力进入全国前十，两个特色优势专业群建成世界水平专业群；依托国家西咸新区职教改革试验区，率先在制造业高端技术人才培养、产教融合等方面实践，形成一套全国可推广的政策、标准、制度、模式，促使学校成为引领职教发展、支撑陕西经济腾飞、助力制造行业振兴、服务"一带一路"、彰显"中国智造"特色的国际职教知名品牌。

到 2035 年，将陕西工院建成国际先进、世界水平的高职学校。主要办学指标和整体实力进入全国前五，专业教学标准、课程标准和顶岗实习标准处于国际领先水平，培养一批技术技能大师，形成一批具有国际影响力的成果，向国际输出一批优质资源和标准，引领中国职教实现现代化，为世界职业教育国际化提供中国标准和中国解决方案。

二、陕西工院"双高计划"建设的重点任务与举措

（一）加强党建引领，锻造中国高水平高职红色引擎

全面落实新时代党建总要求，实施"六建六提升"计划。筑建思想阵地，通过八项有效途径，提升思政教育引领力；健全工作机制，开展党建示范创建和质量创优工作，形成5个以上全国可借鉴、可推广的党建特色品牌活动和项目，提升基层党建感召力；构建"三方四融十育"体系，争创全国"三全育人"试点，提升立德树人凝聚力；健全党建"1+6"制度体系，提升党建工作保证力；创建文化育人平台，持续推进"一院一品"建设，力争取得国家级校园文化成果奖、全国大学生艺术展演一等奖项，提升校园文化软实力；锻造"四铁"干部队伍，激发干事创业新活力。

（二）实施六项改革，打造技术技能人才培养高地

紧扣陕西装备制造业转型升级需求，按照"四方聚力、分类培养、模式创新、引领改革"的原则，通过政行企校四方聚力，实施国际工程师本土化培养、四年制应用型技术人才培养、1+X证书试点、全员育人机制改革、多元教学模式改革、教学标准体系开发等六项改革。目标是：培育本土化"国际工程师"100名，培养2 000名行业"技术精英"；力争国家1+X证书试点对应专业，80%以上在校生取得2种以上职业技能等级证书；拓展就业创业本领，每年培养技术技能人才10 000人以上；开发3类教学标准，形成国际通用、行业通行、业内认可的分层标准体系。

（三）加快国家西咸新区职教改革试验区建设，打造技术技能创新服务平台

立足陕西装备制造产业布局特点和西咸新区区位优势，按照"聚焦产业、实体运营、多维共建、功能复合"的原则，加强与政行企校四方合作，组建"一会两院"的产教融合协同创新联盟、"一平台三中心"的西咸新区"中小微企业服务中心"、汇集"五大主体"功能的陕西"装备制造龙头骨干企业技术服务中心"等三大实体平台，分别确定五大改革任务和运行机制，聚力打造陕西"西咸新区现代工业和服务业职业教育改革试验区"，实现工学深度结合、校企深度协作、产教深度融合。

（四）创新教师发展与评价机制，打造高水平双师队伍

为适应校企合作、产教融合对教师发展的新要求，按照"跨界融合、多元管理、高端聚集、结构优化"的原则，推进人事改革试点、双语教师培养、领军人才培育、双师素质提升、兼职教师优选等五项计划，通过在产业学院试点人事改革，创新管理机制；校企联合加强教师发展中心建设，建立教师国际化培养体系；培养绝技绝艺技能大师、高水平专业带头人，打造领军人才团队；校企联手选优培强双师骨干团队；柔性引进院士、产业教授等，构筑高水平兼职教师团队；争创国家级教学创新团队，培育国家级领军人物，引进大国工匠、产业教授、特聘教授，组建技能大师工作室，培养双语教学专业骨干教师。

（五）产教融合协同育人，提升校企合作水平

依托学院"协同育人战略联盟""集团化办学""现代学徒制""产业学院""校企共建实训基地""企业订单班"等载体，以拓宽路径、深化内涵、扩大规模、提升层次等方式，加强校企深度合作，打造校企命运共同体。通过与30多家装备制造业百亿级企业、国外知名职业院校、"一带一路"沿线国家政府教育机构进行战略合作，树立全国校企协同育人典范；持续深化集团化办学新模式，建设2个全国示范性职教集团；扩展10个专业现代学徒制试点，加速双主体育人模式改革，受益人数增至5 000人；实施"育训并重、真实环境、全真载体"实训教学模式改革，建成1~2个国家级产教融合基地；优化校企兼职机制，在企业建立新技术研发中心、企业工作室15个；改革订单培养模式，受益学生达到20 000人。

（六）发挥职教特色优势，提升服务发展水平

强化"人才+智力"支撑、"技术攻关+成果转化"支撑、"教育资源+技术扶持"支撑能力，落实"百万扩招+育训并重"，服务装备制造业产业提质增效、陕西企业创新发展、脱贫攻坚、乡村振兴、终身学习社会构建，为全国现代工业和服务业培养高素质技术技能人才，每年为行业企业培养技术精英；依托创建的三大技术技能服务平台，为企业解决技术难题，完成技术创新及成果转化，技术服务到款8 000万元以上；加大接收贫困地区学生来校就读力度，资助贫困学生；打造2个省内特色网络学习品牌，面向学生、企业员工、农民工、转业军人等，开展各类社会培训。

（七）加快现代大学制度建设，提升内部治理水平

坚持以"规范办学行为，激发办学活力"为主线，按照"系统设计、健全机制、优化运行、提升效能"的思路，完善一章八制，健全完善党委领导下的校长负责制、教职工代表大会制度等，优化内部治理结构；全面依法治校，系统进行"存、废、改、并、立"的制度梳理工作，强化制度落地落实与过程控制，优化制度建设体系；构建多元共治，建设混合所有制特色二级学院，探索多元化办学新机制，优化管理体制机制；围绕管理增效，引入

第三方评价机构，优化内部质量保证长效机制；激发内生动力，修订鼓励激励、容错纠错、能上能下三项机制，优化改革攻坚创先争优氛围。从实践视角梳理、总结可推广可借鉴的做法与经验，力求在理论引领、实践创新、成果应用方面成为全国高职院校内部治理与治理能力现代化的典范。

（八）"云大物智"技术引领，提升信息化水平

聚焦面向未来教育需求、适应管理方式变革、服务信息化教学模式改革，实施"智慧校园"升级、基础数据治理、大数据升级专业、共享型教育资源建设、智慧课堂和虚拟工厂建设等"五项建设"任务，创建新型"无校园大学"，实现智慧教学、智慧服务、智慧管理，催生数字化新生态专业，促进自主、泛在、个性化学习，建成专业教学资源库11个，国家级在线开放课11门，建成智慧教室200间，新建虚拟体验馆4个。

（九）服务"一带一路"倡议，提升国际化水平

借助学院现有"中德高职教育合作联盟"、教育部全国有色金属行业职业教育"走出去"试点，中国—新西兰职业教育示范项目教师培训基地等项目，按照"拓宽渠道、注重质量、文化传承、双向培养、互惠互利"的思路，通过国外先进教学资源本土化应用、制订职业教育国际标准、培育国际化技术技能人才、援助发展中国家职业教育、双向扩大学生国际交流等工作，与3个国家开展国际合作办学，开发10套可输出的教学标准，建成涵盖11个专业教学资源库、50门以上在线开放课程的国际教学资源平台，开展国际职业资格培训300人次、国际职业资格认证100人以上，留学生规模达500人，建成10个海外员工教育培训基地，在赞比亚设立鲁班工坊，提高学院面向"一带一路"沿线国家的服务能力。

三、总结

"双高计划"建设为职业教育改革发展迎来了大有可为的历史发展机遇期。陕西工院在重点打造两个世界水平专业群的同时，将建设4个国内一流、3个区域急需的高水平专业群，带动其他院级特色专业协同发展，形成"世界水平—国内一流—陕西急需—院级特色"的四级专业体系。

陕西工院在"双高计划"建设中，放眼世界、扎根中国、面向未来、服务发展、促进就业，精准把握职业教育发展定位。坚持育训结合、德技并修的育人机制，坚持产教融合、校企合作的办学模式，巩固、彰显多元参与、跨界合作的教育特点，全面推进学校内涵建设。在高水平专业群建设过程中，紧扣国家需要、人民要求、市场需求，勇挑重担，积极寻求破解之策，推动我院职业教育事业在新时期实现新的突破和发展。

（在陕西省职业技术教育学会2019年学术年会上的发言交流材料）

实施"六新"发展方略 打造高水平旱区农业职业教育新高地

王周锁

陕西省职业技术教育学会副会长 学会学校管理委员会主任委员
杨凌职业技术学院院长 教授

《国家职业教育改革实施方案》进一步明确了国家职业教育改革发展的新思路、新战略、新目标,并提出要牢固树立新发展理念总体要求。在建设中国特色高水平学校中,杨凌职业技术学院将积极履行国家赋予杨凌的历史使命,紧紧围绕干旱半干旱地区现代农业产业高端需求,以实施"塑造立德树人新架构、构建'区校融合'新形态、构筑产教融合新高地、打造专业发展新格局、拓展国际合作新路径、培育改革发展新动能"的"六新"发展方略为抓手,扎根西部,辐射全国,放眼世界,打造高水平农业技术技能人才培养高地,建设中国特色高职名校,引领农业职业教育改革创新、高质量发展,为职业教育"中国方案"贡献"杨凌智慧"。

一、塑造立德树人新架构,夯实人才培养之基

习近平总书记指出:要把立德树人作为教育的根本任务。这也是高水平高职学校建设的根本标准。不断丰富"德技并修,全面可持续发展"的学院育人理念,按照既要注重专业技能培养,更要注重综合素质提升的"德技并修"育人架构,系统设计人才培养,不断完善以学分为导向的"通识课+专业课+个性发展课+创新创业课""四位一体"人才培养方案,启动"学生综合素质提升行动计划(2019—2021)"三年行动计划,通过价值塑造、科学普及、人文浸润、健康教育、能力培养、行为养成等课程模块,打造"厚基础、强能力、重创新、爱劳动"的高素质技术技能人才培养品牌;按照校企"双元"主体,实施"学历证书+若干职业技能等级证书"制度,不断提升学生技能水平;积极应对"百万扩招"及生源多元化,推进分类教学改革,探索以学分制为基础的弹性学制改革,设立学院学分银行管理中心,建立学分认定积累转换制度;积极推进"三教"改革,全部课程上线运行,信息化教学全面普及。活页式、工作手册式校企联合开发建设的特色教材成为主体。实施以"双师型"为标准的师德和能力提升计划;紧紧围绕"内涵发展、质量提升"这一核心,建立内部质量保证体系诊断与改进常态化机制,不断夯实人才培养之基。

二、构建区校融合新形态,打造产教融合平台

杨凌是国家首个农业高新技术产业示范区,中国唯一农业自由贸易区,国家级创新创业示范基地,2018年国务院《关于进一步支持杨凌农业高新技术产业示范区发展若干政策的批复》中明确提出"引导地方加大对杨凌职业技术学院的支持力度"。以《批复》精神为指导,深化区校融合发展,形成"共生共荣"的融合理念、"共建共享"的融合机制、"互利共赢"的融合格局,构建深化区校融合一体化、人才培养精准化、社会服务多样化、就业创业园区化的"四化"融合新形态。区校共同出台《进一步深化区校融合发展的意见》,推动建立以示范区为节点、行业为支点、企业为重点的改革融合机制,促进学校和示范区人才、智力、技术、资本、管理等资源要素集聚融合、优势互补,打造支撑高质量发展的新引擎。全面推进建设"当地离不开、国内可示范、国际可交流"的中国特色高水平学校,形成区校融合助推产教融合的"杨凌范式"。

三、构筑产教融合新高地,提升技术服务能力

围绕提升技术服务能力,与农林水牧等行业的龙头企业深度合作,聚焦产业链,建设智慧农业、现代农产品贮藏加工、旱区农业节水灌溉、水利云应用、动物疫病检测、土木建筑工程建材检测等6个技术技能协同创新中心,与中小微企业共同开展技术与产品研发、专利与工艺开发、技术与成果推广等;加强与杨凌现代农业产业园区的合作,按照示范区产业布局和学院技术技能人才培养,共同打造具有辐射引领作用的高水平现代农业生产、高水平水利工程、农产品加工与质量检测、药物生产、电子商务与物流服务、机电一体化、毕业生就业创业等7个专业化产教融合基地,搭建现代农业技术科技攻关、创新创业、人才培养、智库咨询、教师实践锻炼、学生顶岗实习、员工培训等综合功能平台,发挥智库咨询和人才智力支持作用;按照"一院一策""一企一策"确定合作模式,打造产、学、研、用"校企命运共同体",校政企合作共建"村干部(职业农民)学院、中水学院、现代畜牧学院、北控水务学院、阿里商学院",建立"三共同"育人新体系;完善中国杨凌现代农业职教集团组织架构,依托职教集团平台,探索新的政府主导、学校主体、企业参与的产教融合、校企合作"双主体"办学的途径与模式。

四、打造专业发展新格局,服务产业转型升级

对接行业发展、产业转型升级和国家战略要求,坚持内涵为本、集群发展的专业群建设策略,实施专业资源整合共享,结构优化重组,促进人才培养供给侧和产业需求侧结构要素全方位融合。实施三级专业群建设规划,重点建设以农业生物技术、水利工程2个国家级高水平专业群为引领,以生态园林、畜牧兽医、土建3个省级高水平专业群为支撑,以生物制药、机电信息、经贸旅游等其他专业群为基础的三级专业群建设新格局。到2022年,建成2个国家级高水平专业群,辐射带动省级高水平及其他专业群建设,促进学院专业建设水平整体提升。创新专业群建设发展机制,激发专业群自我发展活力,结合学院不断深化的

"放、管、服"改革，从运行、管理、用人、经费使用等方面给予专业群自我发展更大的自主权，鼓励和支持专业群在人才培养、校企合作办学、产教融合基地建设、合办企业（产业学院）、设立境外国际合作办学机构等方面自我创新发展。建立专业群年度质量报告制度和第三方评价机制，实施专业群建设监测预警和动态调整，建立专业群持续诊断改进和自我完善的建设机制。

五、拓展国际合作新路径，提升国际交流水平

学院作为"上海合作组织农业技术交流培训示范基地"建设的重要成员单位，积极参与上合组织国家农业科技合作项目建设。引融园艺、土建等专业荷兰、英国相关课程国际标准，在运用、消化吸收的基础上，升级改造形成具有中国特色的教学标准和技术标准，又在"一带一路"相关国家职业院校应用推广；进一步拓展学院在哈萨克斯坦建立的"现代农业技术培训中心"功能，建设良种培育推广基地。在罗马尼亚、柬埔寨等国家分别设立农学院，开展技术培训和人文交流；面向"一带一路"国家招收留学生，开展与俄罗斯库尔斯克州立农业大学合作办学项目，实行双学历认证；加大服务"走出去"企业的深度合作，立足企业人才需求，开设水利、建工、农业技术等国际订单班；在境外设立"鲁班工坊"，开展对当地从业人员技术技能培养培训，为"走出去"企业培训本土化人才。

六、培育改革发展新动能，增强发展内生动力

以构建一流支撑和保障体系为目标，优化内部治理结构，完善内部治理体系，以学院《章程》为统领，进一步健全"一章八制"制度体系，实现学院治理能力和治理体系现代化；着力推进"放、管、服"改革，强化二级学院教学中心地位，释放二级学院办学活力，形成更加有利于人才培养和改革发展的良性机制；实施"高水平人才引进与培育、生产技术改进型骨干教师培养、行业企业技能大师与'乡土专家'资源库建设、'双师'教师队伍建设体制机制创新、教师培养培训体系建设、教师考核评价机制改革"等6项人才强校战略计划，实施教师"岗位、职称"双聘制度，深化"聘任考核、职称评审、薪酬分配、考核评价"等人事制度四项改革，为学院发展增添内生动力。

实施中国特色高水平学校和专业群建设计划，是国家推进高职院校高水平发展的战略安排，它必将促进教育链、人才链与产业链、创新链有机衔接，必将带动全国高职教育高质量发展。作为全国农林水牧专业设置最为齐全的高职院校，我们将坚守初心、勇担使命，以服务国家战略为切入点，融入区域发展、促进产业升级，为建设教育强国、人才强国作出积极贡献。

（在陕西省职业技术教育学会2019年学术年会上的发言交流材料）

两航齐追蓝天梦　五方共育航修人

赵居礼

陕西省职业技术教育学会副会长
西安航空职业技术学院院长　教授

西安航空职业技术学院位于中国航空城、商鞅变法地——西安市阎良区，学校因航空而生、伴航空而长、随航空而强。作为全国航空类唯一入选"双高计划"建设的高水平学校，学校将以"双高计划"建设为契机，拟投入资金1.5亿元，以飞机机电设备维修技术、无人机应用技术两个专业群为引领，以打造航空特色高水平技术技能服务平台为重点，打造全国航空职业教育"标杆校"，推动学校从"示范"经"优质"到"高水平"。

三融战略　加快优质资源扩容升级

按照"产教融合、校地融合、军民融合"的三融发展要求，推动学校和航空产业基地发展同频共振、与航空产业发展同向而行，不断提升学校服务地方、助推航空、支撑军工发展的贡献度。

对接航空产业，推动产教融合。对接航空产业集群发展要求，优化重组学校专业群结构；以群建院，重整机构、重组人员、重构资源，建立与专业群发展相适切的二级学院管理机构；参照企业矩阵式管理模式，建立矩阵式的教学团队建设，构建机动灵活、协同共进、资源共享的专业群管理团队。

服务区域经济，强化校地融合。充分发挥"航空城"核心区区位优势，不断深化与国家级航空经济实验区——"航空基地"、亚洲最大、中国唯一——中国飞行实验研究院、航空工业龙头企业——西飞公司等进行深度合作，促进学校和驻区单位资源共建、人员共用、育培共担、技术共研、成果共享，全力构建融合共进、协同共进的发展格局。充分发挥牵头组建的陕西西安航空城职教联盟、共建的国家航空产业基地培训学院、数控技术服务中心等组织作用，将学校打造成为航空类杰出人才培养地、航空类技术技能人才再提升培训地。

服务国防建设，推动军民融合。传承军工基因，进一步争取中国人民解放军空军装备部的支持力度，密切学校与相关军工企业的联系，在飞机及发动机援助、技术服务、人员培训、毕业生招聘等方面扩大合作，全面构建新型"兄弟+伙伴"的合作机制。做强定向士官培养工作，力争承担海陆空定向培养工作，不断扩大定向士官培养军种和规模；做精退役军人培训工作，推进复员军人技术转型、技能提升。

两航双轨　推动人才培养提质培优

坚持军航、民航同步发展，不断做强军航、做大民航，按照航空工业调结构、强三基的要求，推动学校人才培养和技术技能服务与航空产业发展融合共舞。

创新培养机制，两航协同共育人才。充分发挥军工企业育人主体作用，扩大"订单班"、现代学徒制等培养模式规模，利用企业设备、技术、人员等优质资源，为企业自己培养技术技能人才，解决因军工保密等因素限制，学校教学设备、教学资料、师资队伍与航空行业企业新技术、新规范、新工艺无法同步的困难。深度推进与通航龙头企业合作深度和广度，紧抓国家大力发展通航新拐点，把握通航企业发展兴奋点，找准通航技术发展结合点，抢占通航类人才培养制高点，培养民航发展急需的杰出技术技能型人才。

军航"调结构"，民航"强三基"。主动适应"三教"改革、1+X证书制度试点等职业教育领域重大改革要求，军航领域持续优化航空制造、材料、维修专业结构，实现视情维修、军机升级换代新技术突破，建成航空高端制造中心、航空维修工程技术中心；民航领域落实基层、基础、基本功的"三基"建设目标，与重点民航、通航企业共建生产性实训基地、产教融合实训基地，建成通用航空飞行试验中心和通用航空应用中心。推动专业群建成国内能领先、国际有影响，建成一批国家级航空职业教育教学标准。

军航支撑"五代机"，民航瞄准"大宽体"。学校以建成航空机电设备维修、无人机维修技术两个专业群为引领，带动学校航空制造、航空材料、航空维修、航空服务、电子信息等专业集群发展，人才培养规格服务我国航空产业高端领域。助推四代到五代战机发展，培养一批高端飞机维修人员；助力"太行""昆仑"等型号发动机完善发展，为"长江"1000AX商用大涵道比涡扇发动机等提供人才支撑。按照C919、C929等民航大型远程宽体客机发展要求，同步做好人才培养和培训，成为航空类职业教育政策、制度、标准原创地，全面建成中国特色、世界水平现代高职学校。

融合发展　为航空产业基地发展增值赋能

主动对接航空产业基地发展，主动对接基地、服务航空、提升贡献，按照"区域规划一张图、集群发展一盘棋、融合发展一股劲"的要求，补齐航空产业基地发展短板，推动学校和基地协同发展。

对接基地，区域规划一张图。坚持"跳出双高建双高，围绕基地建双高"，学校主动融入航空产业基地发展，补齐航空产业基地产业链和发展短板。持续发挥已建成的3A级景区航空科技馆优势，补齐航空科普旅游短板，打造区域航空科普旅游新增长点；建设一批航空产业基地企业急需、教学短缺的高端实验设备、生产性设备，聘请区域航空高技术人才10 000人次，建立兼职教师库，实现了双方人员、设备、技术、管理、文化等方面融合共通。

融入基地，集群发展一盘棋。学校充分发挥国家航空高技术产业基地的核心区优势，坚持"跟进基地、补齐短板、服务航空"，坚持专业设置与航空产业和航空产业基地产业升级同步规划，对接航空产业集群发展，打造航空类专业发源地，形成以飞机机电设备维修、无人机应用技术等专业群为龙头，6个对接航空全产业链的专业群体系。为铁鸟等一批国家级重点中试平台、上海商飞、西飞公司等航空龙头企业培养一批杰出试验、生产、维修杰出技术技能人才。

依托基地，融合发展一股劲。学校坚持对接产业、融入行业，做优做精陕西航空职业教育集团，深度参与国家及省级行业组织，充分发挥学校牵头成立的"全国航空教育与航空产业对话论坛""国际航空职教论坛"、陕西航空行业与职业教育对话高峰论坛等活动，实现学校和航空城龙头企业资源共建、人员共用、育培共担、技术共研、成果共享，校企联合做大做强CCAR147等航空特色社会培训，在航空科普培训、航空技术人员再就业、技能再提升等方面，打造航空特色鲜明的西航培训品牌。

双轨融通　探索学历教育与培训工作融通发展

按照"完善学历教育与培训并重的现代职业教育体系"的要求，以打造"三师"素质师资队伍为重点，以专业教育和培训项目融通为核心，以教学资源融通为主要内容，以职业教育本科层次和专科层次教育融通为探索，打造具有航空特色类型教育的新高地。

打造"三师"师资队伍。学院在夯实教师"双师"素质基础上，努力打造一批通晓企业规则、深悉技术规范的"企业培训师"，全力打造"三师"教师。按照企业培训师素质要求，以培训工作反哺专业"双师"能力提升，促进专业教师企业技能提升，打造一批德技并修、技艺精湛的师资队伍。

推动培养培训相融合。优化专业设置，把市场供求比例、就业质量作为学校调整专业、确定培养规模的重要依据，参照培训需求，新设或优化专业结构；推动专业内涵建设，将企业培训要求的新技术、新规范、新标准引入到教学内容中。

构建资源融通。按照学历教育与培训工作的要求，建成四个一批，即：一批融入航空产业新技术、新工艺、新规范的航空类国家级职业教学标准；一批面向整机总装、部附件修理岗位等任务式教学项目；一批新型活页式、手册式教材；一批总师引领的专兼结合"双师型"教学创新团队。

探索本专融通。主动适应航空产业升级和技术变革，推动技术技能人才培养层次与航空产业链、创新链相衔接，培养具有复杂实际问题解决能力、批判思维能力、创新能力的专家型技术技能人才，推动学校升级不升格，实现航空类职业教育本科层次和专科层次纵向贯通。

增值赋能　加快优质教学资源扩容提质

学校不断优化专业布局和结构，深化教育教学改革，推动专业集群发展，推动政校企行多方协同育人，积极配合中资企业"走出去"，推进国际化合作办学水平。

校企协同育人。紧抓航空器及其动力装置换代升级、企业流程再造的新机遇，突出企业育人主体地位，全面推行现代学徒制。与航空龙头企业共建无人机模拟飞行实训室等一批实践基地，建成具有辐射引领作用的高水平专业化产教融合实训基地，共建航空特色产业学院。做精陕西航空职教集团，建成全国示范性航空职教集团，争创国家级航空职业教育改革试验区。

构建智慧校园。坚持全面信息化、适度智能化，利用"云物大智移"等新技术，按照"设施齐备、网络安全、系统融合、体验智慧、资源丰富、素养提升"的信息化建设需求，以提高管理效率、提升服务水平、突出教学应用为重点，以智慧校园建设为载体，构建校园管理智能化、校园设施数字化、课堂教学生动化、校园生活一体化的智慧化生态。

推动人才培养国际化。紧跟国际航空产业发展趋势和需求，立足航空区位和自身优势，实施"引进来、走出去、再提升"策略，在优质资源共享、标准引进与制订、留学生培养、服务培训、人文交流等方面开展国际合作。助力C919等国际化发展需求，按照"C919飞到哪儿，技术维修和人员培训跟到哪儿"建成一批国际航空类职业教学标准，助力航空职业教育走向世界，服务"一带一路"沿线国家和发展中国家建设，打造民心相通工程，促进人文交流，共享文明成果，推动学校国际化办学水平和影响力显著提升。

特色引领　打造航空职业教育原创地

学校将全面建成2个引领航空产业发展的世界水平专业群，成为世界航空技术创新的重要实践地，培养数以万计的支撑5代战机、大型远程宽体客机等航空技术升级的杰出技术技能人才，成为传播中华优秀文化的桥头堡，成为航空类职业教育政策、制度、标准的原创地。

打造航空职教政策原创地。主动适应国家职业教育改革发展和航空产业转型升级，在学校顶层设计、管理模式、服务保障等方面制订一批校本政策，推动学校在国家级教育教学成果位居全国前列，在航空职业教育方面国际范围内具有一定影响，引领和带动全国航空类职业院校协同发展。

构建制度原创地。依据航空类职业发展规律和学生成长成才规律，引入航空企业文化和管理制度，优化完善一批教育教学专项工作的规范制度，促进学校管理与企业管理相对接，为全国航空类高职院校提供一批可借鉴、可复制的规章制度。

创建航空职教标准原创地。牵头制订一批航空类国家级人才培养方案、专业教学标准、实验仪器标准、实习实训标准等，主持或参与制订一批航空类职业教育国际标准，开发国际通用的专业标准和课程体系，及时引进航空行业企业新技术、新规范、新工艺，推动航空类职业教育规范化、国际化。

机制创新　完善质量保障体系

学校主动作为，建立全国航空院校"双高计划"建设沟通平台，引领带动全国航空职院校共同发展，构建以专业群为核心的内部治理体系创新，建立以育人为目标的评价体系改革，为"双高计划"建设打下坚实的基础。

构建校企协同育人机制。瞄准航空工业前沿发展，发挥学院全国航空职业院校"头雁"效应，统筹"双高计划"建设专业群入选院校，建立由全国性航空行业、国内航空龙头企业、航空院校等组成的全国航空"双高计划"建设沟通平台，推动资源共享、优势互补、合作共赢，实现全国航空类职业院校协同发展。

构建以专业群为中心的管理机制。创新管理机制，完善专业群所在二级学院在人员招聘、资金预算、绩效分配等方面的自主权，压实专业群所在二级学院责任主体、质量主体责任；参照企业扁平化管理模式，构建以专业群为核心的管理体制变革，建立横向集约化专业群管理模式。依据航空产业集群发展，建立专业群内部专业动态调整机制。

推动专业集群发展。按照航空制造、航空维修、航空材料、信息技术、航空服务等产业链发展要求，建成对接航空产业集群发展的专业集群。以群建院，构建以专业群为基础的二级学院。参照企业事业部管理模式，建立组织扁平化、资源集聚化的矩阵式专业群管理机制。

（在陕西省职业技术教育学会2019年学术年会上的发言交流材料）

智能建造赋新能　高铁建设走世界

——高水平高等职业学校建设方略

王　津

学会电子信息类专业教学指导委员会主任

陕西铁路工程职业技术学院院长　教授

陕西铁路工程职业技术学院紧抓高铁大发展的良好形势，瞄准高铁、城轨高端产业，聚焦智能建造产业高端，组建高速铁道工程技术和城市轨道交通工程技术两个专业群，成功立项为中国特色高水平高职学校建设单位。

一、行业背景

"交通强国，铁路先行"是党和人民对交通发展的要求，也是铁路行业的光荣使命。我国"中国制造2025""互联网+"、新一代人工智能发展规划等实质性规划和政策，明确了智能建造成为未来工程建设和管理转型升级发展的方向，打通信息技术与传统建设接口，通过智能建造实现对工程规划、设计、施工、运营、维护全生命周期的智能管控，成为铁路工程建设管理的重要课题。运用BIM技术强化规划布局优化、物联网技术强化质量源头控制、智能手段强化工艺工序管理、自动化技术紧盯安全关键、实景模拟技术优化实施方案、协同管理技术优化施工组织、信息共享技术加强投资控制、数字航测技术建设生态文明铁路，智能建造是实现中国高铁建设升级发展的必由之路，是建设智慧铁路、交通强国的有力支撑。

二、建设思路

学院紧扣铁路行业发展趋势，确定了"智能建造赋新能、高铁建设走世界"的总体思路，按照引领改革、支撑发展、中国特色、世界水平的"双高计划"建设要求，坚持"根植铁路、立足西北、服务全国、走向世界"的办学定位，以一流党建为引领、以产教深度融合为主线、以深化教育教学改革为核心、以提升服务能力为关键，凝聚五种力量，实施十大工程，落实30项举措，实施"行业一流强基础、国内领先上平台、国际知名铸高峰"三步走战略，创建院校治理、三全育人、专业集群、社会服务及国际合作五大品牌，为"双高计划"贡献"陕铁方案"和"陕铁智慧"。

三、重点举措

优化内部治理体系，深化管理体制机制改革，坚持走校企合作、产教融合发展之路，紧抓"创新、引领、特色、国际"四个关键词推进高水平高职学校建设。

1. 创新——技术创新赋能产业发展

强化智能建造技术创新。聚焦高铁城轨智能建造关键技术，校企共建BIM技术、智能监测、无人机测绘、盾构施工、高铁施工、装备化施工等技术应用研究中心，构建集产学研用于一体的轨道交通工程技术创新平台。成立铁路工程施工技术技能创新专家委员会，形成技术创新运行机制，坚持"请进来"，引铁路施工龙头企业入校，促进校企人员、技术、文化融合；强化"走出去"，深入铁路施工一线、"一带一路"沿线铁路建设工地，找课题、找项目、做研发、做服务，深化校企合作，使学院成为铁路工程施工技术创新的"加油站"。

建设铁路培训学院。适应国家强技扩训需要，组建教学名师、技能大师和技术专家组成的高水平培训团队，紧盯中国高铁技术发展前沿，瞄准铁路企业新员工入职、新技术应用、业务能力提升，开发BIM技术应用、无砟轨道施工、钢轨探伤等精品培训项目，年均完成社会培训80 000人·日以上，形成学历教育与培训并举并重的职业教育办学格局。

2. 引领——专业集群引领同类专业建设

聚焦"三个升级"，创建专业集群品牌。紧抓专业内涵、实训条件和教学形态建设，鉴于铁路建设主要是线路、桥梁、隧道三大结构施工及全程需要工程测量和试验检测技术，提出了铁道工程类专业"五大基础能力+线桥隧施工技术+BIM技术创新"三级能力架构，聚焦智能建造，融入信息化测绘、装配式施工、动态化监测、信息化管理等关键技术，强化专业建设，做"强""高速铁道工程技术"专业群，做"优""城市轨道交通工程技术"专业群，形成建设有重点，发展有优势，工作有亮点的专业群建设局面。

深化"三教改革"，提升育人质量。构建基于1+X证书制度的人才培养方案，深化职业技能证书标准与专业教学的融合，强化育训结合。打造高水平教师教学创新团队，聚焦智能建造关键应用技术，建设开放共享的双语教学资源库，开发"教学做练考"于一体的活页式、手册式教材。深化模块化教学改革，紧抓资源丰富度、课堂活跃度和教学满意度推进课堂教学创新，建好教师教学空间和学生学习空间，构建校本"学分银行"，打造高效智慧课堂，形成常态化学生自主探究学习生态。

面向"三类人员"，创新分层分类培养。树立职业教育"类型教育"理念，探索中、高、本衔接贯通的人才培养模式。根据招生类别和生源特点按普通招生、社会人员、中外合作办学三类组织教学。普通招生班级中，组建普通班、铁成创新班、铁成国际班，实施分层教学。校企制定毕业标准，学制弹性灵活，课程菜单选择，实现学分积累和学分转换，探索出"标准不降、学制灵活、模式多元"的分层分类培养模式。

3. 特色——铁路特色育人质量享誉全国

打造协同发展"动车组",创建专业集群品牌。聚焦高铁、城轨智能建造产业,布局六大专业群。着力构建"高铁、城轨两个国内一流、国际知名专业群引领,铁路工程机械、铁路工程物流两个行业领先专业群支撑,铁道信号、铁路工程造价两个特色专业群协同发展"的三级专业群建设体系。建立专业群建设评价反馈机制和动态调整持续更新机制。联合全国铁道行指委、中国中铁、中国铁建、中国铁路总公司,开发一批国内广泛推广、国际认可应用的专业群建设标准、专业教学标准、课程标准、顶岗实习标准、实习实训基地建设标准等,在高水平专业群建设中形成"陕铁模式"。

构筑立德树人"大平台",创建三全育人品牌。营造校企"工匠精神融合、半军事化管理制度对接、铁路校园环境浸润"铁路工匠精神培育文化生态,构建"工匠精神引领、实践平台引路、技能竞赛引导、素质评价引航"的铁路工匠精神培养体系。聚焦铁路企业关键技术岗位,创新人才培养模式,重构"基础+核心+拓展"的课程体系,打造融高铁装配式桥梁建造、隧道(地铁)自动化掘进、BIM+GIS智能网络协同管理、无人机动态监测的智能建造实训基地和数字化教学工厂,创新人才培养模式,优化职业技能培养体系。强化劳动教育,深化创新创业教育,构建包含思想道德、科学文化、身体心理和发展性素质的学生综合素质考评体系,培养新时代铁路工匠。

4. 国际——高铁智能建造品牌走向世界

创建"国际化联盟",搭建铁路国际合作平台。集聚铁路施工企业、铁路类高职院校、中外合作职教联盟等单位的优势,联合中国中铁、中国铁建和铁路类兄弟院校,成立高铁建设人才培养国际化联盟,通过举办交流研讨会、承接海外培训项目等形式,搭建中外铁路院校和铁路企业信息互通平台,促进院校互访、教师互学、师生互换,推动铁路高职院校全方位多层次的国际交流与合作。

办好"萨马拉交通学院",培养国际化铁路人才。扩大中俄合作办学规模,覆盖所有铁路工程类专业,优选双方教学资源和标准,培养懂规则、通商务、会外语、精施工的国际化铁路技术技能人才。培养学生主要面向各铁路建设单位海外公司就业,成为"一带一路"沿线俄语国家铁路项目技术骨干。

成立"天佑学院",输出中国铁路标准。与铁路施工企业抱团出海,面向中国企业承建的肯尼亚蒙内铁路项目、菲律宾南线铁路项目、巴基斯坦呱达尔铁路项目等国家的项目,建设"天佑学院"。学院负责制定海外工坊建设方案,开发课程和培训包30个以上,承担人才培养培训工作;企业负责硬件建设和接收合格培训生,参与人才培养培训全过程。遴选业务骨干组建培训团,积极参与制定铁路建设与运营方面的职业教育国际标准,输出铁路人才培养的专业标准和课程标准,在国际铁路建设领域树立"陕铁品牌"。

四、预期成效

到2023年,学院进入国内一流高职的"领跑梯队",具备国际一流院校基本特征。一批专业形成明显优势和特色,高速铁道工程技术、城市轨道交通工程技术2个专业群实现国内引领、国际知名。建成国家级教师教学创新团队和产教融合技术技能平台，高铁建设类专业职业教育教学标准走向世界，形成一批教学改革和技术创新成果，建成复合型技术技能人才培养的示范高地、服务铁路产业升级技术创新的重要基地。

到 2035 年，学院整体办学实力达到国际一流，实现与世界一流院校的"比肩并跑"。骨干专业位居世界前列，汇聚一批职教领域拔尖人才、行业企业领军人才和活跃在国际职业教育舞台的优秀人才，打造一批具有世界领先水平的专业，在世界职业教育领域的影响力不断增强，成为中外闻名的铁路行业复合型技术技能人才培养培训中心。

（在陕西省职业技术教育学会 2019 年学术年会上的发言交流材料）

培养军工特质复合型人才　打造军工特色专业群新范式

——机电一体化技术高水平专业群建设路径探索

刘敏涵

陕西省职业技术教育学会副会长　学会教材建设工作委员会主任委员

陕西国防工业职业技术学院院长　教授

陕西国防工业职业技术学院1958年建校，1999年学院划转陕西省，由陕西省国防科工委管理，2001年升格为全日制普通高等职业院校，是中国兵器工业集团、国家国防科工局与陕西省"省部共建"院校、国家"一五"期间44项国防科技工业项目建设配套院校、西部唯一一所依托军工集团办学培养军工特质技术技能人才的高职院校、国家首批国防教育特色学校、陕西国防工业职教集团牵头单位、全国职业教育先进单位、全国现代学徒制试点院校、国防科技工业高等职业教育实训基地、国家优质专科高等职业院校，2019年获国家"双高计划"高水平专业群建设院校。

一、组群逻辑

（一）专业群紧密对接产业链，专业精准对应产业链环

面向军工高端装备制造业，对接产业链构建专业群，以"工程对象相同、技术领域相通、资源共享度高、岗位集群相近"为原则，兼顾专业发展的深度、广度和绩效，机电一体化技术专业对应智能控制链环，机械制造与自动化专业对应工艺设计、加工制造、精密装配链环，数控技术专业对应精密加工链环，机械产品检测检验技术和工业机器人技术专业对应智能检测和自动化物流仓储链环，实现技术技能人才培养供给侧和产业需求侧结构要素全方位融合，逐步实现从"对接产业、服务产业"向"支撑产业、引领产业"转变。

（二）定位培养复合型技术技能人才，军工特质鲜明

以满足军工高端装备制造业转型升级和区域经济社会发展需要为目标，把军工文化和工匠精神贯穿人才培养全过程，培养具有一定科学文化水平和良好职业道德，掌握先进制造领域的基础知识和技术技能，能够从事智能生产线安装调试与维修、军工装备控制系统开发与调试、兵器零件加工与检测、军工产品制造与装配、工业机器人应用与维护的德智体美劳全

面发展的"甘于奉献、技艺精湛、国际视野"军工特质复合型技术技能人才。

(三) 专业关联度高,资源充分共享

基于机电一体化技术专业对应链环在产业链中的"中枢"地位,机械制造与自动化和机械产品检测检验技术专业对应链环在产业链中"主干"地位,数控技术和工业机器人技术专业对应链环在产业链中的"关键"地位,构建了以机电一体化技术为核心,机械制造与自动化和机械产品检测检验技术为骨干,数控技术和工业机器人技术为支撑的专业集群。42 家国防科技工业企业与五个专业开展合作,同时录用三个以上专业毕业生的用人单位占比 62%,102 名教师群内共享,共享度达 57%,27 门专业课程共建共用,共享度达 48%,93 个校内外实训基地共同使用,共享度达 85%。形成了核心专业引领,骨干和支撑专业协同发展格局。

二、建设思路与目标

(一) 建设思路

以习近平新时代中国特色社会主义思想为指导,服务军工高端装备制造产业转型升级和结构调整,满足产业发展对技术技能人才的需求,按照"高新技术引领、全面深化改革、紧密对接产业、产教深度融合、凸显军工特色、提升育人品质"的理念,建设高水平的机电一体化技术专业群。

全面深化教育教学改革,实施九大工程。建设一个军工装备智能制造工厂,搭建信息技术与制造技术的融合平台;创新人才培养模式,培养红色军工传人;引入智能控制、智能制造、数字化制造、逆向工程、智能检测、工业机器人、工业网络与通信七大关键技术,构建动态模块化课程体系;军民融合共建五个实践教学基地,提升技术技能人才培养质量;打造一支德高业精、能高技强的高水平教学创新团队,引领教学模式改革;建设一个技术技能创新服务平台,深化产教融合,提升专业群社会服务能力;加强国际交流与合作,提升国际影响力和美誉度;形成产教融合、协同育人的长效机制,促进专业群持续健康发展。

(二) 建设目标

通过实施中国特色高水平专业建设项目,机电一体化技术专业群融入国防科技工业发展,与国防科技工业企业在人才培养、技术创新、就业创业、社会服务、军工文化传承等方面深度合作,建成国内一流、国际水平的复合型技术技能人才培养基地,国家高端装备制造业大国工匠和能工巧匠培养高地,国家军工技术技能创新服务基地。

2023 年,精准对接高端装备制造业,推动产教融合纵深发展,建成开放共享的课程教学资源,形成军工特色机电一体化技术专业群建设标准,形成产教融合长效机制和专业群可

持续发展的体制机制。复合型技术技能人才培养质量明显提高，科技创新和技术成果转化能力明显增强，成为国家高水平专业群建设发展的示范。

2035年，专业群达到世界一流水平，形成军工特色显著的专业群建设新范式，专业群综合实力位列全国前茅，成为职业教育的中国品牌。

三、建设内容

——"工匠精神引领、军工文化驱动"，培养军工特质复合型技术技能人才。首先，创新"校企七联动、工学七耦合"军工特质技术技能人才培养模式。一是融汇军工精神，实施"校企七联动、工学七耦合"人才培养模式；二是完善现代学徒制人才培养模式；三是实施军工企业新型学徒制人才培养模式；四是开展四年制高等职业教育试点，培养高端人才。其次，实施军工特有工种"1+X（4）"证书制度试点。一是探索军工复合型技术技能人才"1+X（4）"培养培训制度；二是建设军地应用型人才"学分银行"。

——开发动态模块化课程体系，实现优质教学资源军地共享。首先，构建"基础共享、核心分立、拓展互选"专业群课程体系。其次，技术引领、校企联动，建设多方共享教学资源库。一是以7大关键技术为核心，建设40门精品在线开放课程；二是引进国内外先进信息化教学资源，建设5个专业教学资源库，建设40门精品在线开放课程资源；三是建设军工行业、企业、学院三方共享数字化资源应用与管理平台，资源更新率每年不低于15%。

——"两线双元、分层施教"开发军工特色新型教材，打造职业教育高效课堂。一是整合序化、分层施教，开发军工特色新型教材；二是平台互动、自主建构，持续推进教法改革。

——"双驱四引、三方融入"，建设高水平教师教学创新团队。首先，"双驱四引"、优化结构，建设高水平教学团队。一是设立领军人才培育基金，开展军工行业领军人才建设；二是培养10名专业带头人；三是培养20名教学能力强、技术水平高，能解决生产技术难题的骨干教师；四是建立200人的兼职教师库；五是"双师"素质教师比例达到95%以上。其次，"三方"融入、重塑形态，培养教师教学创新能力。

——校、军、企合作共建实践基地，实境定向培养复合型人才。一是校军合作、实境定向，建设军队实践教学基地；二是校企共建、"五位一体"，建设企业实践教学基地；三是专产对接、虚实交互，建设校内实践教学基地。

——"大师领衔、五业贯通"，建设技术技能创新平台。一是大师领衔、传艺育人，建设工匠学院；二是"五业"贯通、融合发展，搭建产教融合平台；三是企校协同、双创并进，建设校企协同创新平台；四是产研结合、服务创新，建设中小微企业技术研发平台；五是"三创"融合、科技驱动，建设军民融合众创空间。

——"整合资源、拓宽渠道"构建技术技能培训体系，培养军地两用人才。一是面向现役军人、退役军人、企业员工、农民工"四个主体"，建立军地应用型人才培训体系；二是依托校企协同创新平台等五个技术技能创新平台，开展军地应用型人才技术技能培训。

——建设"两学院三中心"，服务"走出去"战略。一是集聚优质资源双向融通，开发国际水平的专业教学标准；二是建设"两学院三中心"，打造国际化技术技能人才培养平台。

——打造命运共同体，建设产教融合机制，保障专业群可持续发展。一是完善质保体系，形成专业群可持续发展机制；二是构建命运共同体，形成"政军行企校"互融共通机制；三是建设双创生态体系，形成创新创业新机制。

四、资金预算

科学规划和推进项目进度，建设周期共五年。项目总投入 1 亿元。其中各级财政投入 7 000 万元，行业企业支持 500 万元，学院自筹 2 500 万元。

五、预期效果

——建成技术技能创新服务平台，成为助推产业发展的"新动能"。对接国家级军民结合产业基地和国家航天产业基地，建成对接高端军工装备制造产业链的智能制造工厂，引入智能制造七大关键技术；建成 5 个实训基地，技术、设备行业领先；建成产业学院、校企合作工作站等技术技能积累训练平台，传承军工文化、传授精湛技艺。建成智能装备与控制技术研究所、军用无人机应用技术中心等 6 个技术技能创新服务平台，强化科技研发、成果转化，助推区域经济发展和产业升级。建设期内开展技术技能服务 25 项，申请专利 20 项，为企业创收 1 亿元，专业群实现科研收入 2 000 万元。

——全面深化教育教学改革，成为职业教育改革发展"领头雁"。将素质教育、创新创业教育融入人才培养全过程，准确定位人才培养目标，深化"校企七联动、工学七耦合"人才培养模式改革；构建"基础共享、核心分立、拓展互选"的专业群课程体系。建成《装甲车零部件数控精密制造》等军工特色课程；建成高水平创新教学团队，引领人才培养模式改革；"校、企、军"三方共建现代信息化实践教学基地，实现技术技能培养多元化；创新产教融合新机制，保障专业群可持续健康发展。完善教学保证机制，稳步提升教学质量。形成可推广的教学改革范式，引领职业教育教学改革发展。

——培养高素质技术技能人才，成为军工能工巧匠培育"新高地"。人才培养质量满足军工高端制造业、国防科技工业企业需求，每年在工匠学院、技能大师工作室、技术研发中心、校企合作工作站学习的学生数量不低于学生总数的 20%，传承军工文化，培养德高业精、能高技强的红色军工传人，每年培养能工巧匠 100 人，为国防科技工业企业输送优秀毕业生的比例由 30% 提升至 60%，就业率由 95% 提升至 98%，用人单位满意度提升至 98%。项目建设期内全国职业院校技能大赛获奖 25 项、互联网＋创新创业大赛获奖 13 项。专业群成为服务军工高端制造业能工巧匠培育高地。

——服务"一带一路"国家发展，成为国际合作与交流"中国品牌"。成立中国—巴基斯坦武器维修维护培训学院、中国—俄罗斯特种装备装备制造学院，输出中国职业教育教学标准，在世界上传播中国职业教育经验，打造世界职业教育的中国范本，提升在国际职业教育舞台上的话语权。依托新时代航天工匠型人才联合培养基地，与兵器 205 所、空军工程大学共建武器维修等 2 个技术应用中心，与中船重工 872 厂共建可靠性测试中心，实现技术引领创新驱动，服务中国国防科技企业"走出去"。对"一带一路"国家开展技术技能培训和学历职业教育，留学生人数达到100人，形成留学生培养品牌。引领全国高职院校国际交流与合作，成为国际交流与合作"中国品牌"。

（在陕西省职业技术教育学会2019年学术年会上的发言交流材料）

产教共育智慧文旅　匠心锻造国际品牌

——陕西职院旅游管理专业群建设思考

刘胜辉

陕西省职业技术教育学会副会长　创新创业教育教学指导委员会主任委员

陕西职业技术学院院长　高级会计师

陕西职院现有全日制在校生 13 219 人，教职工 658 名，毕业生就业率超过 96%。学院围绕"特色化、信息化、国际化""大合作、大联盟、大培训"办学理念，坚持"扎根西安、服务陕西、全国领先、世界一流，打造现代服务业特色人才高地"的办学定位，服务于国家战略、服务于区域经济社会发展，形成鲜明的办学特色。在 2019 年获批高水平专业群建设单位（B 档）的基础上，学院按照"对接产业，调整布局，以群建院，资源整合，跨院互动，共建共享"的发展思路，重点打造旅游管理高水平专业群，按照以点带面的思路，对标双高专业群建设标准分级建设物联网应用技术、跨境电子商务、建筑工程技术、新能源汽车、无人机应用技术、艺术设计、学前教育等特色专业群。下面就旅游管理专业群的建设汇报如下。

一、产教融合共同培育旅游管理专业群

1. 服务区域产业发展设置专业群

贯彻落实《国家职业教育改革实施方案》《国务院办公厅关于促进全域旅游发展的指导意见》和《陕西省人民政府办公厅关于促进全域旅游发展的实施意见》，以及《西安市关于加强文化建设促进文化旅游融合发展实施意见》，以促进文化旅游多业态跨界发展为目标，利用虚拟现实、人工智能、大数据等现代信息技术，对标产业，打造跨界融合的智慧型旅游管理专业群。我们将旅游与文化学院中旅游管理专业、文物修复与保护专业作为高水平专业群的核心专业，将艺术学院中动漫制作技术专业、会展策划与管理专业，电子信息工程学院中人工智能技术服务专业、虚拟现实应用技术专业作为高水平专业群的支撑专业，将专业群作为人才培养和资源配置的基层教学组织，不断提升专业群服务地方产业发展效能，为"全面建设自然山水和历史人文交相辉映的世界级旅游目的地"提供对口人力资源。

2. 深化产教融合校企共建专业群

以高端平台引领产学研深度融合，与陕西旅游集团、曲江文旅集团、白鹿仓控股集团等

企业合作建设智慧文旅实训基地；与西北大学、秦始皇兵马俑博物馆、陕西考古博物馆联合成立中国文物修复数字化研究基地。在校内建成周秦汉唐文化主题酒店、白鹿原五星餐饮实训基地、中国茶文化体验展示场馆，由师生运营团队管理；与 OTA 合作设立 10 个线下旅行社，引进大国工匠或非遗传承人成立工作室，创建文创产品工厂，建设学生双创孵化基地；形成集旅游管理、文创产品研究与开发等功能于一体的智慧文旅实践教学综合体。深化校企合作时，需制定重大事件决策理事会制度，保障校企双方师资、课程、实训条件等共享共通，进一步加强与地方政府、产业园区、行业企业之间的深度合作。

3. 特色复合型人才培养发展专业群

依托专业群培养复合型技术技能人才，不断增强学生的职业适应能力和可持续发展能力。文物修复与保护专业学生能够熟练掌握 3D 扫描溯源、GIS（历史地理信息系统）等技术，对陕西丰富的文物资源进行发掘、整理、修复、保护，充分利用陕西独有的"周、秦、汉、唐"历史文化资源，进行旅游文创产品设计、生产与营销的基础。人工智能技术专业和虚拟现实应用技术专业作为专业群技术支撑，紧贴人才培养技术能力的外部适应性，集成大数据分析技术、虚拟（增强）现实技术、区块链技术等现代信息技术，运用到人才培养全过程。通过分析客户特征、产品及服务反馈，AI（人工智能）+ AR（增强现实）体验等技术赋能，提升游客的体验感，引领带动智慧旅游、智慧文化等新产业新业态发展，将培养传统的导游人才，转变为培养旅游型企业需要的复合型技术技能人才。动漫制作技术专业通过开发具有浓郁地方历史文化特色的动漫影视文创产品，打造具有地域特色的文创品牌，实现文创产品设计特色化与制作技术的高端化。会展策划与管理专业聚焦灞桥区西安国际会展中心建设项目，依托"一带一路"职教联盟平台，开展沿线国家跨文化交流与合作，推介陕西特色文化旅游资源。

旅游管理专业群实行动态调整机制，从数量和质量上对群内专业发展进行评价，建立相应的调整管理办法和程序。及时跟踪区域经济社会发展变化，根据产业发展需求及时调整专业群方向和群内专业组合，绘制专业对接产业的"关系映射图"，研究开发专业对接产业的"契合度"模型，将"契合度"分析作为专业群与产业发展同步调整的重要依据，及时进行专业布局结构调整。将不适应专业群发展及产业需求的专业淘汰，吸纳支撑智慧文旅、数字旅游发展的新专业，实现专业链与产业链、创新链的有效对接，不断提升智慧型旅游管理专业群的建设质量。

二、匠心独运，精心打造国际品牌

1. 以学生复合型培养为目标，明确全面服务需求链

以陕西省旅游产业转型升级及人才结构、能力、岗位、素质需求为导向，以《西安市加强文化建设促进文化旅游产业融合发展三年行动方案（2020—2022 年)》中文化旅游供给侧结构性改革为依据，将全域旅游、文旅产业融合、文旅融合现代产业体系融入专业群建设中。基于此，我院旅游管理专业群通过优化专业结构、创新人才培养模式、重构课程体系、深化产教融合等途径，利用大数据分析、人工智能、区块链、虚拟现实等现代产业技术，培

养适合文旅产业融合业态的复合型技术技能人才。

2. 以培养复合型岗位能力为动力，建立人才培养能力链

按照"产教融合、分类分层、多元共育"的理念，创新匠心独运的"工六学四"人才培养模式，培养技术技能复合型旅游人才。校企共同制定人才培养方案、课程标准、优化课程体系，以现代学徒制规范为标准，与合作企业、校外导师共同编写教材，进行智慧文旅技术攻关项目研究，逐步探索并形成利益同享、风险共担、命运相连的"校企命运共同体"；将企业的真实运营项目融入到教学中，运用"内驱外动"教学，提高人才培养质量；积极探索运用数据分析技术，持续推进人才培养质量的提升；根据能力素质分析图谱调整相应课程，检验学生核心技能掌握情况，改进教学方式方法；合理分配课时，保证专业课程60%在企业以工完成，40%在学校以学完成，培养学生的工匠精神，提升学生的技术技能水平。

3. 以对标文旅特色岗位群关键，明确人才培养的岗位链

服务区域产业转型升级，满足区域企业现实需要，与学校自身发展相结合，深入调研陕西省旅游产业人才能力需求，结合现有专业布局，按照产业背景相同、学科基础相似、技术领域相近、就业岗位相似、教学资源共享、创新发展协同的原则，建设旅游管理专业群。扎根西安、服务陕西，打造全国领先的旅游产业特色人才培养高地，培养出既能做好传统导游、旅行社经营等业务，又能胜任旅游数据分析、人工智能开发、平台运营等工作，还能满足企业个性化定制服务需求的复合型技术技能人才。

4. 以学生能力提升为核心，构建模块化教学课程链

与陕旅、西旅、白鹿仓投资控股等集团企业合作，共同构建基层共享、中层分立、高层互选的"4平台+3模块"专业群课程体系。基层共享——基层平台包括公共基础平台和专业群通用平台。公共基础平台以思想政治课、文化基础课、军事理论课等组成，培养学生的通用能力；专业群通用平台针对专业群各专业的共性发展设立，主要包括专业大类共同的基础课程，重点培养学生的专业基础能力。中层分立——专业群技能平台为每个专业设置不同方向的课程，课程设置突出文化对旅游的思想价值引领，以企业文旅项目为牵引，采用双轨并行，通过企业的实际项目来侧重核心专业能力的培养。高层互选——专业群拓展平台是校企共同开发课程，培养学生多方面的辅助扩张能力，不同专业在校生及毕业生均可以根据兴趣选择课程，增强职业迁移能力。"3模块"包括技能大赛、创新创业和人文素养模块。技能大赛模块是对岗位综合能力和职业素养的强化提升，全员参与，与职业资格标准融合，课岗证融通；创新创业模块侧重旅游创新思维、自主创业和学生职业生涯可持续发展的知识储备；人文素养模块包括公共选修、社会实践、传统文化和校园文化素养教育四个部分，突出文化素养培养，增强学生更基础、更广泛、更深厚的文化自信，满足学生个性化发展。

5. 以匠心独运成就品牌，形成文旅职业教育品牌链

构建文化交流枢纽，为境外文博类企业提供技术服务和产品咨询，推进国际交流与合作的纵深度，建设世界文明交流窗口，扩大院校"朋友圈"。在丝绸之路沿线中亚、东南亚国家建设"华夏文旅工坊"，开展技术输出、国外培训，输出中国标准；在课程建设中加入

"一带一路"相关知识,在人才培养中加入师生互换,加强文化交流;最终实现在人才培养模式、课程建设、教学标准、文化引入与输出等方面的"陕职教育品牌",开创国际交流与合作新局面。

蓝图已绘出,奋进正当时!在职业教育向类型教育发展的"转型期",陕西职院坚持以习近平新时代中国特色社会主义思想铸魂育人,牢牢把握高水平专业群建设的难得机遇,持续在制度、机制、标准等方面深化改革,将"三教"改革作为深化内涵建设的切入点和突破口,积极探索技术技能教育新模式,大力推进中国特色职业教育模式的理论化、系统化和标准化建设,在全国形成独树一帜的智慧文旅专业品牌,努力培养具有国际视野和竞争力的技术技能人才,贡献职业教育发展的"中国道路""中国方案",形成一批在"一带一路"沿线国家可推广、可借鉴的教学标准及培训标准,为中国特色、世界水平职业教育体系发展与完善积极探索,贡献力量。

(在陕西省职业技术教育学会2019年学术年会上的发言交流材料)

打造高水平专业群　服务产业高端发展

刘予东

陕西省职业技术教育学会副会长
学会校企合作与集团化办学工作委员会主任委员
陕西能源职业技术学院院长　教授

一、光荣使命

陕西能源职业技术学院肇始于1953年的"西北煤矿工业学校",至今已有66年的办学历史。建校以来,以服务国家支柱产业为己任,"咬定煤炭不放松,依托行业办教育",发扬并践行"拼搏奉献、求实创新"的太阳石精神,为行业和地方培养输送了10万余名优秀技术技能人才。把行业办学特点转化并发展为学院办学优势和特色,是学院几十年办学的价值和优势所在,已经成为学院厚积薄发,不断成长的动力源泉。

近年来,学院以省级示范院校建设、优质院校建设、四个一流建设、创新行动计划、诊断改进等项目为依托,持续推进教育教学改革,形成了全日制教育、继续教育、职业培训等多层次、多形式的职业教育体系。学院紧跟煤炭产业链延伸、煤炭清洁利用和煤炭智慧化开采等产业发展趋势,对接煤炭产业高端化发展,建成了结构合理、体系完整、优势突出、特色鲜明的煤炭类专业体系,具备了全面服务煤炭产业的专业优势。

12月10日,国家"双高计划"建设项目院校正式公布,学院成功入围国家"高水平专业群"建设单位,"煤矿智能化开采与清洁利用专业群"成为全国唯一入选的煤炭类专业群。服务煤炭产业高端化发展,打造煤炭职教"中国标准",引领同类院校发展,既是"双高计划"赋予我们的使命,也是我们的责任担当。

二、建设目标

1. 总体目标

贯彻落实《国家职业教育改革实施方案》《教育部　财政部关于实施中国特色高水平高职学校和专业建设计划的意见》等文件精神,以立德树人为根本,创新人才培养模式、重构课程体系、锻造高水平教学团队、完善教学资源条件、开展国际交流合作,建设人才培养质量高、产教融合密切、服务能力和国际影响力突出的煤矿智能化开采与清洁利用高水平专业群,成为能源化工产业高素质技术技能人才培养培训基地，煤炭产业技术技能积累的重要资源聚集地，产教融合、协同育人体制机制创新示范基地，引领煤炭职业教育发展，打造煤炭职业教育"中国标准"，为促进区域经济社会发展和提高能源化工产业国际竞争力提供优质人才资源支撑。

2. 重要指标

（1）人才培养
- 参与煤矿智能化开采与清洁利用 1+X 证书等级标准制定，开展 1+X 证书制度试点；
- 国家级现代学徒制、企业新型学徒制试点；
- 获国家级技能大赛奖项 8 项；
- 获国家级创新创业大赛奖项 2 项；
- 获国家教学成果奖 1 项。

（2）教学资源建设
- 专业群标准库 1 个，技能等级标准学习库 1 个；
- 专业群国家级教学资源库 1 个，国家精品在线开放课程 2 门；
- 开发国家规划教材 8 部，活页式、工作手册式教材 15 部，立体化教材 35 部。

（3）教师团队建设
- 培育专业群企业带头人 3 名，培育（引进）行业知名技能大师 2 人；
- 培育（引进）国家教学名师 1 人或国家万人名师 1 人；
- 建设国家级教师教学创新团队 1 个。

（4）实践教学基地
- 国家级创新实践基地 1 个；
- 高水平"煤炭智能化开采与清洁利用"虚拟仿真实训基地 1 个；
- 与陕煤集团、延长集团等企业合作共建产教融合实训基地 1 个。

（5）技术技能平台
- 建成省级重点实验室 1 个；
- 校企共建"煤炭智能化开采与清洁利用"关键技术研究中心 1 个；
- 建设国家级创新技术协同中心 1 个；
- 建成国家级技能大师工作室 2 个，建设 4 个博士工作室；
- 年技术服务到款 500 万元以上。

（6）校企合作
- 推进能源化工职教集团实体化运作，打造国家示范职教集团；
- 助推 10 家企业入选国家产教融合企业库；
- 为企业员工开展培训 6 000 人次/年；
- 社会服务产生经济效益 10 亿元。

三、建设思路

1. 专业群建设方向要适应产业高端化发展

（1）业态变化决定组群逻辑

随着煤炭产业向清洁化、低碳化、高端化方向转变，新一代煤气化、液化、热解、合成等关键技术不断涌现，煤炭产业将在同一工业园区内流程化实现煤炭智慧开采、煤油共炼、煤提取煤焦油与制合成气一体化和煤炭资源综合转化。学院按照"立足煤、发展煤、延伸煤、超越煤"融合发展模式，对接煤炭智慧开采与清洁利用产业链，以"教学资源共建共享、职业岗位相近相连"的方式，组建煤炭智慧开采与清洁利用专业群。

（2）产业高端化决定专业群发展目标

专业群的发展目标要与产业发展相适应，不断优化专业布局与专业结构，提升信息化应用水平，围绕煤炭智慧开采与清洁利用产业链需求，以市场为导向，紧跟国家经济发展，依据群专业建设优势与行业特色，建设"对接产业、基地共建、人才共育、过程共管"的高水平专业群，培养"基础实、知识新、能力强、素质高"的高素质复合型技术技能人才。

2. 专业群建设内容要对接产业高端化发展

（1）培养方案对接产业高端化

以产业高端化需求为导向，编制专业群人才培养方案。建立专业群"大类培养、多元发展"人才培养模式。对接岗位群需求，紧跟职业岗位能力发展需要，将新技术、新工艺、新规范全面引入专业领域，强化创新能力和实践能力培养，将职业岗位标准引入课程教学过程。

（2）专业建设对接产业高端化

开展专业群建设，破解"小专业"建设与经济社会"大产业"发展之间的矛盾，是新时代职业教育高质量发展的必然要求。煤炭类专业群对接产业高端化发展建群，对接煤炭产业发展需要的主要岗位设置群内专业。通过市场需求调研、就业市场分析、毕业生跟踪调查、用人单位满意度调查、学生能力测评情况分析等工作制度体系，利用大数据平台，实时采集专业运行状态数据，统计、分析、检测专业建设状态，及时反馈与改进。

（3）课程建设对接产业高端化

围绕煤炭产业高端发展技术（服务）领域，以煤炭智慧开采与清洁利用为核心，以服务共性需求、遵循同一认知规律为原则开发课程平台，构建"底层共享、中层融合、上层互选"的"宽基础、多方向"的培养课程体系和"共性选用、个性定制"的培训课程体系。

（4）教材教法对接产业高端化

在产业高端化背景下，课程标准应该符合岗位工作标准要求，并能随着岗位工作标准的变化而及时更新。因此，要建立以纸质教材为核心、以互联网为载体、以信息技术为手段，建设以学习者为中心的立体化教材体系。

在教学方法上，依托产教融合实训基地，采用虚拟仿真教学、任务式等教学方法，实现面向企业真实生产环境的任务式培养。采用物联网、大数据、泛在网络、智能学习终端等实施智慧课堂教学，变"以教为中心"为"以学为中心"，变"共性"为"个性"，激发学生学习兴趣和潜能。

（5）教学团队对接产业高端化

教学团队是专业群建设的核心，有高水平的教师队伍才能保障高质量的人才培养。要对接产业发展，整合专业教师资源，以"培、育、聘、引"为重点，打造新时代"双师型"教师队伍。以培养适应产业需求的创新型、复合型、应用型人才需求为目标，打破原有"校—院—专业"架构，与煤炭行业龙头企业合作建设由技术型企业技术专家、跨专业骨干教师和生产型企业技能能手构成的结构化教学创新团队。

（6）质量评价对接产业高端化

行业企业作为用人主体，在人才培养质量评价方面最有发言权。要建立以用人单位为主体的专业群建设指导委员会，完善"快速反应、同步跟进、动态调整"的专业群内专业设置遴选与调整机制和第三方评价机制。以专业群构建人才培养模式改革、课程体系构建、教学团队建设、实践条件建设、建设成效等为指标建立专业群评价体系，以用人单位为主体，利益相关方共同参与，构建科学规范、适应产业发展的专业群评价机制。

3. 专业群建设成效要服务产业高端化发展

（1）创新人才培养培训模式，支撑产业发展人才需求

建成"对接产业、基地共建、人才共育、过程共管"的高水平专业群，为产业发展输送高水平高素质技能人才。建立"宽基础、多方向"的学历教育课程体系，培育新时代复合型技术技能人才。建立"共性选用、个性定制"的职业培训课程体系，培养符合产业发展的新型技术工人。推动学历教育与职业培训共同发展，构建产教融合、校企合作、工学结合、知行合一的共同育人机制，形成"分类培养、分层教学、分类成才"的人才培养和培训模式，为产业发展培养知识型、技能型、创新型劳动者大军。

（2）建成技术技能创新平台，服务产业发展技术需求

以政、行、企、校深度合作为纽带，以信息化技术为基础，以智能化服务体系为支撑，以开放共享机制为保障，按照"资源共享、机制灵活、产出高效、合作共赢"的原则，建成由应用技术协同创新中心、创新实践基地和各类大师工作室组成的多元化技术技能创新服务平台，实现创新成果与核心技术产业化，充分发挥科技攻关、智库咨询、产品研发、工艺开发、技术推广、大师培育等功能，服务产业发展技术需求。

（3）输出中国煤炭职教标准，服务产业国际发展需求

紧扣煤炭类企业"走出去"的需求，主动适应项目所在地技术生产与技术创新需求，对照国际标准体系，精准对接相关企业技术标准体系，建立中国煤炭职教标准，为企业"走出去"战略提供国际化复合型技术技能人才支撑，拓展海外就业市场，提升产业国际竞争力和职业教育国际影响力。

四、主要举措

1. 以群建院，给予专业群自主权

煤矿智能化开采与清洁利用专业群以"共同投资，共同所有，共同管理，风险共担，利益共享"为基本原则，与行业龙头企业合作共建煤炭与化工产业学院。从根本上解决专业群内跨院系、跨专业所带来的资源共享难以实现、运行机制不畅、形聚而神散等问题。

2. 大类培养，打破群内专业藩篱

推进实施"大类培养、多元发展"人才培养模式。打破专业差异，融合交汇多领域人文知识，扩展学生知识和技能，调动学生内在成长动力，满足学生个性化发展需要。深入推

进实施 1 + X 证书试点，全面推广现代学徒制、企业新型学徒制。

3. 产教对接，实现专业群动态调整

建立由政行企校组成的专业群建设委员会，负责专业群建设顶层设计，通过年度定期磋商和研究，制定发展规划，紧跟产业发展动态，对接新产业、新业态、新技术、新工艺、新规范，动态调整专业群的专业构成、专业内涵、专业评价机制等方面的内容。

4. 校企联动，建设立体化教学资源

校企联合制定煤矿开采技术专业群建设指标体系、教学标准、课程标准、职业标准等专业建设标准；校企联合开发"煤炭智能化开采职业技能等级标准""煤化工职业技能等级标准"和"煤矿机电设备运行与维护职业技能等级标准"；校企联合建设煤炭职业教育资源库、培训资源库；校企联合开发活页式、工作手册式教材等。

5. 人才共享，优化教学与管理队伍

努力建成一支师德高尚、素质优良、技艺精湛、结构合理、专兼结合的高素质专业化"双师型"教师队伍。以培养适应产业需求的创新型、复合型、应用型人才需求为目标，打破原有"校—院—专业"架构，建设高水平跨专业教师教学创新团队。校企联合培养能够改进企业产品工艺、解决技术难题的骨干教师和具有绝技绝艺的技能大师。支持优秀的企业管理人员到产业学院任职，将企业管理理念和文化融入教育教学管理。

6. 积分管理，创新考核评价模式

建立健全崇尚实干、带动担当、加油鼓劲的正向激励体系。对积极干事创业、工作业绩突出的教师给予更多的政治关怀和物质奖励。实施积分制管理，为改革担当者撑腰，为干事创业者赋能，让只争朝夕、干事创业的精神成为主流。

五、问题与建议

在产教融合、校企合作方面，国有企业的积极性不足，希望省委、省政府在政策上给予大力的引导、激励与支持。

在贯通职业教育体系，推进中高本一体化方面，希望省教育厅支持我省"双高计划"建设学校在专业群内试点职业本科教育。

在建设资金上，希望政府给予高于教育部投入的配套支持；建议省教育厅将我省"双高计划"建设学校全部纳入"四个一流"建设学校范围，享受同等经费支持。

未来，我们将努力把学校建成能源化工和医疗卫生类高素质技术技能人才培养培训高地，实现由追踪产业发展、对接产业发展到引领产业发展的转变。舞起煤炭职业教育改革的龙头，下好煤炭职业教育改革的先手棋，打造煤炭职业教育"中国标准"，引领煤炭职业教育发展，为促进区域经济社会发展、提高能源化工产业的国际竞争力提供优质人才资源支撑。

（在陕西省职业技术教育学会2019年学术年会上的发言交流材料）

持续深化产教融合　建设高水平专业群

——基于产教融合的高水平学前教育专业群建设路径的思考

杨卫军

陕西省职业技术教育学会副会长

学会国际交流与合作工作委员会主任委员

咸阳职业技术学院院长　教授

"双高计划"建设意见开宗明义指出："强力推进产教融合、校企合作，聚焦高端产业和产业高端，重点支持一批优质高职学校和专业群率先发展。"产教融合作为"双高计划"建设的五项基本原则，要求创新高等职业教育与产业融合发展的运行模式，精准对接区域人才需求，提升高职学校服务产业转型升级的能力，推动高职学校和行业企业形成命运共同体，为加快建设现代产业体系，增强产业核心竞争力提供有力支撑。咸阳职业技术学院将把"产教融合"作为高水平学前教育专业群建设的"密钥"，围绕"引领改革、支撑发展、中国特色、世界水平"的高水平专业群建设总目标，以若干关键举措助力学前教育专业群发展，引领专业群发展服务国家战略、融入区域发展、促进产业升级，为建设教育强国、人才强国做出积极贡献。

一、基本情况

咸阳职院学前教育专业群包括学前教育、早期教育、英语教育和音乐教育4个专业，其办学历史可以上溯到创办于1937年的省立邠州师范学校，距今已有80多年。2004年伴随陕西省原4所中师中专学校整合升格咸阳职院，学校设立教育科学系，举办高职层次师范类专业，到2010年设立师范学院；2005年开设英语教育专业，2011年开设学前教育专业，此后相继设立早期教育、音乐教育等专业，构建形成了"一轴两域三层"（即0～6岁1个教育时间段；英语、音乐2个学科；高职、五年制高职、继续教育3个教育层次）的学前教育专业群开放式架构。目前，学前教育专业群在校学生3 000多人。近年来，学前教育专业群先后培育出系列办学成果，承办全国职业院校技能大赛学前教育专业教育技能赛项，荣获赛项一等奖；连续三年高质量承办陕西省高职院校学前教育专业教育技能大赛；获批建设陕西省一流专业；被教育部认定为全国高职骨干专业。

二、建设目标

学校优选我国学前教育领域头部企业，对标"高端产业"和"产业高端"，遵循产教融合、校企合作的思路，校企双方通过教育资源与产业资源的深度融合，围绕体制创新、课程重构、人才培养、特色培育等重点内容，推动教育理念、培养模式、教学成果、社会服务、国际合作等创新，实现产业链、创新链与教育链、人才链的有机衔接，着力合力将咸阳职院学前教育专业群建成引领改革、支撑发展、中国特色、世界水平的专业群。

（1）提升学校发展格局。以实施"双高计划"建设为有利契机，探索学前教育专业群高质量发展的实现路径，在国际职业教育发展前沿找准定位，打造中国职业教育国际品牌。

（2）构建校企命运共同体。体现校企双元办学主体，发挥政、校、行、企、园等多方优势，建设学前教育产教融合平台，在人才培养、技术创新、就业创业、社会服务、文化传承等方面开展全方位合作。

（3）实现要素全方位融合。对接现代学徒制、1+X证书制度试点、国家学分银行建设等职业教育重大政策，创新人才培养模式，实现人才培养供给侧与产业需求侧结构要素全方位融合，重构"新职教""新师范""新学前"人才培养体系。

（4）探索智慧职业教育新形态。充分利用智慧教育领域的新科技、新装备，以"新技术+专业"的新模式，打造贯穿教学的全生命周期智慧质量保证体系，培育学前教育专业群核心特色。

（5）提升专业群服务社会能力。厚植经济社会发展需要，校、企、园等多方协同培养学前教育领域急需的厚基础、宽口径、强实践的高素质技能人才，更好服务国家"一带一路"倡议和学前教育事业发展战略，服务区域经济社会发展需要，服务现代职业教育国家化需要。

三、建设内容

学校联合学前教育领域的合作企业和产业联盟，深化产教融合，成立产业学院——卓越幼师学院，校企双方在双主体育人、现代学徒制、教学训一体、名师工作室、幼儿园办学等重点建设项目上，发挥主体作用，确保专业群建设的高水平和高质量。

（1）文化育人，构建职业素养养成体系。基于思政课程和课程思政育人要求，按照知识、能力、素养三位一体思路，推动学前教育专业群的课程思政改革，建设职业素养养成优质课、通识课和课程库，培塑具有咸师特色和影响力的专业品牌、课程品牌。

（2）书证融通，推行1+X证书制度试点。联合高水平院校、知名幼儿园所、行业组织和企业，共同开发学前教育专业群相关职业技能等级证书标准，率先试点完善。贯通专业人才培养方案与X证书标准，参建学分隐含，推动学分互认。

（3）综合改革，打造学前教育"金课"体系。基于学前教育专业群各专业人才培养方案，对接各专业教学标准，按照模块化、结构化的课程逻辑，构建面向岗位典型工作任务的专业课程体系，开发能工作、体系化、有动力的学前教育专业群"金课"资源。立足"三教"改革，优化教材开发规划，研发新型活页式、工作手册式等新形态教材，开发教材配套信息化资源。

（4）科技赋能，构建专业群智慧教育平台。充分利用信息化、数字化的技术装备和手段，建设集智慧课堂、虚拟仿真、智能园所于一体的智慧教学环境，推动智慧教育成果转化，凸显新科技赋能新职教。

（5）人才强群，培育学前教育专业群教学创新团队。紧扣高水平双师型教师队伍建设要求，推行准入制，制定高水平专业群教师队伍任职标准，成立集培训、研修、交流、咨询等于一体的专业群教师发展中心，用足用好国内外优质资源，致力培育国家级教师教学创新团队。

（6）赛教结合，先行先试专业群人才培养新模式。巩固扩大学校在学前教育专业国家级、省级技能大赛方面的承赛、竞赛成果，校企联合创设对接职业技能等级证书的大赛项目，推进竞赛成果向教学资源的转化，开发赛教融合课程群。借助大赛遴选优秀学生，组建卓越幼师班，推动实现以赛促教、以赛促学、以赛促改。

（7）园校融合，筹建高标准示范性幼儿园。建设建筑面积约 5 000 平方米的学前产教融合综合体——附属幼儿园，承载实践教学、师资培养、教学研究、服务区域等功能，开发具有产业引领作用的特色园本课程，形成园校融合发展新模式。

（8）强化服务，彰显高水平专业群社会价值。服务国家战略需要，成立"一带一路"学前教育发展联盟，输出学前教育的中国模式和中国标准。服务区域经济社会发展需要，深耕西咸，开展面向国省市县乡村的多级幼儿教师培训项目。服务现代职业教育发展的国际化需求，与学前教育发达国家和地区紧密对接，遴选教师出国出境研修培训，鼓励学生出国出境学习深造，推动职业教育的跨国界、跨文化交流。

四、保障措施

（1）创新体制机制。在师范学院先行先试，深化两级管理改革，推动管理关口前移，清晰界定权责利，激发办学活力，使其成为办学主体。落实以群建制，以学前教育专业群作为基础单元建设师范学院，赋予其在对接行企、对接市场、对接园所方面的自主权。在产业学院探索企业特区制，学校对企业特区办学有监督权、评价权，企业在特区内拥有教学组织实施、教学过程管理、专业发展管理的裁量权、调整权，企业对特区建设承担主要责任和义务。

（2）加强经费保障。按照央财、地方、学校的分担投入办法，学校将足额优先保障高水平专业群建设经费，专项用于学前教育专业群建设，重点支持产业学院、附属幼儿园、教学成果培育、师资队伍培训研修等项目。建立经费使用绩效评价机制，确保经费支出透明公开，使用高效合理。

（3）强化组织领导。学校成立"双高"建设领导小组，承担项目建设的统筹协调、指导评价、监督考核等职能。特聘全国学前教育领域的行业、企业、高校、政府的专家学者，建立"双高计划"建设项目智库组织，构筑高水平学前教育专业群建设的强大外脑，借力生力，借智生智，专门为项目规划研定、专项实施、路线设计等提供高端的决策咨询服务。

五、问题思考

虽然在长期的办学实践中,学校学前教育专业群形成了较好的办学基础,在"双高计划"建设方面也作了思考研究。"双高"是一项全新工作,标准高,任务多,责任重。与国际国内学前教育事业发展相比,与学前教育专业实力特别雄厚的先进院校相比,与中国特色、世界水平的高水平专业群建设要求相比,我校学前教育专业群建设发展也面临一些困难问题。一是办学理念仍需持续更新,学前教育专业群建设理念应该与学前教育事业、产业、企业、园所发展俱进,与职业教育、师范教育、继续教育改革发展俱进,以新理念办新职教、新师范、新学前。二是基础条件仍需持续改善,专业群的校内实训室功能布局需优化,总量需增加,信息化水平需提高,附属园建设需加快推进。三是社会服务仍需持续强化,服务格局上需要逐步实现从服务西咸走向服务全国、服务"一带一路"倡议转变,服务水平上需要加快实现从规模型到效能型转变,服务视野上需要尽快从内向型调整转向国际化。

咸阳职业技术学院通过遴选成为"双高计划"建设院校,在学校发展历程中具有里程碑的意义,标志着学校伴随着国家职业教育改革发展进入了"双高"时代。学校将紧抓"双高计划"建设契机,秉承厚德强能、育人惠民校训,坚持立德树人根本任务,坚持产教融合工作主线,坚持标杆引领不懈追求,解放思想,改革创新,奋力实现高水平学前教育专业群的建设目标。

(在陕西省职业技术教育学会2019年学术年会上的发言交流材料)

服务国家交通发展战略　建设一流高职交通名校

杨云峰

陕西省职业技术教育学会副会长
学会学校党建及文化素质教育咨询委员会副主任
陕西交通职业技术学院党委书记　教授

一、交通强国与教育强国战略呼唤交通技术技能人才的培养

1. 交通强国战略的需求

党的十九大报告明确提出建设"交通强国",这是新时代党和人民赋予交通运输行业的光荣使命。建设交通强国,动力源泉在于创新,创新之路依靠人才。交通人才战略是交通强国建设第一战略。

2. 全国教育大会的指引

在 2018 年 9 月 10 日召开的全国教育大会上,习近平总书记对加快推进教育现代化、建设教育强国、办好人民满意的教育做出了全面部署。

3. 学校的办学定位与特色

在 66 年办学历程中,学校始终以立德树人为根本,植根交通行业,形成了"立足交通、服务交通、支撑交通、引领交通"的办学定位,着力培养思想认识有境界,理论知识有基础,专业技能有特长,后续发展有潜力的交通行业技术技能人才。

二、服务交通强国,践行优质发展,建设特色鲜明的一流高职学院

统筹考虑创新发展行动计划、国家优质校、陕西一流学院、现代学徒制试点和诊断改进试点项目,制定了立足交通优势,提升专业产业协同发展能力;瞄准综合交通,提升专业服务产业转型升级能力;借力国家项目,提升专业改革创新能力;拓展文化育人,全面提升学生综合素质;共享校内资源,提升技术积累与社会服务能力;依托"一带一路",提升职业教育国际影响力等"六大提升"的学校优质发展方针。

1. 立足交通优势,提升专业产业协同发展能力

一是依托陕西交通物流职业教育集团,发挥"两厅共建"的管理体制优势,创新合作

方式方法，探索混合所有制办学模式，提高产教融合、校企合作水平。

二是以人才共育、教育服务为契合点，吸引中铁一局、杭港地铁、一汽大众等知名企业，实现资金留校、人员驻校、设备入校，累计吸收社会资金3 300万元。

2. 瞄准综合交通，提升专业服务产业转型升级能力

一是针对产业升级，不断优化专业结构。投入1.6亿，升级改造道路桥梁工程等传统优势专业8个，新建智能交通、新能源汽车、机场场务技术与管理等新技术专业7个，撤销不适应产业布局专业6个，形成了契合产业发展、覆盖特色鲜明的综合交通专业结构布局。

二是针对需求升级，提高人才培养契合度。引入行业企业生产标准和国际标准，着眼学生终身学习和长线发展，强化双创教育，进一步优化人才培养体系。

三是针对技术升级，加快实训基地建设。面向交通智能化、互联信息化、服务区域化、创新全程化的需求，建成了道路BIM、新能源汽车、轨道交通协同创新中心等70个校内实训基地。

四是针对培养升级，加快师资队伍建设。强化名师引领作用，建立教学名师、技能大师、工匠工作室；着眼教师长远发展规划，建立名师、能手、新秀三级培养机制；激发人才活力，创新和完善教师评价体系，全面提升师资队伍水平。

3. 借力国家项目，提升专业改革创新能力

一是以国家首批现代学徒制试点为依托，创新人才培养模式，探索与实践招生招工一体、校企协同育人的新机制。

二是主动承担创新发展行动计划，统筹推进43项任务和15个子项目，深化内涵创新发展，在体制机制改革、教师队伍建设、创新创业教育等方面取得明显成效。

三是入选全国首批诊改试点院校，以质量改进为内生动力，形成了自我诊断、持续改进的质量保证体系，提升了现代治理水平，为保障人才培养质量奠定了基础。

四是依托全国首批诊改试点，加速智慧校园建设，持续投入近2 000万元，搭建智能网络和应用平台；投入700余万元，主持及参与建设3个国家专业教学资源库，建设4门省级专业教学资源库和6门校级专业教学资源库，建设40门在线开放课程，有效推动了教学信息化改革。

4. 拓展文化育人，全面提升学生综合素质

一是倡导"吃苦实干、爱岗敬业、默默奉献、图强创新"的"铺路石精神"，塑造交通特色鲜明的校园文化。

二是依托学校深厚文化底蕴，彰显新时代工匠精神，实施"一院一品"工程和专业文化塑造活动，培养主人翁精神，重视管理者的引领作用、先进人物的示范作用，将陕西交院精神内化为师生的信念和行为准则，实现了学生能力和素养"双提升"。

三是全力推进"教赛结合"，建立"学生全参与、专业全覆盖、赛项全对接"的三层技能大赛培育机制。近两年，学生在世界VEX机器人大赛、美国蓝桥杯软件大赛和全国职业院校技能大赛中屡获大奖。1名学生获"中国大学生自强之星"、1名学生的创新创业事迹被央视报道、2名毕业生被省政府授予"劳动模范"、2名毕业生获省级"能工巧匠"称号。

5. 共享校内资源，提升技术积累与社会服务能力

通过"两个基地""三个中心"，广泛开展继续教育与培训服务、技能鉴定、技术服务、企业考评等活动。学校连续 2 年荣获全国高职院校服务贡献 50 强。

6. 依托"一带一路"，提升职业教育国际影响力

一是作为丝绸之路职教联盟成员、"中韩项目"、中德"SGAVE"项目单位，争取国际合作平台、加大教师培训力度、推进学生深层次多样化交流。

二是参与教育部职教走出去试点，与南非等国签署协议，探索职业教育试点项目教学标准建设，为开展外方教师来华培训和建立海外学院做好了前期准备。

在建设过程中，瞄准"八大着力点"，即：专业建设永不止步、大赛提升学生培养、教学条件软硬兼顾、校企合作大力推进、招生就业纵身谋划、教师能力常抓不懈、标志成果着力培养、绩效考核保障质量，形成了"抓顶层设计、抓方案执行、抓整改提高、抓特色形成、抓亮点培育"的"五抓特色"。

三、思考与展望

1. 高职教育发展定位问题

怎么去定位新时代的高职教育？关键在解决好"我是谁、成就谁、服务谁"三个问题。

"我是谁"？答案集中在两个字上：一个是"高"字，一个是"职"字。"高"是高职教育在现代教育体系中的纵向定位，包含着要为受教育者人生发展奠定基础的含义；"职"则是高职教育所属的教育类型，是横向定位，强调了以就业为导向的类型特征。

"成就谁"？高职教育最主要是成就两个群体——学生、老师。学校归根到底是育人的场所，能够实现学生高质就业、教师良好发展，这才是真本事、硬功夫。特别是现在，生源质量在倒逼着我们不断进行人才培养模式改革，才能更好地成就学生。

如果说"我是谁"是生命线、"成就谁"是达标线，那么"服务谁"就是优质线。首先，高职教育是党领导的教育事业的重要组成部分，因此高职教育必须服务于党的长期执政，为党的长期执政培养人才。其次，服务国家战略应该是高职教育走向"中国特色、世界水平"的必经之路，是实现中华民族伟大复兴中国梦的"高职担当"。

2. 高职院校优质发展问题

概括成一句话，就是"定位准、质量优、目标明"。

借力全国教育大会东风，我们将紧紧把握职业教育和交通发展的重大机遇，紧扣时代脉搏，奋力改革创新，狠抓内涵发展，服务交通强国，谱写陕西交院服务国家交通发展的改革奋进新篇章。

（在陕西省职业技术教育学会 2018 年学术年会上的发言交流材料）

求真务实　突出特色　建设一流高职轨道交通名校

田和平

陕西省职业技术教育学会副会长
西安铁路职业技术学院院长　教授

自我省高等教育启动"四个一流"建设以来,我校主动发力,抢抓历史机遇,直面新的挑战,顺利跻身陕西高职院校"双一流"建设单位。面对新的机遇和挑战,我校认真梳理总结办学成果与积淀,学习借鉴先进的办学经验,研究探索高职院校改革创新发展路径,向一流高职院校奋力迈进。

一、坚持特色发展,争创"十个一流"

高职教育"双一流"建设的核心是提高教育质量。我校认真贯彻落实党的十九大精神,坚持以习近平新时代中国特色社会主义思想为指引,对标我省一流高职院校"十个一流"建设标准,确定了"4-3-2-1"的建设思路,健全了组织领导,制定了建设方案,配套了2.3亿元的建设资金,深入推进一流学院一流专业建设。4即:坚持"四心"——以人才培养质量为核心、以特色专业为重心、以学生发展为中心、以办人民满意高职院校为初心;3即:提升"三种能力"——提升学生就业与职业发展能力、提升学校服务行业企业和区域经济社会发展能力、提升学校国际国内影响力;2即:打造"两个品牌"——轨道交通特色专业品牌、人才培养质量品牌;1即:实现一个目标——建成特色鲜明、省内示范、行业领先、国内一流、国际知名的高职院校。

二、坚持内涵发展,激发办学活力

坚持依法治校,以推进内部质量保证体系建设为契机,继续完善以学校章程为总纲、"一章八制"为核心的各项办学管理制度,建立科学、规范的制度体系。加强目标管理考核,强化民主监督,实施追责问责,严格内部控制,规范运行机制,确保学校各项政策、制度和工作部署得到有效落实,确保学校健康有序发展。

坚持以立德树人为根本,持续推进内部管理改革和教学改革,结合职业教育发展形势和学校实际,狠抓"管理干部、专任教师、教辅人员、辅导员、党员、学生"六支队伍和"五纵五横"内部质量保证体系建设,建立健全以现代职业学校制度为抓手的综合改革治理体系。

学校以内部质量诊断与改进为抓手，对现行各项制度进行了全面梳理、修订，废、改、立 120 项制度，初步建成了专业、课程、教学、教师和学生五个层面决策运行机制，开发了相关业务系统和管理平台，进一步完善了内部管理运行机制。

三、紧贴行业发展，突出专业特色

我校坚持立足 50 年铁路行业办学背景积淀，以"办学不脱轨，育人不离道"理念为指引，实施"紧随行业企业和区域经济社会发展需求，紧随国家战略发展需要"两个"紧随"策略，始终围绕轨道交通行业发展需求办学，强化轨道交通特色专业品牌。目前，我校共开设专业 37 个，其中轨道交通专业 20 个，形成了"双轨引领，四轮驱动"的专业布局（以铁道运输类、城市轨道交通类两大行业涵盖的专业与专业群为骨干引领，辐射带动电力技术类、土木建筑类、装备制造类和电子信息类等相关专业）。2017 年，经过陕西高校"一流专业"遴选，我校 8 个国家骨干专业（创新发展行动计划建设项目）入围建设与培育项目，其中铁道类专业 5 个，城市轨道类专业 3 个。

四、深化改革创新，树立质量品牌

学校全面贯彻并落实教育部、陕西省教育厅《高等职业教育创新发展行动计划（2015—2018）》建设任务，共承担 43 项任务和 8 大类 27 个子项目。两年来，学校聚焦"创新"求"质量"，强化全校创新发展意识，深入开展实践探索，在"优质校""骨干专业""生产性实训基地""'双师型'教师培养培训基地"等项目方面全方位投入，促进了学校的办学发展能力提升，积累了改革创新经验，取得了一批实践创新成果。

坚持产教融合、校企合作，紧贴行业企业需求，推进教育教学改革。持续推进"五接轨"课程改革、"2+1""2.5+0.5"（2 或 2.5 年校内培养 +1 或 0.5 年顶岗实习）工学结合、现代学徒制等教学模式改革，形成以岗导学、订单培养、校企联孵、工学交替、工学一体的人才培养模式。强化"三化""两线"特色管理（校园铁路文化、学生管理半军事化、干部队伍"铁军"文化；师德、教学"高压线"，学业预警"刚性底线"），为深化改革保驾护航，确保改革取得实效。

学校始终坚持行业指导、企业参与的校企合作模式，牵头成立了西安轨道交通职业教育集团，在企业设立校外实训基地 87 个，与西安铁路局、西安地铁公司等企业共建高水平的高铁调度指挥与列车运行控制等生产性实训基地 8 个。与西安铁路局、西安地铁公司合作建设的我校"轨道交通专业综合实训中心"项目正在顺利推进，一期计划投资 5 000 万，建成后将满足轨道交通行业 15 个主要工种的专项技能训练和联合作业训练，同时也将成为学校轨道交通特色校园文化的重要组成部分。

积极推进现代学徒制试点，与西安地铁运营分公司签订了现代学徒制校企合作协议，组建了现代学徒制试点班和由企业管理人员、技术人员及学校专任教师组成的教学指导委员会，初步开发了现代学徒制 4 个岗位的教学资源，深入探索"校企联孵，工学交替"的人才培养模式和"五融入""五对接"的校企协同育人体系。

有序推进创新创业学院建设工作，积极拓宽合作企业范围，获得中华全国青年联合会等组织颁发的 KAB 创业教育基地称号，开展了学院"互联网+"大学生创新创业大赛等一系列活动，开拓了学生创新创业思维，提升了学生创新创业能力。加大阿里大数据学院建设力度，与阿里云和慧科集团三方共同制定专业人才培养方案和课程发展规划，试点理事会管理模式，大数据技术与应用专业今年首次招生 50 人。

五、开阔国际视野，拓展国际办学

坚持"中国铁路修到哪里，学校的人才培养就跟到哪里"的国际合作办学思路，践行"一带一路"倡议和"高铁走出去"战略。2016 年，与俄罗斯圣彼得堡国立交通大学合作，成立了国际交通学院，是陕西省乃至西北地区高职院校中最先开办的中外合作办学机构，目前办学规模已达 590 余人，两校之间的考察交流已成为常态。今年暑期，首批招收的 160 名学生中，有 50 名学生通过俄方语言考核，赴圣交大进行本科阶段的学习。为进一步深化职业教育的对外合作与交流，我校选派教师赴肯尼亚开展蒙内铁路员工岗位培训，与北京交通大学签署合作协议，在我校设立"北京交通大学外国留学生联合培养基地"，联合培养来华留学生，还与巴基斯坦、泰国等国家初步达成留学生培养、境外合作办学协议。

改革新风千帆竞，潮涌三秦逐浪高。在教育改革发展的新征程中，我校将在省教育厅的领导下，持续改革创新，奋勇争先，追赶超越，与各院校携手并进，共创一流，共同助力我省教育改革发展，为行业企业和区域经济社会发展培养更多数量更高质量的技术技能人才，为国家教育事业发展做出更大的贡献。

（在陕西省职业技术教育学会 2018 年学术年会上的发言交流材料）

第四篇　积极探索勇于实践
　　　　全面提升办学质量

坚持办好类型教育　为中国制造提供人才支撑

惠朝阳

陕西工业职业技术学院党委书记

陕西工业职业技术学院是一所"因装备制造业而生、依装备制造业而立、随装备制造业而强"的特色鲜明的高职院校。学校矢志工业强基70年不忘初心，情系职业教育70年铸魂育人，坚持"内涵发展、质量立校、校企合作、服务西部"的理念，发展成为一所"有历史、有精神、有伙伴、有口碑"的"四有"优质高职院校。

一、扎根装备制造行业沃土，矢志不渝办好职业教育

多年来，学院以培养装备制造业人才为己任，持续推进教育教学改革，累计为社会输送高素质技术技能人才15万余人。

一是紧贴产业升级，优化专业结构。聚焦智能制造、绿色制造、"人工智能+制造"等重点领域发展和人才需求，先后投入3亿元，升级改造机械制造等传统优势专业7个，新建工业机器人等新技术专业8个，撤销不适应产业布局专业8个。实施校企共建实训基地计划，建成机械设计与制造协同创新中心、工业自动化中心等72个校企合作基地。建成国家级重点专业、全国机械行业特色专业14个，3个专业岗位职业标准成为全国机械行业通用标准。

二是紧贴企业需求，推进校企深度合作。学院不断健全校企"双主体"育人机制，将企业岗位人才、技术研发、员工培训的需求与学院毕业生、师资队伍和实训基地建设有效对接，牵头组建全国机械行业材料成型与控制技术职教集团、陕西装备制造业职教集团、校企协同育人战略联盟三大平台，与512家企业建立紧密合作关系，每年开办企业订单班70多个，受益学生3 500余名，形成了校企"双主体三平台六融合"协同育人模式。

三是紧贴新科技变革，培育服务发展新动能。征集企业研发课题，设立专项启动基金，教师组建团队主动认领，突破传统技改模式，突破研用"两张皮"；实施项目教学，让教师带着项目教，学生带着兴趣学，突破学做"两张皮"；使企业成为育人主体，主动担当作为，突破校企"两张皮"。与西工大等高校合作，将他们的设计理念通过中试，让科研图纸变成真实产品，解决了技术应用落地的"最后一公里"问题。

二、坚持德技并修、工学结合，持续提升人才培养质量

一是以德为先，弘扬工匠精神。依托陕西红色资源优势，创新思政教育工作新机制，积

极探索工学结合、校企融合的"红色匠心"文化育人新路径,大力推行"产业文化进教育,工业文化进校园,企业文化进课堂",在专业教学中引入企业 5S 管理文化,在教学区域设立"企业文化长廊"和"优秀校友风采走廊";定期举办"企业家讲坛""校友大讲堂",评选表彰"校企协同育人好师傅""校企协同育人好导师",通过企业文化浸润,渗透职业理念,让学生感悟企业文化,体悟职业认同、工匠精神,实现学生能力和素养"双提升"。

二是以技为主,推进工学结合。以国家首批现代学徒制试点为依托,探索招生招工一体、校企协同育人的新机制,毕业生在制造业龙头企业和骨干企业就业比例占到 65% 以上。着力推进"赛教结合",建立"专业全覆盖、赛项全对接、比拼全实境"的三层技能大赛培育机制,近三年全国职业院校技能大赛成绩显著。积极推行"1 + X"证书试点,目前获批试点证书 5 个,覆盖专业 11 个。

三是以教为辅,深化"三教"改革。强化名师引领,建立教学名师工作室、技能大师专项工作室;着眼教师发展,建立新秀、能手、名师三级培养机制;名师、大师和专项教师工作室达到 8 个,双师素质教师 90% 以上。以课程教学形态改革为切入点,推行理论实践一体、线上线下混合、实境虚拟结合的教法与配套教学资源改革,提升人才培养的针对性和有效性。

面对类型教育下高职发展的新机遇,学院在"双高"院校建设中,将重点打造机械制造与自动化、材料成型与控制技术 2 个专业群,创新"五共建"与"四共同"育人机制,完善西部装备制造人才培养与培训体系,打造西部职业教育"走出去"示范基地、国内一流的智能制造人才培养高地。通过组建"西部装备制造产教融合创新示范园区",为西部企业提供技术技能型人才支撑与技术支撑,为我国职教迈向现代化、制造业走向全球中高端贡献"陕工力量"。

(2019 年 11 月 26 日至 27 日,推进全国职业教育高质量发展现场会在深圳职业技术学院举行。国务院副秘书长丁向阳出席会议并讲话,会议由教育部副部长孙尧主持。国家有关部委,各省(区、市)教育行政部门,有关社会团体、职业院校和行业企业代表参加会议。陕工职院作为全国 4 所高水平高职院校之一,在大会作交流发言)

发挥后发优势　推动高质量发展

苏永兴

宝鸡职业技术学院党委书记

我院在市属高职院校中属于起步较早的学校，2003年合并组建，2006年迁入新校区实现集中办学，2008年通过教育部评估，2011年成为首家进入全省示范的市属高职院校。但是由于种种原因，我院没能进入陕西省"双一流"行列，也与全国"双高计划"失之交臂。"后示范时代"如何跟上全省职教大发展的步伐，缩小与兄弟院校之间的差距，加快学院发展，成为摆在我们面前的一个重大课题。2017年5月学院领导班子调整后，我们抢机遇，理思路，谋大事，大刀阔斧推进学院基础建设和内涵提升，学院全面建设开始迈上了量质并进的快车道：以《"一流学院、一流专业"实施方案》编制和全面实施为标志，学院发展思路更加明晰；以"学金华·创一流·树品牌"活动深入开展和诊改工作顺利通过省厅复核为标志，内涵建设水平持续提升；以学生国赛一等奖和教师在全国全省教学能力大赛摘金夺银为标志，教育教学水平有了新的提高；以大数据平台上线运行和总投资10亿元的基础设施项目全面开建为标志，办学基本条件可望得到全面改善；以院校两级管理体制和208项制度修订完善为标志，现代大学治理体系基本建立。

一、谋势，引领发展方向

古人云，智者谋势，弈者谋局。这里的"势"，就是形势、趋势、态势。这里的"谋"，就是对发展大势的研究、把握和掌控。面对近年来国家职业教育政策密集出台，全省高职院校群雄并起，前行"标兵"渐行渐远，后来"追兵"愈来愈近的形势，我们借势发力，顺势而为，结合学习贯彻中省精神，深入开展大学习、大调研、大讨论，引导大家增强忧患意识，发挥后发优势，开启二次创业。学院重新修订了"十三五"发展规划，制定了推进"两个一流"建设实施方案，确立了学院发展"1448"总体思路，就是围绕"一个目标"（创建全省"一流学院、一流专业"），坚持"四大战略"（目标引领、问题导向、改革驱动、项目支撑），实施"四个突破"（专业建设、技能大赛、办学条件、校企合作），实施"八大工程"（打造一流特色专业、建设一流教师队伍、培养一流技能人才、创造一流教学成果、培育一流校园文化、创设一流教学条件、实现一流管理服务、构筑一流党建工作格局）。实践证明，这一思路符合学院实际，得到教职员工的广泛认同，已成为凝聚各方力量、引领学院发展的旗帜。

二、破题，带动发展全局

一是找准"抓手"，解决"怎么干"问题。坚持在正视问题中凝聚共识，在解放思想中统一意志，通过走出去、请进来等多种形式，引导广大教职工清醒认识面临的形势、自身的不足和短板，提振知耻后勇的精气神，激发干事创业的正能量。把同类同质的国家示范浙江金华职院作为学习榜样，在全院深入开展"学金华·创一流·树品牌"活动，先后派出3批共40多名干部和专业教师赴金华挂职锻炼，邀请十余名专家学者来学院现场指导、现身说法，在全体教师中开展以"专业负责人说专业、课程负责人说课程、专任教师说课堂、项目负责人说项目"为内容的教研活动，全面学习、移植金华制度体系，推广以整理、整顿、清扫、清洁、素养为主要内容的学生宿舍"5S"管理，促进了学院整体管理水平的提升。特别是按照教育部和省教育厅安排部署，把内部质量保证体系诊断与改进作为深化内涵建设、提高人才培养质量的切入点和有力抓手，遵循需求导向、自我保证、多元诊断、重在改进的工作方针，坚持党委领导、院长指挥、全员参与，紧紧围绕"55821"总体设计和"8字形质量改进螺旋"路线图，从学院、专业、课程、教师、学生五个横向层面和信息化建设、激励机制及质量文化建设，推动办学设施与内涵建设同步提升，引智借力与自我革命一体推进，注重过程与关注结果相辅相成，诊改工作顺利接受省厅专家组复核，成为继2008年教育部评估和2011年创建省级示范后学院建设的一次革命性行动，学院综合实力和核心竞争力得到新的提升。

二是锻造队伍，解决"谁来干"问题。针对学院存在的机构设置不合理、岗位职能不明晰、管理效能不高等问题，大刀阔斧进行机构整合，将教学和管理机构整合成14个管理部门、6个二级学院、6个教辅部门和1个附属医院，全面推行校、院两级管理，下放管理权限，扩大二级单位自主权，先后分两批调整选拔正处级干部23名、副处级干部24名、科级干部58名，内部选拔了3名中层干部进入院级领导班子，扭转了领导干部长时间、大面积缺员的状况，极大调动了广大干部职工的积极性。为打造一流师资队伍，我们外引内培，每年公开招聘近30名硕士研究生以上优秀毕业生，每年选派200多人次教师参加国外访学、国培、省培和企业实习，以"守初心、明师道、立师德、强师能、铸师魂"为主题，加强师德师风建设，教师的责任意识和履职能力得到新的提升。

三是建章立制，解决"不乱干"问题。以贯彻落实全国高校思政工作会议精神为契机，全面落实党委领导下的校长负责制，强化党委"管党治党、办学治校"的主体责任，放手支持校长全面履行行政管理职责，形成了党委牵头抓总、行政组织实施、院系积极跟进、处室和群团通力配合的整体合力，管理效能有了显著提升。以一章八制为重点，修订完善了208项规章制度，构建了与现代大学制度相匹配的制度体系，确保所有工作有章可循。

四是奖惩并举，解决"争着干"问题。针对干与不干一个样的实际，为了形成比拼争先的干事风气，学院认真落实"三项机制"，实行严格的目标责任考核，改革绩效发放办法，并经过积极争取，将学院纳入全市目标责任考核范围，参照公务员标准落实了年终考核奖，最近又提请市人社局核定了绩效工资总额，较上年增长近20%。建立学院荣誉制度，每年教师节对一年来获得省级以上的先进集体和个人进行隆重表彰，启动了教工食堂、附属小学、幼儿园和四期家属楼项目，拖了多年的住宅楼办房本问题有望近期得到解决，教师的归属感和职业幸福感明显增强。

三、聚焦，破解发展瓶颈

一是抓专业建设。坚持把专业建设作为学院内涵建设的重中之重，以落实省级专业综合改革试点项目和高职创新发展三年行动计划为契机，积极推进教学质量工程，主动适应对接宝鸡五大支柱产业和五大战略新兴产业，努力把宝鸡雄厚的工业基础转变为学院的优质教育资源，着力建设装备制造、汽车及零部件和文化教育、医疗卫生等专业群，形成了12个大类、54个高职专业，每年列支1 000万元改善实验实训设施，1个专业跻身全国骨干专业，5个专业跻身全省"一流专业培育项目"，1个专业入围教育部首批"1+X证书制度"试点。大力推进产教融合，先后与京东、海信等省内外150余家企业建立了校企合作关系，挂牌成立了吉利汽车学院，开设各类订单班、定向班27个，建立大师工作室5个。启动教学名师、优秀教学团队和双师型教师队伍建设计划，支持鼓励教师提升学历水平和专业技能，2名教师摘取全国教学能力大赛二等奖，填补了学院历史空白。专业建设助推招生就业两旺，今年共招录新生9 335名，其中高职扩招4 777名，荣获"全国职业教育院校就业百强"称号。

二是抓技能大赛。坚持"以赛促教、以赛促学"，连续12年举办校园技能节，连续7年承办全省中医药技能大赛，今年5月份承办了全省建筑施工仿真应用大赛，特别是在10月份承办了第四届全国职业院校康复治疗类专业学生技能大赛暨第五届全国康复职业教育学术大会，有来自全国23个省市自治区的71所院校、271名选手参赛及数十名康复医疗界专家学者参加，我院获得团体一等奖，个人一等奖4个，为我省职业教育争了光。两年来先后有500余名学生在省级、国家技能大赛中摘金夺银，特别是今年在全国技能大赛中实现一等奖零的突破，国赛总成绩在全省高职院校中位列第七。

三是抓项目建设。针对学校建设欠账和功能配套不完善的实际，我们从实训、教室、餐厅、公寓等四个方面着手，推进重大项目建设加力提速。两年来，先后投入2 000万元改建文体中心和学术报告厅，投资3 400万元用于智慧校园建设，建成大数据中心，实现校园无线WiFi、教室教学一体机和教师教学笔记本电脑全覆盖，投资310万元更换1万套课桌椅和500余套教师办公桌椅。今年9月，投资1.47亿元的食堂和公寓项目开工建设，明年9月投用；总投资10.8亿元的宝鸡（国际）职业技能实训中心和投资2.28亿元的图书综合楼项目已于本月6日开工建设。其中实训中心总建筑面积10万平方米，内设现代装备制造、汽车、3D打印、电子信息与大数据、电商物流和农产品加工等6大实训基地，除自用外，可为全市职业院校、培训机构和企业提供实训服务。至此，学院十三五谋划的建设项目已全部落实，学院基本办学条件已经和必将得到极大改善，为进一步高质量发展蓄足后劲。

四、推进，凝聚发展合力

受传统观念影响，职业教育作为类型教育，社会认可度依然不高，要实现高质量、高水平发展，必须善于借力发威，营造氛围，促进各个层次智慧和各个方面资源为我所用，形成持续不断的推动力量。我们注重抓了三个方面：

一是抓协调。在班子内部,坚持集体领导与个人分工负责相结合,用制度管人,按角色办事,靠大家成事,形成风清气正、团结一心干事业的良好氛围。在争取上级支持方面,平时加强与各个方面的沟通,重大问题及时向市委市政府主要领导和分管领导汇报,加强向省委教育工委和省教育厅的报告请示,放下身段与省市区各级部门主动协商争取,在项目建设、资金争取、债务化解、干部配备、人才招聘、职称评定等方面办成了一些大事难事,化解了一些遗留问题。

二是抓载体。创设载体、开展活动既是推动工作的有效手段,也是扩大影响,展示形象的平台。针对长期以来学生德育工作没有亮点、未形成品牌的实际,我们着眼立德树人育人目标,围绕职业院校特点,组织开展争做"四立四最"宝职学子活动,使"立志,做最好的自己;立德,做最美的自己;立心,做最真的自己;立技,做最强的自己"成为全体学生的共同追求。先后组织开展了"宝鸡职教集团年会""全国、全省技能大赛""校园技能大赛暨校园开放日""师生才艺展演"以及戏曲进校园、音乐会、报告会等多场活动。尤其是今年"七一"前夕,宝鸡市建党98周年合唱音乐会在我院新建成的文体中心举行,演出实况通过网络现场直播,当晚有32万人在线观看,既推动了庆祝建党节活动的深入开展,又扩大了学院影响。

三是抓宣传。处在信息时代,善用媒体宣传,讲好宝职故事,显得尤为重要。我们高度重视外宣工作,注意与各路媒体保持良性互动,及时宣传学院的新思路、新举措、新成效。同时,重视办好自办媒体,成立了学院融媒体中心,加大了采编力量,对学院官网、院报、院刊进行了改版升级,学院官网点击率从两年前的3万人次/月上升到现在10万人次/月,官方微信全年推文400余篇,粉丝增至3万余人,荣获"2018—2019年度全国职业院校官微百强"称号,微信推文《宝职院——给青春安个家》入选全国高校全媒体优秀案例,2篇视频稿件被"学习强国"学习平台选用刊登;6件作品获"陕西高校新闻奖";今年先后在市级以上报纸、媒体刊发我院相关新闻报道200余篇次;上报省厅和市委市政府信息连续位居市属高职院校和市级各部门前列,构建了多层次、全方位、立体化的宣传网络,为学院的改革发展营造了宽松的社会舆论环境,为宝职人赢得了自信和尊严。

各位同人,随着国务院"职教20条"和全省职业教育改革实施方案的颁布,高职教育已经进入加快发展的"双高"时代。本次年会为我们提供了向业界同人学习讨教的良好机会,我们将以此为契机,虚心学习兄弟院校的成功经验,认真贯彻本次会议精神,对照"双高"定目标,发挥特色创品牌,为陕西高职教育继续走在全国前列贡献宝职力量。

(在陕西省职业技术教育学会2019年学术年会上的发言交流材料)

改革创新　奋发有为　全面提高人才培养质量

程书强

陕西省职业技术教育学会副会长

陕西财经职业技术学院院长　教授

改革开放以来，高等职业教育为我国经济社会发展提供了有力的人才和智力支撑，成为高等教育不可或缺的一部分。但是产业升级和经济结构调整对高等职业教育的人才培养提出了更高的要求，一些院校还存在着封闭式办学倾向、企业参与办学动力不足、办学和人才培养质量水平参差不齐等问题，如何以改革创新破题，提高人才培养质量，已经成为当前高职教育亟须思考和解决的重要问题。陕西财经职业技术学院遵循党和国家教育方针，大胆探索、奋发有为，开发和整合各种资源，稳步推进开门办学、开放办学和国际化办学，为学院开辟了新的发展空间、激发了新的内生动力。

一、聚焦学院实际，思想再解放，推进开门办学

开放带来进步，封闭必然落后，这是历史留给我们的深刻教训。高等职业院校的发展也是如此，思路决定出路，眼界决定境界。如果思想被束缚、被囚禁，我们就永远无法认识新事物，无法跟上时代步伐。因此，解放思想是高职院校在新时代应对机遇和挑战的前提，是推进教育教学改革、谋求长远发展的基础。

陕西财经职业技术学院以诊改复核为契机，将"请进来"与"走出去"相结合，先后聘请了一大批高校专家学者、企业技术骨干，到校交流大数据平台建设、信息化管理等工作经验，又聘请张发、六小龄童等人到校作传统文化报告，不仅完善了内部质量保证体系，还构建了以"师生认知、行为养成、教工品行、环境文化、考核评价"五位一体的厚德育人工程，形成了学院的育人特色。学院先后到无锡商业职业技术学院、浙江金融职业学院、江苏财经职业技术学院等国内一流高职院校学习先进职教经验，安排学管干部、辅导员、国学老师共计30余人次赴北京、天津等地学习传统文化，出台《陕西财经职业技术学院教师实践锻炼管理办法》，鼓励教师深入企业、银行、会计师事务所一线进行顶岗实践，学习新技能、更新新知识，锤炼教师双师素质，坚持开展学生的"企中校"式实习实训。又与西安财经大学、无锡商业职业技术学院签署了对口支持框架协议，在人才培养、师资队伍建设、专业建设等方面已经开展了具体的合作。利用渭南师范学院等院校的教育资源、办学优势，设立了一批百万扩招教学点，促进了学院办学实力和办学水平的提升。

陕西财经职业技术学院以诊改复核为统领，加强内部管理，督促各职能部门出台相关激

励制度 20 余项，2019 年学院新立制度 34 项，修改制度 5 项，废止制度 5 项，堵塞了制度漏洞，激发了全院干事创业的热情。全院上下紧跟新时代、适应新形势、贯彻新理念，积极申报陕西省教学成果奖，踊跃参加各项赛事，大胆尝试教育教学改革，敢破敢立，敢于探索。在陕西省高等职业院校课堂教学创新大赛中，学院教师一举拿下中年组冠军。在第 15 届中国大学生健康活力大赛中，学院赢得 9 个一等奖、6 个二等奖。学院驻村扶贫干部轻伤不下火线，为学院的脱贫攻坚工作锦上添花。在强烈的责任感和使命感的感召下，全院师生，奋发拼搏，大力推进开门办学。

二、对标"职教 20 条"，改革再深化，推进开放办学

针对一些多年来未解决的困扰甚至阻碍职业教育发展的关键性、核心性问题，国务院出台了《国家职业教育改革实施方案》（简称"职教 20 条"），提出了一系列突破性的解决方案，描绘了职业教育未来的发展蓝图。陕西财经职业技术学院对标"职教 20 条"，积极将企业和社会力量融入职业教育，不断深化改革，推进开放办学，打造多元化的办学格局。

学院与新道科技股份有限公司，签署了校企合作共建产业学院合作协议，成立了"用友·新道会计学院"，双方将共建"智慧学习中心""云财务共享中心""虚拟仿真教学中心""1+X 认证考试中心"和培养"双师双能型"教师团队的西北财会师资研修基地。第一期 200 名的"云财务会计师"卓越班已经开始启动培养。

学院积极响应"工匠精神进校园"的号召，聘请中国工艺美术大师、全国劳动模范贺兴文为人文艺术学院院长，打造了贺兴文大师工作室，传授学生非物质文化遗产——关中麦秆画制作技艺，并将兴文麦秆画生产基地打造成学生的实习实践基地，将工匠精神、劳模精神搬进校园、搬上课堂，让学生在实践中感悟工匠精神，提高人文素养，增加职业迁移能力。

学院的人才培养目标、类型和规模，积极对接企业、行业标准，根据经济社会发展，调整人才培养方案，针对百万扩招生源，制定了专门化、个性化的人才培养方案。不断优化与京东集团、洲际酒店等企业开设的"订单班"，积极谋求与医院、银行、会计师事务所等机构进行联合办学，加大产教融合、校企合作的力度。在专业、课程建设方面，根据职业岗位对知识和技能的需要构建不同的知识技能模块，优化教学内容，增强对就业岗位的针对性。为学生提供机会、搭建平台，鼓励学生在获得学历证书的同时，积极取得多类职业技能等级证书，拓展就业创业本领，提升综合素养。

三、助推"一带一路"建设，创新再发力，推进国际化办学

随着经济全球化程度不断提升以及我国"一带一路"建设的推进，中国企业正越来越多地"走出去"，但国际化的技术技能型人才缺失成为我国企业"走出去"的最大瓶颈，所以未来职业教育要着眼于国际化办学，与国际接轨，向国外开放。

陕西财经职业技术学院以全球化的视野，积极推进国际化办学。先后聘请爱尔兰籍外教约翰·德文林、乌克兰籍外教杨万丽、南非籍外教 Lila 到校从事外语教学工作。先后与韩国国立全北大学、英国罗汉普顿大学、马来西亚斯特亚大学、菲律宾碧瑶大学等学校签署了

MOU 合作协议，达成了 10 余项学生境外本科教育协议。组织了 20 余场出国留学宣讲会。出台了《陕西财经职业技术学院学生留学基金管理办法》，特设 200 万元的专项资金，用于鼓励学生出国（境）学习，每生最高可获 10 万元资助。在学院的资助下 2019 年已经有 1 名学生赴马来西亚留学，首批获学院全额资助的 5 名交换生也即将赴韩国大邱大学学习。2019 年学院先后派出了 4 批学术交流团，赴德国 IST 管理应用技术大学、德国德累斯顿工业大学以及奥地利、波兰等地，学习最前沿的职教理念和职教经验。4 名教师在泰国西那瓦大学攻读管理学博士学位。陕西财经职业技术学院以"一带一路"建设为契机，逐步构建了"大外事"的工作格局。

改革创新、奋发有为，全面提高人才培养质量，不仅是一句话，一个口号，而是体现在办学的各个环节、各项工作、各种制度中，内化为一种学院文化，外化为一种自觉的办学行为。只有以开放的视野、开放的胸怀、开放的思路、开放的手段，来推进职业教育的各项工作，职业教育这艘发展的大船才会不断驶向胜利的彼岸。

（在陕西省职业技术教育学会 2019 年学术年会上的发言交流材料）

深化内涵建设　推进学校科学发展

张　雄

学会学校管理工作咨询委员会副主任委员

渭南职业技术学院院长　教授

近年来，学校坚持以习近平新时代中国特色社会主义思想和高教工作系列讲话精神为指引，在省委教育工委、省教育厅的指导下，在市委、市政府的正确领导下，坚持科学发展，"遵循规律，文化引领，改革创新，开放融合"的办学思想，全面深化内涵发展，各项工作不断迈上新台阶。

一、着力构建人才培养体系，办学理念稳固增强

以党的十九大精神为指引，坚持"面向职业办学，贴近产业办学，瞄准就业办学，政校行企研联动办学"的办学思路，凝练出了专业、学业、职业、就业、创业、事业"六业贯通"和学校与社会、教育与生活、人才与时代、理论与实践、知识与技能、技术与文化"六大融合"的人才培养体系；专业链与产业链对接、课程标准与职业标准对接、教学过程与生产过程对接和校内实验实训资源教学过程生产经营化、校外合作企业生产过程教学化的"三对接""双折叠"人才培养模式；推行现场化教学、情景化教学、案例化教学、项目化教学、工程化教学和现代学徒制的"五化一制"人才培养过程。近年来，学校荣获"全国文明单位"、全国首批"1+X"证书制度试点院校和"陕西教育改革创新示范学校"等称号，被教育部确定为现代学徒制试点单位。

二、大力加强思政教育，意识形态工作深入推进

一是围绕课堂教学，坚持以马克思主义为指导，创新学校思政工作方式方法，因事而化、因时而进、因势而新，不断提高课堂教学效果。二是从思想水平、政治觉悟、道德品质等方面入手，重视"三观"教育，通过开展系列活动，立德树人，提升学生思想政治素质。三是以做好学生思想政治工作为抓手，将学习贯彻十九大精神特别是习近平新时代中国特色社会主义思想引向深入为载体，在全校学生中开展主题教育实践活动。四是充分利用新媒体为思政宣传营造良好氛围。组织实施"两站一报一号"改革（"两站"指校园广播和校园网站，"一报"指校报，"一号"指学校微信公众号），整合各种宣传文化资源，凝练特色，提升水平。五是成立习近平新时代中国特色社会主义思想理论宣讲团，对全校8 000余名师生

进行了全面、系统、深刻的宣讲。

三、持续加强专业建设，专业特色优势明显

坚持以"服务区域设专业、依托产业建专业、校企合作强专业"的专业建设思路，构建以一流（骨干）专业建设为龙头、专业群为支撑、新专业为亮点的专业建设框架。对接陕西经济产业增长点，通过新增、调整、撤销等手段优化专业布局，逐步建立起产业结构调整驱动专业设置与改革机制。近三年，学校投资4 800余万元，共建成实验实训室217个。其中新建实验实训室49个，改扩建实验实训室32个，重点专业及专业群实验实训室增至148个。附属医院建成三级中医院，附属幼儿园一跃成为渭南名园。中医学、护理专业获陕西省一流专业建设项目，学前教育、畜牧兽医等5个专业获陕西省一流专业培育项目，7个专业同时获批国家骨干专业建设项目。

四、全面深化教学改革，课程建设成效初显

2019年为我校的教学改革年，以"线上线下混合式教学""智能化教学"和加大技能技术实践教学、推行理实一体化两大主线为主题，全面教学改革，淘汰水课，打造金课。在重点建设专业及专业群中开展"五化"模式（即课程开发系统化、教学情境一体化、课程实施行动化、课程评价多元化、人才培养职业化）和体验式行动导向的教学模式改革试点，推进课程教学方法、手段改革，推广应用智慧职教、蓝墨云班课等信息化教学平台，引进智慧树网305门在线通识课程，学期选课达13 000余人次。投入经费212万元，整合课程资源，重构课程内容，建设在线开放课程25门，编写教材51部，课改立项53个。学校获陕西省高等教育MOOC中心"2018年第二届混合式课程教学改革实践奖"。

五、狠抓师资队伍建设，教师教学科研水平显著提升

近年来，学校选派15批次共200余名骨干教师和教学管理人员赴省内外著名高校考察交流学习，46人次分别赴德国、韩国、俄罗斯、马来西亚、哈萨克斯坦、中国台湾等国家和地区学习。教师参加省级及以上教学竞赛，荣获国家二等奖1个、三等奖3个，省级一等奖1个、二等奖2个、三等奖21个；教师承担市（厅）级科研项目52项、省级科研项目10项、国家级科研项目1项，荣获省级科技成果奖1项、市级科研成果奖38项；核心期刊发表论文196篇，获国家专利4项，计算机软件著作权15项；纵向科研到账经费167.6万元，横向科技服务到账经费32万元。

六、不断加强国际交流，合作办学迈出新步伐

坚持走国际化办学道路，拓展国际交流渠道，选派29名教师到职业教育发达国家、地区学习先进职业教育理念与经验。接待美国、英国等29个国家、地区代表团158人次访问交流。与俄罗斯阿穆尔国立人文师范大学、中国台湾辅英科技大学、马来西亚科技大学等开

展专业共建、师生互访、博士培养等合作，签署合作办学协议18项，开展海外留学项目8个，聘请海外客座教授2名，11名医药卫生专业学生到马来西亚科技大学留学、游学，4名护理专业学生赴日本就业，2名学前教育专业学生赴新加坡就业。首批渭南"一带一路"对非农技人员培训几内亚项目留学生已入校学习。

七、稳步提高人才培养质量，就业能力不断提升

近年来，学生职业能力和职业素质明显提高，全国职业技能大赛成绩逐年上升，中医药、护理专业参赛获奖率100%。近三年，学生参加国家级、省级技能大赛共获奖项120个，其中国家级一等奖4个、二等奖7个、三等奖6个；省级一等奖14个，二等奖30个，三等奖53个，银奖3项，铜奖3项。毕业生就业率达到98.22%。学生对人才培养质量和就业服务能力满意度分别为90.4%、90.1%；用人单位对学生认可度为91.4%；职业资格证书获取率为95.7%。

八、积极搭建产学研平台，社会服务水平进一步提升

主动参与渭南根植地方行动计划，实施"博士专家下基层开展科技创新驱动县域经济发展专项行动"。建立经开区酵素、华阴中草药栽培、临渭区现代果业栽培等产学研一体化示范基地7个。政校行企合作共建"周至猕猴桃培训学院"、渭南市农产品检验检测工程研究中心、果业研究院、中医药保健品研究所、葡萄与葡萄酒研究中心、学前教育研究所、动物疫病预防控制研究所等15个。近三年，学校科研项目总数达108项，其中省部级项目6项，市厅级项目29项，学校项目67项，横向课题6项。获得授权专利6项，软件著作权18项。技术服务到款额628.9万元，技术服务创造的直接经济效益501.6万元。荣获渭南市第十三届自然科学优秀论文及学术成果一等奖4项、二等奖5项、三等奖6项。井赵斌博士团队培育的翠香猕猴桃荣获国家猕猴桃产业创新联盟最佳风味奖。

九、主流媒体多次报道，社会影响不断扩大

学校入选中国职业教育百强，荣获"陕西教育改革创新示范学校"称号。校长张雄荣获"陕西教育领军人物"称号。学校获省级以上表彰12项。《中国教育报》《科技日报》《陕西日报》《陕西新闻联播》，省教育厅网站、渭南市政府网站等多家媒体先后报道我校办学成果，极大提升了学校的社会知名度和影响力，吸引了韩国、英国、中国台湾等国家和地区的代表团来校访问交流。

学校发展中取得的每一点成绩都离不开教育厅的悉心指导、市政府的大力支持和兄弟院校的热情帮助，学校将在"追赶超越"的征途中，以现代的理念、国际的视野、创新的姿态，在职业教育改革的大潮中踏浪起舞，壮志扬帆。

（在陕西省职业技术教育学会2019年学术年会上的发言交流材料）

努力推进课堂教学创新　全面提升高职教学质量

李教社

学会学校管理工作咨询委员会副主任委员

西安职业技术学院院长　教授

课堂是教育改革的主战场，是立德树人的主阵地。2019年1月，国务院出台了《国家职业教育改革实施方案》，该方案的出台是新时代、新阶段、新形势下对职业教育的顶层设计，是我国职业教育发展的又一新纪元。为更好贯彻落实实施方案，我院以"顶层设计、竞赛引领、模式创新、环境支撑"为建设思路，实施"以学生为中心，以能力为本位，以质量为核心"的课堂教学改革"123"工程。通过推进课堂教学创新，我院的课堂教学实现了六个转变：从以教师为中心向以学生为中心的教学理念转变；从传统课堂教学为主向混合式教学模式转变；从"黑板+粉笔"向智慧教室的教学环境转变；从单一教材资源向多元化教学资源的教学内容呈现方式转变；从学生被动接受知识向主动获取知识的学习方式转变；从期末一考定成绩向全过程多元化评价的考核方式转变，形成了"教技共融、赛教共促"课堂教学创新方案。

一、1个模式——混合式教学模式，为高职课堂教学改革破题

专业课程采用"线上自主学习，线下面授辅导"混合式教学模式，利用校内在线开放课程教学平台和手机移动端，借助信息化教学手段，开展"课前导预习—课中导学习—课后导巩固"的线上线下混合式教学活动，实现传统课堂学习和线上学习两者优势相结合。实训课程采用"线上虚拟仿真，线下实体实训"混合教学模式，学院与企业共建虚拟仿真实训室132个，量身定做数字化虚拟仿真实训教学资源，实现职业教育与企业培训虚拟仿真实训一体化解决方案和虚拟仿真实训基地标准化建设，推进学院与企业的深度校企合作。通过"试点课程—专业核心课——师一课"多轮混合式课堂教学改革，混合式课程264门，示范课程33门。每年开展30门混合式教学模式改革，给予总学时1.5系数奖励。

全过程多元化考核评价体系。课程考核推行线上线下过程性评价，改变"期末一考定成绩"的做法，将课前预习、课中活动、课后作业、拓展项目、任务测试等考核计入总成绩，原则上期末考试成绩权重不超过50%。考核体现在学生的学习态度、表达能力以及课程任务的完成情况上，考核贯穿于课程教学的全过程。根据专业特点的不同，构建多元化的考核评价体系，采用不同的考核手段和方式全过程评价学生的学习效果。

二、2 大引擎——教学竞赛与课程建设，引领与推广课堂教学改革成果

学院制定信息化教学"四级赛制"。按照"竞赛引领、全员参与"的思路，通过"二级学院全员参加—50% 教师参加学院竞赛—参加省级竞赛—参加国家级竞赛"四级信息化教学竞赛制度，稳步应用推广信息化课程教学改革成果。二级学院所有教师参加信息化教学竞赛，每位教师现场讲解信息化课程改革设计方案，通过专家点评，让所有教师受益；二级学院推荐 50% 优秀教师参加学院教学竞赛；学院按照专业大类推荐参加省级、国家级教学竞赛。通过四级赛制，全员参与信息化课程教学改革，分级推荐优秀教师和优秀作品，为教师提供展示课程改革成果平台，激发教师信息化课程的信心和决心。获得省级以上奖项的教师在全院进行培训和推广，让全校教师分享优秀信息化课程教学改革成果。学院获国赛一等奖 2 项、三等奖 3 项。

学院制定在线开放课程建设"四步走战略"。按照"项目带动、循环推进"的建设思路，通过"院级教改课程—院级精品在线开放课程—省级精品在线开放课程—国家级精品在线开放课程"课程建设四步走战略，逐步完善课程教学资源，通过校校联合、校企合作，共建共享在线开放课程。学院建成混合式课程 264 门、院级精品在线开放课程 61 门、中国大学 MOOC 3 门，1 门课程被认定为陕西省精品在线开放课程。

三、3 项行动——教师职业素质提升行动、数字资源共建共享行动、智慧环境建设与提升行动，为课堂教学改革保驾护航

1. 教师信息素养提升行动

学院制定《教师素质提升工作方案》，按照"名师引领、分类培育"的思路，采用精准培训、校企共培、外引内培等方式，转变教师信息化教学理念。每年参加"信息化教学能力提升"等系列专题培训 900 余人次，校内开展"西职教师大讲堂"等活动开展 40 场，"学院教师在线学习中心"完成教师在线培训约 6 000 学时，教师下企业锻炼平均安排约 150 人次教师。

2. 数字资源共建共享行动

按照"课程带动、分类开发"建设思路，建立校校联合、校企合作的数字资源共建共享机制。我院联合主持 3 项省级专业教学资源库建设，建成在线开放课程教学平台，平台现有课程 264 门，资源总数 23 228 个。校企共同开发虚拟仿真软件 273 个，开发 VR 等其他信息化教学资源 8 000 余个。

3. 智慧环境建设与提升行动

学院成立"智慧校园建设领导小组"，按照"统筹规划、分步实施"的建设思路，制定智慧校园建设规划，每年投资 2 000 余万元进行智慧环境建设，校园网实现 10G 双光纤专线接入，建成数据中心（300T），全部教室配置交互一体机，建成虚拟仿真实训室 132 间。

四、推广应用效果

1. 学生课堂活跃度和抬头率显著提升,技能水平全面提高

校企共同开发虚拟仿真软件、VR 等信息化教学资源,增强了课堂的吸引力。教师采用线上线下混合式教学模式,提升了学生课堂的活跃度和抬头率。在线开放课程教学平台共建立 521 个课程群组,在线学生 25 781 名,对学生学习行为监测,学生到课率上升了 9%,学生在平台学习时间增加了 3 倍。

近三年,学生在陕西省高等职业院校技能大赛中获一等奖 12 项、二等奖 53 项、三等奖 79 项,参加赛项数、参赛学生数和获奖数逐年提升;全国大学生数学建模大赛一等奖 3 项、二等奖 5 项、三等奖 1 项,在陕西省高职院校中名列前茅。近四年,学生的就业率保持在 97% 以上,专业对口率 90% 以上,企业满意度 90% 以上。

2. 教师全心投入信息化课堂教学改革,竞赛成绩斐然

我校采用教学竞赛"四级赛制"与课程建设"四步走战略"推动混合式教学模式改革。2017 年我校教师获得全国职业院校信息化教学大赛一等奖 2 项,实现陕西省在信息化教学设计、信息化课堂教学两个赛项国家级一等奖零的突破。2018 年在全国职业院校技能大赛教学能力比赛中获三等奖 3 项。2017 年、2018 年连续两年在陕西省职业院校信息化大赛中一等奖获奖数量排名第一,在 2017 年、2018 年陕西省高校微课教学比赛中获得一等奖 2 项、二等奖 2 项、三等奖 2 项的成绩,获奖数量、质量均位列全省前列。我院多次获得陕西省教师信息化教学大赛、微课教学竞赛优秀组织奖。教师主持全国教育"十三五"科学规划课题、省级教改项目等 12 项,培养省级教学名师 3 名,西安市最美教师 3 名,发表教改论文近 500 余篇。

3. 校外应用推广发挥了示范引领作用

我校教师先后在全国职业院校教师信息化技能培训、陕西省职业技术教育学会 2018 年学术年会、陕西省技能大赛动员会等会议上做成果分享。吸引了北京工业职业技术学院、西安航空职业技术学院、陕西铁路工程职业技术学院、陕西国防工业职业技术学院、西安铁路工程职业技术学院等 30 余所高职院校借鉴学习。全国各地同行来校交流 120 余人次,在全国产生重大影响。2018 年,我院承担了陕西省高等职业院校技能大赛教学能力比赛培训会,全省国赛选手等 200 余人参加。成果先后被韩国富川大学、马来西亚伯乐大学、芬兰职业学院和英国斯特莱德大学等访问团成员学习借鉴。

4. 媒体报道提高了学校的社会声誉

"西安职业技术学院以信息化教学竞赛为抓手,推进课程信息化教学改革"成果被《2018 年陕西省高等职业教育质量年度报告》作为典型案例收录,《西安职业技术学院以信息化教学大赛促教师教学能力提升》被陕西省教育厅网、西安市教育局网等媒体专题报道。

(在陕西省职业技术教育学会 2019 年学术年会上的发言交流材料)

实施"三建三创"改革　推进社会服务能力再提升

余德华

汉中职业技术学院院长　研究员

汉中职业技术学院自省级示范院校建设以来,以《国家职业教育改革实施方案》《国务院办公厅关于印发职业技能提升行动方案(2019—2021年)的通知》《职业院校全面开展职业培训促进就业创业行动计划》等文件精神为指导,积极履行职业院校学历教育与技能培训并举的法定职责,深化社会服务职能,通过实施"三建三创",广泛开展行业企业技术技能提升培训、职业资格培训、就业创业培训、技术指导和科研服务。

近三年,学院投入资金920余万元,完成各类社会培训18万余人次,全面助力脱贫攻坚,服务乡村振兴,提升了学院社会服务能力水平,为经济社会发展做出了积极的贡献,改革创新示范效应显著。

一、建平台,社会服务功能彰显

学院依托汉中职教集团的职业院校、航空、工业、农业、教育、卫生、旅游、金融、商业、建筑等不同领域200余家成员单位、理事单位,在"政校行企,三会一办"的管理机制框架下,由政府牵头,学院为主体,形成政、校、行、企四方平台合作机制,通过政府、行业附设在我院的陕西省专业技术人员继续教育基地、陕西首批高校农民培训基地、陕西省成人继续教育社区教育培训基地、汉中市邮政行业人才培训基地、汉中市中学教师培训中心、汉中市社区教育指导中心、汉中市普通话培训测试中心、汉中市退役士兵职业教育和技能培训中心等10余家继续教育和培训机构,为学院开展继续教育和社会培训提供了得天独厚的条件,合作平台服务机制的建成,增大了服务的辐射面。学院服务社会的模式得到了创新发展,服务功能得到了充分发挥,成为区域经济发展不可替代的重要力量。

二、建团队,社会服务力量雄厚

学院非常重视社会服务师资团队建设,要求每个专业倾力打造出一支高水平专业化社会服务师资团队,服务团队建设表现出全面性、专业性和持久性。这些团队中成效较为突出的有农林技术、义务教育、医学、电商、会计、土木建筑、普通话推广、法律政策咨询等培训服务师资团队。他们表现出来的特别能吃苦、特别能攻关、特别能战斗的高素质思想境界和高水平业务能力,受到政府、学院和服务对象的一致肯定,为学院赢得了广泛声誉。

三、建基地，社会培训扎实有效

学院高度重视实践实训基地建设及其示范作用的发挥，通过多种途径筑巢引凤，以项目引进、合作共享、接待考察等方式带动区域经济发展和高技能人才的培养。坚持真实性、适用性、服务性的原则，建成了系统性、开放性、生产性，集教学、科研、生产、培训和服务"五位一体"的实训基地。学院实训室总数达到320个，建立了医学类、机电类、经管类、教育类、农林类和土建类6大综合实验实训中心及中央财政支持和省级示范性的实训基地6个，同区域内企业加强合作，共建共享校内外生产性实训基地，涉及专业数量11个。这些实训基地为开展继续教育、技能培训和鉴定以及科研攻关提供了坚实的物质基础和条件保障，保证了社会服务工作的顺利开展，为区域经济社会发展提供了高素质人力资源保障。

四、创品牌，培训资源共享共赢

学院以"积极推进社区教育，加快构建终身教育，促进学习型社会的形成"为目标，开展"四进四送"社区教育系列活动和"全民终身学习活动周"活动，努力营造全民终身学习氛围。社区教育团队认真研究社区教育相关政策，深入挖掘和建设社区教育项目品牌和公共精品课程，先后录制了《脱贫攻坚与家畜家禽疫病防治》《果蔬农药残留的伤害与预防》《职业农民培育》等10余门社区教育公共精品课程，其中《老年人情绪与健康》《汉中市人际关系和家庭和谐》《老年养生课堂》《老年人情绪管理的金钥匙》分别被授予"陕西省终身学习品牌项目"和"全国终身学习品牌项目"称号，"社区老年健康服务项目实验"荣获陕西省第二批社区教育实验项目一等奖。课程贴近生活，通俗易懂，受众面广，受到社区群众的广泛好评。

五、创模式，脱贫攻坚成果丰硕

在脱贫攻坚包扶的贫困村，通过实施基层党建、产业帮扶、教育帮扶、基建支援、健康帮扶等措施，确定了食用菌、高山蔬菜、地膜洋芋、魔芋、中药材等产业项目，逐步迈上了产业致富之路。学院驻村工作队被汉中市委市政府评为"优秀驻村工作队"，第一书记被评为市级、省级"优秀驻村第一书记"。落实"双百工程"教育结对帮扶实施智力、教育、科技、人才、信息、文化、民生、志愿帮扶"八大工程"，学院被勉县县委、县政府授予结对帮扶"先进单位"，被陕西省高教工委、省教育厅评为2017年、2018年度"双百工程"工作先进单位。制订精准帮扶计划，联帮联扶"美丽乡村"建设，通过产业教育"双帮扶"，落实贫困家庭学生资助政策，精准施策开展教育扶贫，认真实施建档立卡贫困户子女和移民搬迁户子女免学费、免住宿费学历教育，扎实做好在校贫困生资助政策落实。倡导和推动爱心助人、成立大学生志愿者协会，学院荣获2015年度、2017年度陕西省"慈善志愿服务先进集体"，2018年被评为全国"无偿献血先进单位"。

六、创示范,服务能力显著提升

通过秦巴山区特色产业技术服务、技能培训、帮扶解难和科学研究,学院的社会服务能力得到了大幅提升,发挥了一定的示范带头作用,吸引了省内外同类兄弟院校、不同行业企业,不少村镇和农户前来学习取经,省市区(县)领导也经常带队深入示范基地考察指导工作,一些成功的做法和经验被推广借鉴,呈现出蓬勃向上的新生活力。汉中地区职业技术教育资源得到有效整合,职业教育领域的龙头地位作用得以充分发挥,校企深度合作平台成功搭建,产业发展的新产品、新技术的研发能力得到提升,科研成果的应用转化能力显著增强,企业经济效益大幅提高,农民农村增产增效,医疗卫生服务能力增强,义务教育教学水平提高,有力地推动了扶贫帮困、新农村建设、产业发展。学院服务于区域经济社会发展的能力持续增强,学院办学影响力逐年提升,学院对区域经济社会发展的示范、辐射、带动和示范作用得到进一步彰显。

(在陕西省职业技术教育学会2019年学术年会上的发言交流材料)

开展国际交流与合作　推进优质院校建设

梅创社

学会国际交流与合作委员会主任委员

陕西工业职业技术学院副院长　教授

服务国家"一带一路"倡议，大力开展国际交流与合作是我院实现"省内引领发展、国内铸就卓越、国际打造品牌"办学目标的重要内容。近年来，我院国际交流与合作紧扣教育部《高等职业教育创新发展行动计划（2015—2018年）》建设任务，聚焦服务"一带一路"倡议和全面提升学院国际化水平，深挖现有项目潜力，搭建优质合作平台、拓宽合作领域，在学生和教师的国际化培养、优质教育资源引进、"一带一路"项目建设等方面亮点突出，在海外办学、留学生招生等方面实现新突破。

一、工作探索与实践

（1）高端引领，积极参与交流合作平台建设。我院是世界职教院校联盟会员单位，教育部有色金属行业职业教育"走出去"试点院校，"一带一路"产教协同联盟副理事长单位，中国教育国际交流协会"高端技能型、应用型人才联合培养百千万交流计划"项目院校，陕西省职业技术教育学会国际交流与合作工作委员会主任单位。牵头与德国BSK国际教育机构成立了中德高等职业教育合作联盟（陕西—柏林）。与东南亚国家教育部长组织、美国州立大学与学院协会等具有良好合作关系。2017年申报联合国教科文组织UNEVOC职教中心，筹建中国—新西兰职业院校创新创业教育研究中心。

（2）多方联动，搭建广泛的合作网络。目前，我院与亚、欧、非、北美、大洋等5大洲21个国家72家国（境）外教育机构、企业建立了合作关系，开展师生交流、教师访学、创新创业教育、学术科研合作、学生联合培养、国际技能大赛合作、海外办学、"一带一路"教育援助等近60个项目。优质院校建设以来，接待国（境）外代表团72个，207人次，签署合作协议91个，举办国际学术会议3次，师生双向流动317人次，联合开发课程5门，开发教学标准1个，与跨国企业联合培养学生436名，选派69名师生赴国（境）外参加技能大赛，选派7名专家、教师赴海外为我国"走出去"企业开展员工技能培训，培训外籍员工143人次。

（3）聚焦师生，大力实施国（境）外交流计划。开拓师生的国际视野、提高国际化能力是高职院校开展国际交流与合作的核心内容。2010年以来，我院与国（境）外合作院校联合开展师生交流项目31个，共完成431名教师，466名学生的校际交流交换，其中，我院派出 382 名教师，378 名学生赴德国、美国、澳大利亚、新西兰、俄罗斯、英国、加拿大、韩国、新加坡、日本、赞比亚和港澳台地区开展短期交流、研修、国际大赛、教育援助、学历提升和学术文化交流活动，接待德国、韩国、日本、中国台湾地区来校交流师生 119 人。近 3 年来，与国（境）外院校合作开展的师生交流交换项目逐年呈现出了规模增大、质量变优的特点。

（4）拓宽渠道，搭建学生海外深造平台。我院与德国 BSK 国际教育机构联合培养德制硕士学位应用型工程师，搭建了我国高职院校与德国公立高校德制工程师培养模式对接平台，培养具有国际水准的高水平工程师，目前已有 18 名学生进入了项目的学习，3 名学生进入德国 TU9 大学学习。我院与韩国东亚大学、东义大学开展 2+1+2 专本衔接项目，建立了我院学生赴韩国高校攻读学士学位的通道。我院与美国艾奥瓦华大学建立了会计等四个专业的学分衔接手续，缩短了学生赴美国攻读学士学位的学习时间。我院与美国西伊利诺伊大学探索开展建筑管理专业合作办学项目。为助力学生海外学习，由外籍专家牵头，建成了标准化的出国留学人员英语培训室、德语培训室，共培训赴国外留学和交流学习学生 363 名。

（5）海外竞技，大力开展国际技能大赛项目。2014 年以来，我院连年派出 8 名师生赴俄罗斯符拉迪沃斯托克市参加"皮克马里翁杯"太平洋国际青年设计师大赛，与俄罗斯、韩国、日本等国家师生同台竞技，共获得大赛证书 5 个。2 名学生的服装设计作品被大赛组委会推荐参加 2018 年春季莫斯科国际时装节服装设计大赛。我院教师杨华、袁丰华、钟敏维分别受邀担任"皮克马里翁杯"太平洋国际青年设计师大赛评委，并为符拉迪沃斯托克国立经济与服务大学师生作了 3 场专题讲座，其精心设计的作品参加了太平洋国际时装周特邀设计师时装秀，引起关注和好评。我院还受邀参加 2018 年波兰服装设计师大奖赛，目前 3 名参赛师生正在加紧设计参赛作品。我院学生在其他国家和地区交换学习期间，获得各类国际大赛证书 57 个。

（6）服务国家战略，探索与"一带一路"沿线国家的合作。继 2014 年我院与俄罗斯符拉迪沃斯托克国立经济与服务大学建立合作关系以来，我院目前与俄罗斯、新加坡、马来西亚、柬埔寨、印度尼西亚、波兰等 6 个"一带一路"沿线国家的 11 所高校、职业院校建立了合作关系，开展师生交流、来华留学、国际技能大赛等 7 个合作项目，参与合作项目的师生达到 188 人次。派出 13 名师生赴新加坡等沿线国家我国"走出去"企业开展实习项目。探索与印度尼西亚泰斯马科三宝垄职业学院、印度尼西亚高等院校联盟 Kopertip 机构、柬埔寨马德望省地方理工学院开展学生来华学习、教师交流、网络课堂等合作项目。

（7）海外培训，为"走出去"企业员工开展技能培训。我院是教育部有色金属行业职业教育"走出去"试点项目院校之一，在赞比亚为我国"走出去"企业，特别是有色行业企业开展员工技术技能培训，探索在赞比亚建立中赞职业技术学院，实现优质教育资源输出，扩大我国职业教育影响力。目前派出 2 名专家，5 名骨干教师执行教育部有色金属行业职业教育"走出去"试点项目，赴赞比亚为中资企业员工开展技术技能培训。牵头开发了"走出去"项目教学标准。筹备招收赞方员工子女来华学习。开展职业教育"走出去"课题研究。参与筹建中赞职业技术学院，开展海外办学。

（8）海外引智，建立优秀的外国专家队伍。2000 年以来，我院累计聘请长期外国专家 53 人次，临时外国专家 11 人，聘请海外客座教授 16 人。澳大利亚专家约翰·斯密斯分别被陕西省外专局授予"陕西省优秀外国专家",被陕西省人民政府授予"三秦友谊奖"。由外国专家牵头负责,分别在校内建立了德语与德国文化中心、英语与英国文化中心。目前,韩语与韩国文化中心正在加紧建设。外国专家贴合实际教学工作,共开发编印教辅资料3本,参与课题研究2个。外国专家为我院实施教育教学改革、推进国际化合作项目发挥了重要作用,是学院教育教学改革的重要力量。

(9)校企携手,培养具有国际水准的新时代工匠。我院与日本欧姆龙公司、美国亿滋公司、韩国三星公司等世界知名企业建立了长期稳固的合作关系,校企合作共育人才。通过开设企业订单班、合作开发课程和教材、共建实训室、企业专家进课堂、学生海外企业实习等多种形式实现校企合作深度融合,培养了近1 000名通晓国际规则,熟悉企业文化的高素质技术技能人才。我院与欧姆龙公司、亿滋公司的合作模式受到社会广泛关注,中央电视台、中国教育报、中国青年报、中国职业教育杂志社等中央媒体给予了广泛报道。

(10)政策对话,参与全球职业教育大讨论。我院参与《悉尼协议》应用研究,并借助世界职业院校联盟、联合国教科文组织国际职业教育与培训中心等平台,积极开展绿色校园、学生支持服务、创业教育、开放课程等课题研究,参与世界职业教育政策对话。17名教师和专家参与德国、新西兰、美国、加拿大等职业教育发达国家的课题研究。5人参与对赞比亚等发展中国家的职业教育援助项目。2015年以来,先后与英国、新西兰、美国、丹麦、中国台湾地区的21所院校通过论坛、研讨会等形式开展对话交流活动。

二、下一步工作思路和主要项目

(1)健全体制,形成科学高效的工作机制。以机构改革为突破口,创新我院外事工作机制和体制,建成校内科学的国际化评价考核体系。实现外事工作中心下移,鼓励和支持二级学院自主开发国(境)外合作项目,特别是引进国际先进成熟的职业标准、课程和开展中外合作办学。鼓励教师个人通过自身资源和渠道,积极申报国(境)外访学、学术科研合作项目等,提升自身国际化能力和专业水平。年内建成与优质院校相匹配的工作体制机制,服务好优质院校建设。

(2)继续拓宽合作平台,服务"一带一路"倡议。积极借助国家、省市各类合作平台,争取政策、资金支持,加大与"一带一路"沿线国家职业院校、企业的交流与合作力度。在稳步扩大与东盟国家合作交流的同时,积极探索与西亚、中亚等国家职业院校开展合作项目。重点实施和扩大学生来华留学、学生双向流动、学生海外实习就业、教师参与海外技术技能培训及海外办学等项目,向"一带一路"沿线国家输送学院的优质教育资源,服务我国"走出去"企业和扩大学院的国际影响力。

(3)落实好有色金属行业职业教育"走出去"赞比亚项目。根据《教育部办公厅关于公布有色金属行业职业教育走出去首批试点项目学校的通知》(教职成厅函〔2016〕42号),我院是全国8所试点院校之一,参与有色金属工业协会组织的赴赞比亚为中国有色金属工业集团等在赞企业培训员工。开展职业教育"走出去",是教育部为探索与中国企业和产品"走出去"相配套的职业教育发展模式,服务"一带一路"建设和国际产能合作,提升我国产业国际竞争力和职业教育国际影响力的重要举措。该项目与教育部《推进共建"一带一路"教育行动》精神高度契合,与我院的发展战略、专业特色、办学实力高度吻合，具有较强的操作性和现实意义。①开发对外教学标准和课程，培养赴赞教师队伍。围绕对在赞中资企业员工的培训任务，着手开发培训教材和其他教学资源，制定可输出的教学标准，培养和储备赴赞比亚开展教学培训任务的师资队伍。②接受赞方人员来华学习。招收驻赞中资企业，特别是有色矿业集团赞方员工子女来华学习，以专业课程教育为主，为今后建成的职业培训学院培养赞方员工和教师。③开展课题研究。围绕职业教育"走出去"赞比亚项目组建研究团队，开展相关课题研究。④建设具有学历颁发资质的中赞职业技术学院。在前期项目运行的基础上，积极参与中赞职业技术学院的建设，实现我院优质教育资源输出，以更好地服务我在赞企业的员工技能培训，扩大我省职教影响力。

（4）建成印度尼西亚职业院校领导力培训中心。落实与印度尼西亚高等教育联盟 Kopertip 机构的合作协议，2017 年 5 月在华举办首期印度尼西亚高校领导力培训并争取挂牌成立印度尼西亚职业院校领导力培训中心。争取国家、陕西省的资金支持，扩大对印度尼西亚的培训规模并逐步扩大到其他"一带一路"沿线国家。

（5）申报联合国教科文组织 UNEVOC 职教中心。2002 年，联合国教科文组织在德国波恩成立了国际职业技术教育与培训中心。该中心是教科文组织专门为职业技术教育与培训设立的中心，是教科文组织的一部分。该中心与教科文组织在巴黎总部的职业技术教育与培训部密切合作，在国家层面与联合国教科文组织总部外办事处以及教科文组织研究所和中心实施各种活动。该中心在教科文组织成员国建立职教中心，以开展职业教育全球讨论与对话，促进职业教育的区域与国际合作。2017 年 6 月，我院向教科文组织国际职业技术教育与培训中心提交成立分中心的申请。2017 年 9 月，我院通过教科文组织国际职业技术教育与培训中心数据审核。2017 年 11 月，我院向中国联合国教科文组织全国委员会提交申请成立分中心申请。2018 年 5 月，该中心有望挂牌成立。

（6）建成中国—新西兰职业教育创新创业研究中心。2013 年，教育部与新西兰高等教育、技能与就业部成立了"中国—新西兰职业教育发展研究中心"，该中心目前由教育部职业技术教育中心研究所和新西兰教育国际推广局共同管理，研究中心主要任务为加强与推动两国职业教育方面的交流与合作。该中心目前主要依托青岛职业技术学院、天津轻工职业技术学院和新西兰怀卡托理工学院开展工作，推动中新两国职教合作项目。我院与怀卡托理工学院于 2015 年 2 月签署合作协议，目前开展了 23 名教师的培训研修项目。考虑到怀卡托理工学院在创新创业教育方面的先进经验，经与该校创新创业教育项目负责人、专家前期沟通，拟由两校各自向本国政府部门申报，联合成立"中国—新西兰高职院校创新创业教育研究中心"，并将该中心落户我院，开展跨国职业院校创新创业教育研究和实践。目前，我院与怀卡托理工学院正在编制中心设置方案，并拟于今年 5 月成立挂牌仪式并举办中新职业教育创新创业发展研讨会。

（在陕西省职业技术教育学会 2017 年学术年会上的发言交流材料）

"五双并举，岗位递进" 有序推进现代学徒制试点工作

——西安铁路职业技术学院现代学徒制试点工作交流材料

安学武

学会创新创业教育教学指导委员会副主任
西安铁路职业技术学院副院长　高级工程师

西安铁路职业技术学院于 2017 年 8 月成功获批成为教育部第二批现代学徒制试点单位，2019 年 10 月正式通过教育部试点验收，圆满完成了现代学徒制试点建设任务。建设期间，学院与西安市轨道交通集团有限公司运营分公司（以下简称"西安地铁"）紧密合作，以城市轨道交通运营管理专业为试点专业，从以下四个方面开展了一系列工作。

一、签署"两个协议"，完善校企合作机制

试点工作开展前，学院多次赴西安地铁就现代学徒制人才培养展开交流和磋商，最终达成了校企合作共识，共同成立了现代学徒制试点工作领导小组，全面负责学院现代学徒制试点工作的实施推进，并起草、签订了《城市轨道交通运营管理专业现代学徒制人才培养协议书》，对校企合作内容、工作职责、双方权利与义务等内容做了明确规定。

根据"先招生，后招工"的顺序，学院组织西安地铁在城市轨道交通运营管理专业的大一学生中开展企业面试，招收两届共 101 名学生（学徒），组成 X1901、X1902、X2001 三个试点班，举行了拜师仪式，并由校企联合与每名学生（学徒）签订了《现代学徒制三方协议书》。

"两个协议"的签订，进一步明确了学校、企业、学生三方的身份、责任与义务，为实施现代学徒制试点工作奠定了坚实基础。

二、"五双并举，岗位递进"，开展试点专业建设

学院结合城市轨道交通运营管理专业所自有的生产管理性质和现代学徒制试点专业建设需求，提出了"五双并举，岗位递进"的现代学徒制教育教学改革方案，融教学为一体，促校企共育人。该方案的具体内涵：一是"五双并举"，即积极推行"校企双主体、学生双身份、教师双导师、课程双体系、评价双标准"的现代学徒制教学模式；二是"岗位递进"，即"岗位化（群）递进式"模式，突破以学科为中心的传统教学模式的局限，以职业

动态发展为需求，按照适用职业岗位群的职业能力要求，开发和整合课程体系及课程内容，构建企业岗位需求的课程体系。

试点建设期间，城市轨道交通运营管理试点专业完成了专业人才培养方案的修订，开发了现代学徒制站务员岗位课程、现代学徒制行车值班员岗位课程、现代学徒制客运值班员岗位课程、现代学徒制值班站长岗位课程等4个对应岗位的企业课程。根据知识体系相互支撑、技能体系相互渗透的原则，整合校企课程体系，对原有的课程体系进行修正和论证，确定了现代学徒制专业教学标准，城市轨道交通安全管理、城市轨道交通车站机电设备、城市轨道交通通信信号设备等32门课程的课程标准，完善了现代学徒制质量监控标准、企业师傅标准以及站务员、行车值班员、客运值班员、值班站长等4个学徒岗位的岗位标准。

"五双并举、岗位递进"教改方案注重企业的参与、行业标准的融入以及对学生岗位能力和专业综合能力的培养，适合类似城市轨道交通运营管理专业等管理元素比重较大的专业，也符合学院与轨道交通行业紧密相扣的办学特色。

三、内外双聘，加强师资队伍建设

学院现代学徒制试点紧密结合现代学徒制"双导师"特点，采取校企教师互聘共用的形式，由学校教师和企业教师共同承担人才培养任务。试点专业现有双导师34人，其中学校导师14人、企业导师20人。学校导师均具有本科及以上学历，具备较丰富的专业知识和良好的教学能力，并具有企业实践锻炼的经验；企业导师均具有中级及以上职业技术资格和较为丰富的工作经验，具备良好的职业技能水平和职业素养，为企业优秀的技能人才。

为了进一步加强现代学徒制师资队伍建设，学院和西安地铁共同制定并逐步完善了《现代学徒制双导师队伍建设方案（修订）》，出台了《西安铁路职业技术学院现代学徒制双导师选拔、考核、奖惩办法（试行）》，对双导师的职责及遴选条件、聘任过程、管理流程、培养过程、考核评价等环节进行了明确。

学院还修订完善了《教师到行业企业参加实践锻炼管理办法（试行）》《横向课题管理办法》《专业技术职务聘任办法（试行）》等制度，同时，西安地铁也出台了《西安地铁员工培训管理办法》，共建双导师激励机制，促进双导师队伍水平有效提高。

四、围绕一个平台，建设三级管理体系

学院购买了现代学徒制教学运行平台和实践教学生态管理系统（学生实习手机客户端），并在试点专业范围内进行了试用，为现代学徒制教学运行过程的管理和监控建立了有效平台。

同时，围绕这一平台，校企共同出台了10项管理制度。其中包括《现代学徒制双导师选拔、考核、奖惩办法（试行）》《现代学徒制教学管理实施办法（试行）》《现代学徒制学徒管理办法（试行）》《现代学徒制学分绩点管理指导意见（试行）》《现代学徒制学分管理办法（试行）》《现代学徒制学徒考核评价办法（试行）》《现代学徒制人才培养成本分担指导意见（试行）》等7项基础性制度，以及《现代学徒制校企共同管理体系建设方案（修订）》《现代学徒制质量评价体系建设方案（试行）》《现代学徒制双导师队伍建设方案（修

订)》等 3 项机制体制建设方案。形成了覆盖较为全面的学院、二级学院、教研室三级管理体系。

学院经过两年的现代学徒制试点建设，形成了较为完善的现代学徒制校企合作机制、招生招工机制、人才培养机制和管理监控机制，并将现代学徒制成果在学院计算机应用技术、工程测量技术两个专业推广应用。下一步，学院将重点落实教育部办公厅《关于全面推进现代学徒制工作的通知》（教职成厅函〔2019〕12 号），继续完善现代学徒制各项机制体制，巩固具有轨道交通行业特色的现代学徒制人才培养模式改革成果，促进学院办学水平和人才培养质量的进一步提升。

（在陕西省职业技术教育学会 2019 年学术年会上的发言交流材料）

加快职业教育改革创新　推进1+X证书制度落地

薛安顺

陕西交通职业技术学院副院长　教授

1+X证书制度是我国职业教育类型化发展的重大制度创新，是职业教育教学模式改革和评价模式改革的重要举措。在《国家职业教育改革实施方案》（简称"职教20条"）要求下，教育部会同相关部委相继制定了《关于在院校实施"学历证书+若干职业技能等级证书"制度试点方案》（教职成〔2019〕6号）《关于推进1+X证书制度试点工作的指导意见》（教职成厅函〔2019〕19号）文件，其中明确提出实施该项工作具体要求，充分表明1+X证书制度是职业教育一项重大的改革内容，对提升职业教育内涵建设、全面提高职业教育的质量具有深远的意义。

我校作为陕西省交通特色高职院校，以服务交通强国战略为己任，依托国家优质高职院校优势，紧跟国家政策指引，开展相关专业领域1+X证书制度试点工作。目前已有汽车运用与维修、智能新能源汽车、物流管理、网店运营推广、智能财税5个职业技能等级证书获批1+X证书试点院校资格，参与试点学生规模达230人，我校还被评为汽车专业领域1+X证书制度试点陕西省级培训考核办公室，负责统筹推进全省的汽车专业1+X证书制度试点工作。

现将我校试点工作开展情况与各位领导、各位参会代表汇报交流，同时也欢迎大家莅临我校指导工作。

一、深入研究制度，强化顶层设计

2013年以来，国家连续取消了434项职业资格认可和认定事项，仅保留了涵盖经济、教育、卫生、司法等国家重要的行业领域40项准入类、99项水平类职业资格证书。这使得我校所办部分专业培养的学生在毕业时无法获取相应的职业资格证书。另一方面，我校在引入的相关职业资格证书的实践过程中，也在思考应该引入哪类证书、证书与行业企业能否紧密联系、证书如何融入教学、如何开展培训等难题，学校确实需要协同多方做好整体设计并进行试点探索。

1+X证书制度的出台是在吸收了"双证书"制度实施经验基础上，对证书的基本概念、功能定位、开发建设主体、运行机制、管理模式进行了全新设计。其标准，不仅是针对学龄人口的国民教育标准，也是针对社会成员的人力资源开发标准，既服务于学校与学生，又服务于社会与企业员工。从这个意义上讲，1+X证书制度是教育制度，也是就业制度，是一种全新制度的设计。

基于以上情况，我校依据国家 1+X 证书制度试点工作安排，先后两批遴选汽车检测与维修、智能新能源汽车、物流管理、电子商务、会计 5 个传统优势专业进行试点，以提升学生和扩招人员的职业能力培养水平，满足产业转型升级对人才培养的要求。

二、健全组织机构，构建协同机制

1. 建立健全工作机构

我校党政高度重视 1+X 证书制度试点工作，将 1+X 证书制度列为"一把手"工程，党政联合发文，成立了以党委书记、院长为组长的"学历证书+若干职业技能等级证书"制度试点工作组织机构；在教务处设立试点办公室，统筹全校 1+X 证书制度试点，主要与教育行政部门沟通协调，协助解决有关问题，配合省教育厅整体推进试点工作；二级学院根据专业领域证书成立试点工作项目组（如汽车专业领域校企合作职业教育培训考核办公室），负责与评价组织机构具体对接。同时，在我校第六轮机构改革中，学校党委会审议通过，专设 1+X 证书制度试点工作负责人岗位，已在汽车工程学院开展试点先行。

2. 落实动态周报制度

根据省教育厅工作要求，我校认真落实试点工作动态周报制度，及时、准确报告工作进展，总结工作经验，反映有关困难问题，提出政策建议。截至目前，我校已按要求通过"国家 1+X 职业技能等级证书信息管理服务平台"上报 12 期试点工作周报，对 5 个专业领域证书制度试点工作全过程进行动态管理。

三、搭建工作平台，全面推进试点

1. 面向兄弟院校广泛开展培训

我校积极对接省教育厅与培训评价组织，尤其作为汽车专业领域 1+X 证书制度省级办公室学校，在省域内组织开展与试点有关的说明会、研讨会、培训会等，搭建政策宣贯交流平台。5 月，学校邀请国家行政学院学术委员会主任、职业教育研究中心主任邢晖教授围绕《职教"20 条"与"扩招"引发职校改革及其应对》开展制度宣传解读会，统一认识，达成共识。6 月，我校承办了汽车专业领域 1+X 证书制度全国试点工作说明会，来自全国各省市 90 余所单位、200 余名领导及教师参加了会议，并组织召开汽车专业领域 1+X 证书制度全国省级考核办公室工作推进会。9 月，我校举办"全国汽车专业领域产教融合职业技能提升行动方案 1+X 职业技能等级证书建设专家学习班"，共有 17 个省份，43 所试点院校，117 名学员参加此次培训。11 月，全国 30 多所职业院校 50 余名汽车领域专家应邀赴我校参加"陕西省 1+X 证书制度汽车专业领域试考评启动会"并观摩学生考证全过程。12 月，我校将积极对接省教育厅、教育培训评价组织，将国家职业标准、教学标准、1+X 标准、设施标准等纳入培训方案，切实做好 2019 年省内 1+X 证书制度试点院校教师素质提高计划培训工作。

2. 重构校内人才育训方案

为做好 1+X 证书制度试点，我校于今年 8 月份根据中省教育行政部门关于专业人才培养方案制订与实施工作的指导意见，制定了 41 个全日制在校学生和 15 个四类人员扩招专业的人才培养方案。其中，13 个全日制在校学生和 7 个四类人员扩招专业人才培养方案将汽车领域、建筑测绘 BIM 应用、物流管理、智慧财税和网店运营推广 6 个职业技能等级标准、"汽车动力与驱动系统综合分析技术"等 10 个认证模块有机融入专业课程教学，调整构建 28 门专业核心课程，1 680 左右的标准课时，形成"基础共享、专业特色、拓展交叉"的专业课程体系，提高人才培养的灵活性、适应性、针对性。

3. 严把 1+X 证书质量关

我校一是严把证书入校关。建立证书入校的遴选与退出机制，发挥教学工作委员会和专业建设委员会的作用，已在本轮人才培养方案修订中对各类证书进行全面清理，逐一论证，严把证书入校关，避免出现片面的"考证热"。二是严把证书培训关。编制试点证书培训实施方案，保证培训学时数达到职业技能等级标准规定的能力要求，真正通过培训提升学生的职业技能水平。三是严把证书考核关。各个试点专业与培训评价组织合作，在评价组织的统一协调下，学校组织专题研讨会，对题目设计、考场条件、考核规范、评价标准等方面做了进一步完善优化。截至目前，我校 2018 级 183 名学生完成汽车专业领域、物流管理专业领域 1+X 职业技能等级证书认证考试。

4. 打造专兼结合教师创新团队

为扎实推动各专业领域 1+X 证书制度落实，学校结合教师教学创新团队建设，加大"种子"师资培育力度，选派能够驾驭校企"两个讲台"、适应"双岗"需求的专职教师和劳动模范、能工巧匠、企业技术人才、高技能人才等兼职教师，参加评价组织培训师、考评员考核认证。目前，汽车专业领域已组建由 17 位"种子"教师组成，专业带头人、教研室主任引领，覆盖汽车专业群的 1+X 证书培训讲师团，其中 1 人已被评价组织聘为专家；物流管理专业 5 名专业带头人、骨干教师参加培训，2 人已取得考评员资格证书；电子商务专业 2 名骨干教师取得 1+X 网店运营推广培训证书，会计专业 3 名骨干教师取得 1+X 智能财税培训证书。

同时，我校鼓励教师积极承担证书培训任务，并与北京、江苏、山东、福建、云南、四川、重庆等省份牵头试点院校组建培训联合体，互聘教师开展培训。

5. 校企共建高质量育训资源

学校整合优质资源，充分发挥大众、丰田、吉利、广联达、京东等已建成的 9 个校企合作实训中心功能，在现有场地设施资源基础上，按照培训项目与产业需求对接、培训内容与职业标准（评价规范）对接、培训过程与生产过程对接的要求，共建完善标准化培训实训基地 4 个。此外，在分配制度改革中，完善了教师工作绩效考核办法，将培训服务课时量和培训成效等作为教师工作绩效考核的重要内容，将一线教师额外承担的职业技能等级证书培训工作量，按一定比例折算成全日制学生培养工作量，纳入绩效工资分配。

6. 不断拓宽社会服务新面向

今年在落实国家出台的"高职扩招100万"政策中，省教育厅出台一系列政策与办法，我校顺利完成扩招任务。在人才培养标准不降的要求下，1+X证书制度恰好是高职质量扩招的一项重要抓手，我校已在相关扩招专业中明确提出面向农民工、下岗工人、退役军人，在做好学历教育的基础上，灵活开展职业技能等级培训，获得职业技能等级证书的同时为学历提升积累学分，提升其知识技能水平和就业创业本领。

此外，赴福建船政交通职业技术学院等兄弟院校交流指导4次，在首届西部职教论坛等会议上分享3次，派出2名教师指导省内3家院校1+X证书制度试点3次，极大提升了学校的美誉度，提升了全省1+X证书制度试点整体水平。

四、下一步工作设想

1. 联合培训评价组织与合作企业，建设高水平产教融合型实训基地

我校将充分发挥国家创新发展行动计划项目建设优势，在汽车检测与维修技术、道路桥梁工程技术、城市轨道交通3个专业群的生产性实训基地和公路建设建筑信息（BIM）校企协同创新中心平台上，面向我省交通运输、汽车制造与服务、现代物流等产业的技术技能人才领域，紧密对接培训评价组织，联合省内外知名企业，建设集实践教学、社会培训、企业真实生产和社会技术服务为一体的综合性高水平产教融合型实训基地，探索校企携手共建、共管、共享、共赢的运营模式，全面提升人才培养水平。

2. 以1+X证书试点为突破，深入推进"三教"改革

我校将在省教育厅、评价组织和兄弟院校的支持与指导下，以试点工作为契机，将1+X证书制度试点与专业建设、课程建设、教师队伍建设等有机融合，深化教师、教材、教法"三教"改革，促进校企协同育人，建好用好校内外实训基地，持续深化产教融合，有序开展学历证书和职业技能等级证书等成果的认定、积累和转换，为我省1+X证书制度试点工作探索与实践出成功经验。

"一花独放不是春，百花齐放春满园"。希望能与大家携手为新时代我国职业教育改革发展做出新的贡献。

（在陕西省职业技术教育学会2019年学术年会上的发言交流材料）

促进产业转型升级　服务地方经济发展

杨守国

学会教材建设工作委员会副主任委员

商洛职业技术学院副院长　教授

服务地方经济社会发展是高职教育的一项重要功能，也是一种责任和义务。2016年学院现任领导班子在综合分析陕西职教新形势和近年来学院办学实践的过程中，深刻地体会到"根植地方、依靠地方、服务地方"是商洛职院必须坚守的特色发展之路。

商洛作为连接"一带一路"和长江经济带的重要节点城市，在推进陕西自贸区、丝绸之路新起点、秦岭国家公园和关中平原城市群建设中，商洛身在其中、利在其中。陕西省委省政府将西安商洛一体化纳入全省发展战略，西商优势互补得到进一步促进，西安带动商洛发展迈上了快车道。随着西武、西渝高铁的建设开通，商洛将全面融入西安半小时经济圈，交通区位优势将进一步转化为经济发展优势，在商洛市第四次党代会上描绘出了建设创新商洛、美丽商洛、幸福商洛的美好蓝图，而其中的产业和移民搬迁脱贫、培育医养健康产业等大方向、大举措，为商洛职业技术学院助力地方发展提供了良好机遇。

一、构筑技能人才高地，促进产业转型升级

作为以服务区域经济社会发展为主要目标的地方高职院校，"十三五"伊始，学院就在办学战略上进行了调整，确立了坚持立足商洛、面向陕西、辐射周边，助力区域社会经济发展的办学定位，不断提升医护类、教育类优势专业协同发展，同时做好汽车、建筑、康养等新专业的协调发展。近两年学院结合区域需求，又先后申报了中医学、通用航空、大数据、康复治疗技术等新专业，积极为商洛及周边区域发展输送人才。

在人才培养模式上，学院积极探索实践"工学融合"。在与东风汽车、跃迪新能源、必康制药等开展"订单式"培养的基础上，又先后与浙江吉利集团、江苏瑞声集团等上市公司建立了校企合作培养关系，积极探索在企业开展顶岗实训和学历、专业知识提升双轨并行的人才培养模式。近两年，学院与重庆德克特信息技术有限公司、成都云华集团等开展了深度合作办学，建了德克特网络学院、云华通用航空学院等，与西安国际医学投资股份有限公司建立了3类"岗前强化培训班"，与日本介护支援会共建"老年保健与护理华洋定向培训班"、与韩国大邱大学就医学康养类专业达成合作交流意向，与陕西中医药大学、中国地质大学等建立了人才培养基地，深度校校、校企合作，为学生职业发展打下了坚实的基础。

二、全力拓展育训渠道，职教培训展现新作为

学院职教培训工作起步于 2012 年，尤其是 2015 年商洛市职业教育培训中心挂牌成立后，学院职教培训工作迈入了发展快车道。在 2018 年陕西省职业教育工作会议上刘建林副厅长指出"职业教育与成人教育工作要考虑做大培训的发展思路，逐步完善职业教育和培训体系"，是对学院坚持做大做强职教培训思路的肯定。不断扩大市职教培训中心规模，既是我院落实党的十九大重要部署、推进职业教育创新发展的职责和使命，也是进一步增强办学综合竞争力的需要。市职教中心现有项目培训基地 20 个，依托学院教育教学资源先后实施了大学生创业就业培训、企业管理人员、新型职业农民等培训工作，累计完成培训 8 万人次。此外，按照宁商《关于进一步加强扶贫协作和经济合作战略协议》，与南京市协作设立了宁商劳务协作服务业技能型人才培养培训基地，加大苏陕扶贫协作项目的申报和利用，服务地方脱贫攻坚和社会经济发展能力日渐显现。

三、紧贴群众健康需求，与秀美秦岭同呼吸

按照"倡导绿色大健康，打造西安后花园"的城市定位要求，学院和西安国际医学投资有限公司合作在原市第二人民医院的基础上，兴建预设病床 1 500 张、投资约 15 亿元的商洛国际医学中心。目前商洛国际医学中心 22 万平方米的建筑总量已基本完成，将于 2020 年元旦前投入使用。

建成后的国际医学中心是按照国际 JCI 认证标准和国家三级甲等综合医院标准建设的一座专科特色鲜明的区域性国际医学中心。医院的建设不但跨越式地提升了商洛职院医护类专业实践教学能力和质量，而且将现有医疗资源进行了优化再配置，增加了优质医疗资源的供给，促进全市医疗资源布局的均衡化。商洛国际医学中心的建立是经济欠发达地区医疗卫生体制改革新理念、新举措，是学院校企合作的新探索、新实践，是"秦岭最美是商洛"品牌的新内涵、新动能，更是全市"五大发展理念"的新践行、新追求，必将助推商洛医疗卫生事业和职业教育大发展，也为商洛打造秦岭休闲之都、生态宜居城市打下了坚实的基础。

四、反哺地方基础教育，与商山洛水共命运

学院认真贯彻落实中、省脱贫攻坚工作精神，积极响应市委、市政府号召，发挥自身优势，扎实有效开展"双百工程"教育助力商州区脱贫攻坚，主动承担职院的社会责任，反哺地方基础教育，与商州区政府合作共建商洛职院实验中学和建设实验幼儿园。

实验中学按照"学生喜欢、教师幸福、家长满意、社会认可"的标准，先后新制定了《教职工工作考核绩效奖惩办法》《教学质量目标及奖惩办法》等 10 余项管理制度，重新构建了简约高效的管理机构、团队，施行精细化全方位严格管理。以"学生为中心"的教学实验改革初见成效，两年来实验中学办学规模从 139 人增加到目前的 401 人，增幅达 288%；2018 年中考重点中学录取率达 76.3%，在全区教育教学质量综合考评中列 32 所公立学校第

一名;学校先后被授予"陕西省平安校园""区教学质量综合考评一等奖"。

实验幼儿园2017年开工建设,2018年9月投入使用,现开设班级13个,有教职工29人,有省级学科带头人1名、省级教学能手2名、区级教学能手5名,其中省级学科带头人和教学能手的获得填补了商州区学前领域教师此项荣誉的空白。开园一年来,实验幼儿园凭借良好的办学条件、优质的保教能力和全省示范性安全管理模式,承担了5期国家级幼儿园教师培训。实验幼儿园的工作也得到了社会各界群众的认可,今年9月首次启用网上报名系统,9分钟内就有1 000余名幼儿家长进行了预约报名。此外,试验幼儿园还被陕西省教育厅批准为"双百工程"产学研示范基地,"示范性、实验性"已成为其鲜明的特色。合作共建,示范引领,给两所学校发展开辟了新路径。未来,学院力争用3~5年时间把商洛职院实验中学和实验幼儿园建成市域内示范、省内知名的优质学校。

紧贴人民群众日益增长的需求,发展自我、完善自我,办贫困地区人民满意的高职教育——是商洛职院人的初心不移、是学无止境的探索不止、是服务发展的步履不停。虽然和兄弟院校相比,我们还有一定差距,但是我们有信心,以更大的热情、更务实的做法根植地方、服务地方,为区域经济社会发展作出应有的贡献。

(在陕西省职业技术教育学会2019年学术年会上的发言交流材料)

第五篇　产教融合校企合作
　　　　打造一流专业品牌

立足交通优势　建设一流专业　服务国家战略

王天哲

学会思想政治理论课教育教学指导委员会主任委员

陕西交通职业技术学院院长　教授

在 66 年办学历程中，我校始终以立德树人为根本，以振兴交通为己任，倾力于办有灵魂的教育，建有品位的学校，创有境界的文化，育有底气的人才。培养思想认识有境界，理论知识有基础，专业技能有特长，后续发展有潜力的技术技能人才。形成争创一流、追求卓越的陕西交院精神，涌现了一系列引领西部交通职业教育和陕西职教的标志性成果。新时期，党的十九大报告对职业教育赋予了新的使命与要求，陕西省委、省政府，高瞻远瞩，创新提出"四个一流"的战略布局，学校紧抓建设"一流学院"的机遇，持续推进教育教学改革，形成了立足交通优势、不断提升专业产业协同发展能力，服务智能交通、不断提升专业服务产业转型升级能力，借国家项目不断提升改革创新能力，依靠文化育人全面提升学生综合素质，共享校内资源提升技术输出能力，服务"一带一路"发展需求，提升职教国际影响力等"六大提升"的一流学院建设战略。

一、立足交通优势，提升专业产业协同发展能力

一是依托陕西交通物流职业教育集团，充分发挥学校由陕西省教育厅和陕西省交通运输厅"两厅共建"的管理体制优势，创新合作方式方法，探索混合所有制办学模式，提高产教融合、校企合作水平，为高职院校创新办学体制机制积累经验。

二是以人才共育、教育服务为契合点，吸引中铁一局、杭港地铁、一汽大众等知名企业，实现资金留校、人员驻校、设备入校，累计吸收社会资金 3 300 万元。

三是借陕西自贸区的设立，在政府引导下，积极筹建新校区——陕西智能交通和现代服务业职教改革试验区，打造区域性跨行业跨产业人才培养的新高地。

二、瞄准综合与智能交通，提升专业服务产业发展能力

一是针对产业升级，不断优化专业结构。投入 1.6 亿，升级改造道路桥梁工程、汽车维修和轨道交通等传统优势专业 8 个，新建智能交通、新能源汽车、机场场务技术与管理等新技术专业 7 个，撤销不适应产业布局专业 6 个，形成了契合产业发展、覆盖路、海、空、铁、地的综合交通专业结构布局。

二是针对需求升级，提高人才培养契合度。引入行业企业生产标准和国际标准，着眼学生终身学习和持续发展，强化"双创"教育，进一步优化人才培养体系。以课程改革为核心，以教学改革为切入点，理论实践一体、实境虚拟结合、线上线下对接，提高人才培养针对性和有效性。

三是针对技术升级，加快实训基地建设。面向交通智能化、互联信息化、服务区域化、创新全程化的需求，吸引利用行业企业资金和捐赠1.2亿元，建成了道路BIM、汽车检测、轨道交通协同创新中心等70个校内实训基地。

四是针对培养升级，加快师资队伍建设。强化名师引领作用，建立教学名师、技能大师、工匠工作室；着眼教师长远发展规划，建立名师、能手、新秀三级培养机制；持续推进教育理念、知识技能、工程实践、信息化和国际化等五项教师培训计划；激发人才活力，创新和完善教师评价体系，全面提升师资队伍水平。

三、借力国家项目，不断提升专业改革创新能力

一是以国家首批现代学徒制试点为依托，创新人才培养模式，探索与实践招生招工一体、校企协同育人的新机制。先后在8个专业进行试点，已有400多名学生完成学业，实现较高质量的就业。

二是主动承担创新发展行动计划，打包整合为43项任务和15个子项目，全力推进内涵创新发展，在体制机制改革、教师队伍建设、创新创业教育等方面取得明显成效。

三是入选全国首批诊改试点院校，以质量改进为内生动力，形成了自我诊断、持续改进的质量保证体系，提升了现代治理水平，为保障人才培养质量奠定了基础。

四是依托全国首批诊改试点，加速智慧校园建设，持续投入近2 000万元，搭建智能网络和应用平台；投入700余万元，主持及参与建设3个国家专业教学资源库，建设3门省级专业教学资源库和5门院级专业教学资源库，建成40门在线开放课程，有效推动了基于互联网的教学改革。

四、拓展文化育人，全面提升学生综合素质

一是倡导"吃苦实干、爱岗敬业、默默奉献、图强创新"的"铺路石精神"，塑造交通特色鲜明的校园文化。依托陕西红色资源优势，创新思政教育工作，开展走进社会、企业、学生家庭的"三走进"活动，开办"陕西交院红色筑梦之旅"等微信平台，培育新媒体育人阵地。

二是依托学校深厚文化底蕴，彰显新时代工匠精神，实施"一院一品"工程和专业文化塑造活动，培养主人翁精神，重视管理者的引领作用、先进人物的示范作用，通过教师发展手册和学生成长手册把师生的个人发展目标同学院的发展战略联系起来，实现人的全面发展，将陕西交院精神内化为师生的信念和行为准则，实现了学生能力和素养"双提升"。

三是全力推进"教赛结合"，建立"学生全参与、专业全覆盖、赛项全对接"的三层技能大赛培育机制。近两年，学生在世界VEX机器人大赛、美国蓝桥杯软件大赛和全国职业院校技能大赛中屡获大奖。1名学生获"中国大学生自强之星"、1名学生的创新创业事迹

被央视报道、2 名毕业生被省政府授予"劳动模范"、2 名毕业生获省级"能工巧匠"称号。

五、共享校内资源,提升专业技术服务能力

通过"两个基地""三个中心",广泛开展继续教育与培训服务、技能鉴定、技术服务、企业考评等活动。学校连续 2 年荣获全国高职院校服务贡献 50 强。

一是每年培训 1.3 万人,遍布公路、水运、铁路、党政机关、专业人士以及教育各行各业,范围涉及西藏、新疆、黑龙江等全国各地,影响广泛。五年来,学校共开展各类培训累计 12 万人次,实现收益 3 363 万元。

二是五年来,学校参与工程监理项目 50 余项,工程规模达 1 094.87 千米,合同金额 11 054 万元,经营收入 8 433.70 万元。同时,安排学生实习顶岗 945 人次。

三是五年来,学校完成勘察设计项目 30 余项,其中公路勘察设计 404.88 千米/98 条,桥梁勘察设计 1 988.26 米/21 座,公路安全生命防护工程施工图设计 998.35 千米/120 条,实现产值 512.07 万元。

四是三年来,学校承担检测工程项目 94 项,经营收入 376.89 万元。

五是承担了全省交通运输安全生产标准化考评工作,五年共完成危货、客运和施工企业安全考评 259 家,实现收益 675.4 万元;驾驶学校招收学员 3 170 名,培训毕业学员 2 894 名,经营收入 874 万元,承担学生驾驶实训教学任务 12 031 人。

学院附设有陕西省交通运输厅党校、陕西省交通职工培训中心、陕西省教育厅中职师资培训基地、陕西省财政厅专业技术人员继续教育培训基地、上海大众陕西培训中心、西安市退伍军人培训基地、西安市社区教育和下岗人员再就业培训基地、汽车驾驶学校等培训教育机构,年均培训 1.8 万人次。

六、凭借"一带一路"发展需求,提升职教国际影响力

一是作为丝绸之路职教联盟成员、"中韩项目"、中德"SGAVE"项目单位,争取国际合作平台、加大教师培训力度、推进学生深层次多样化交流。

二是参与教育部职教走出去试点,选派教师赴赞比亚(蒙内铁路)、丝绸之路沿线国家工程建设工作,探索职业教育试点项目教学标准建设,为开展外方教师来华培训和建立海外学院做好了前期准备。

三是立足区位优势,服务"一带一路"倡议沿线国家职业教育需求,先后开展了教育交流、技能大赛、留学生项目等工作。

一流学院建设永无止境,站在新时代的起点上,我校将进一步加快一流专业建设,登高望远、践行使命;谱写改革发展新篇章。

(在陕西省职业技术教育学会2018年学术年会上的发言交流材料)

着力打造一流专业　全力推进一流学院建设

张永良

学会农林牧渔类专业建设指导委员会主任

杨凌职业技术学院副院长　教授

近年来，杨凌职业技术学院瞄准双一流建设目标，实施"追赶超越"，结合创新行动计划和诊断改进，多措并举，着力打造一流专业，全力推进一流学院建设，全面建设国内一流、具有一定国际影响力的优质高等职业院校。

一、对接产业梳理专业，优化专业结构布局

对接产业结构调整、转型升级，适应新兴产业发展趋势、行业发展方向和企业发展需求，对全院专业开展自诊自查工作，按照"压数量、调结构、优布局"的思路，先后归并、撤销、压缩专业13个，专业规模从73个减到60个。按照20个骨干（一流）专业、20个特色专业和20个标准专业结构布局，确立了以服务三农、绿色发展、水土保持、水电建设、现代信息与制造、现代服务、制药化工、畜牧产业等8大专业类群，使得专业定位更加明晰，结构更加合理，体系更加优化。

二、立标杆找短板，实施追赶超越

学院结合农、林、水行业特点，确立了深圳职院、江苏农林、黄河水院为追赶超越目标。在全国确定30个一流专业作为建设标杆，组织了25个专业建设考察组和4个综合考察组，分赴全国15所院校，开展"追赶超越"学习。寻找差距、补足短板、明确思路、强化措施，完善专业追赶超越方案，为建设一流专业奠定基础。

三、回归育人本位，实施"四位一体"人才培养工作

按照"立德树人""成才先成人"的育人理念，从2015级新生开始，率先推出以学分为导向的"通识课＋专业课＋个性发展课＋创新创业课"的"四位一体"人才培养方案。学生的综合素质明显提升，创新意识、创业能力进一步增强，专业技能水平进一步提高。近三年，在全国职业院校技能大赛（含行业）中取得一等奖11项、二等奖33项、三等奖30项的成绩；在陕西省"互联网＋"大学生创新创业大赛中参赛项目达到1 690项，获7金6

银 23 铜。

四、加快信息化条件建设，深化线上线下混合式教学改革

学院以信息化教学理念为先导，大力推进混合式教学模式改革。学院先后投入 3000 余万元进行数字化校园建设，部署了"优慕课"网络教学平台，通过校内外培训、观摩教学、座谈研讨、组织大赛等形式广泛开展线上线下混合式教学改革，广大教师信息化教学资源建设和线上线下混合教学的能力显著提高。截至目前，全院建成线上线下混合式教学课程 956 门，日均访问量 10 000 人次以上，累计访问量 100 万人次/学期以上。

五、实施人才强校，打造一流教学团队

按照"数量充足、结构合理，素质优良、名师引领、骨干支撑、专兼结合"的方针，实施教师高层次高技能人才引进等 7 个人才强校计划。在 20 个骨干（一流）专业实施专业教师 428 配备计划（2 名教授、2 名博士、2 名专业带头人、2 名实训指导教师、8 名双师型教师）。建立教授、名师工作室，做好传帮带工作，有力地促进了师资队伍建设。

六、制定一流专业标准，引领专业发展方向

按照"建设一流标准，领跑全国同行"的思路，邀请行业、企业专家共同参与，在 19 个一流（培育）专业制定了"以工作过程为导向、体现产教融合、工学结合特色，明确专业核心技能，具有一定国际视野的国内一流"的专业标准，全面提升专业建设水平。计划用 2~3 年的时间，建成全国农林水三大行业专业的"杨凌标准"，使学院 1/3 的专业领跑全国同行。

七、以社会服务为引领，促进产教融合和专业发展

积极开展校政合作，服务三农，学院先后在洛川、富平、彬县、眉县合作成立了 10 个职业农民培育学院，广泛开展职业农民培育；建立了全省农产品质量检测员培训基地、全省水利职工培训基地。通过建立多个省内外农业科技示范推广基地，不断完善农业高职院校产学研推广模式。积极开展以科技、教育为抓手的精准扶贫。与陕建、中水、用友、中兴等大中型企业合作建立企业学院，合作开发课程，共建研发中心，提升专业建设水平，使专业建设更加贴近产业和企业。

八、构建内部质量保证体系，建立完善专业质量保证制度

按照全员参与、全程控制、全面管理的质量保证理念，构建了"一流目标引领、一核四柱支撑、五纵五横嵌入、全员参与实施、循环往复上升"的内部质量保证体系。实施学院、分院二级人才培养质量年度报告制度；引入第三方评价机制开展人才培养质量评价，将

社会和用人单位的意见作为教育质量评价的重要指标。建立诊改平台，将诊改工作与专业核心竞争力提升、骨干专业建设同步推进，带动学院全要素诊改。

九、加强专业国际合作，服务"一带一路"倡议

引进英国、荷兰建筑工程技术、现代农业技术课程资源，与新西兰林肯大学合作实施"专升硕"计划，加入《悉尼协议》应用研究高职院校联盟；开办建筑、水利、交测国际班，培养具有专业技能和国际视野、通晓国际规则，服务中水、中建、中铁等"走出去"企业所需的技术技能人才；举办面向中亚国家农技人员的农业实用技术培训班，开展"一带一路"沿线国家和发展中国家的农业实用技术培训，探索职业教育技术培训和输出新路径；在哈萨克斯坦建立现代农业技术培训中心；招收国外留学生18名，开启了国际化办学的新局面。

打造一流专业、推动一流学院建设，必须鼓起追赶超越的勇气，树立持之以恒的信心，努力把学院建成国内一流、具有一定国际影响力的高职名校。

（在陕西省职业技术教育学会2018年学术年会上的发言交流材料）

产教融合　引企入教　建设高职旅游一流专业（群）

王 平

学会旅游类专业建设指导委员会主任

陕西职业技术学院副院长　教授

我院根据省一流专业建设要求，结合学院三年创新行动计划项目实际，建设高职旅游类一流专业，培养创新型复合型高技能旅游人才，服务于区域经济和文化旅游行业发展。以下从7个方面与大家进行分享。

一、立足实际创特色　科学规划建一流

通过结合项目建设任务，加强与行政主管部门、行业、企业沟通与合作，落细、落实引企入教、产教融合；加强与兄弟院校的交流与合作，提高师资队伍水平；实施教育教学改革，提高人才培养质量。建成体制机制创新、具有国际视野、信息化水平高、教学理实一体化的"双高特"二级学院。旅游管理专业建成国家级旅游专业示范点，建成国家级校企合作示范基地，具有国家级教学团队，按国库标准建成省级教学资源库，在国家技能大赛中获得一等奖的好成绩。

二、高举立德树人旗　永走全程育人路

我院始终将立德树人、全程育人放在人才培养的首要地位，通过课堂教学、社会实践、校园文化建设等方面加强学生教育。将立德树人落实、落小、落细，注重学生的养成教育、心理健康教育与品格教育。让学生学会劳动、学会勤俭、学会感恩、学会助人、学会谦让、学会宽容、学会自省、学会自律。培养又红又专、德智体美劳全面发展的技术技能型人才。

三、推进现代师徒制　产教融合是根本

1. 探索产教融合，形成"三位一体"的校企合作模式

我院在研究国家相关政策基础上，积极探索产教融合、校企一体，推行"建设机制、运营机制、保障机制共同服务于产教融合"的"三位一体"校企合作模式。"建设机制"主要指专业人才培养方案的修订、专业教学标准的制定、质量评估指标的确定；"运营机制"

主要是指"引"（引进企业，筑巢引凤）、"合"（校企设备、人才资源整合运营）、"转"（主要是指成果转化）；"保障机制"主要是指通过产教融合，组建师资建设、实训条件、社会服务、课程建设、质量监督等工作组，确保产教融合的顺利开展。

2. 实施产教融合，推行"五对接"现代师徒制

我院今年成功获批教育部第三批现代学徒制试点。以此为契机，我们将在培养过程中做到、做好学校教书育人机制与企业人才培养机制对接、专业教学标准与企业岗位能力标准对接、教学项目与工作项目对接、学校实训环境与企业文化环境对接、教师服务能力与企业人员教学能力对接等"五对接"。真正实现学生学徒双重身份，教师师傅双重指导的"双主体"育人目标。

四、校企双方共合作，教学资源变优质

1. 教学硬资源建设

通过校企合作组建"白鹿仓国际旅游商学院"，使白鹿仓成为学院全景式教学基地，从旅游景区开发、产品研发推广、文化IP打造、景区全程服务等全方位、全程融入日常教学当中；与西安W酒店等多个高品质酒店建立了教学合作关系；与陕西省文物局合作打造文物修复与保护专业，建成国家级文物修复与保护技能鉴定站；完成创新发展三年行动计划7个在建项目（携程旅游校园旗舰店、旅游沉浸式互动体验馆、旅游电商生产性实训基地等）实训场地。使旅游与文化学院的硬件教学资源优质化。

2. 教学软资源建设

完成国家级导游业务教学资源库中1门课程的建设任务；建成省级教学资源库；建成国家级资源库校企合作建成14门在线课程；建成2门精品在线课程；建成酒店服务、旅行社管理、景区服务、文物修复等企业一线工作教学案例库。

五、"一流专业"要建成，师资队伍是关键

我们将旅游与文化学院的教师分为：教学名师、专业带头人、骨干教师、青年教师、兼职教师等五个梯队，通过个性化精准培养，打造成一支"仁术、道术、技术、学术、艺术"五术兼备的教师队伍。

六、"一流专业"要持久，产、学、研、用是宗旨

近年来在上级主管部门的领导下，在学会的指导下，在同行的帮助下，在合作企业的参与下，通过自身的努力，旅游管理专业先后建成国家骨干示范专业，列入省级一流培育专业，多年的办学过程中秉承"产、学、研、用"的宗旨，为地方经济发展做出了人才培养和技术服务支持的较大贡献。未来我们将继续坚持"产、学、研、用"深度融合，将学院

旅游专业（群）建成地方离不开、行业都认可、国际可交流、专业有品位、教师有尊严、学生有发展的"一流专业（群）"。

七、携手共进新时代，凝心聚力谱新篇

旅游类专业建设指导委员会成立一年多来，在学会的领导下，在兄弟院校同人的共同努力下，圆满地完成了专业建设调研交流研讨、师资技能提升培训、专业技能大赛经验交流、一流专业建设标准研讨等计划任务。展望2019，我们将继续在一流专业标准建设、课程和教材建设、师资交流培训、技能竞赛、实训基地建设、内部管理效能提升等方面与兄弟院校的同人们一起，群策群力、凝心聚力、携手共进，努力工作，共同把我们陕西高职的旅游类专业建设好。

（在陕西省职业技术教育学会2018年学术年会上的发言交流材料）

弘扬工匠精神　深化产教融合　全面推进一流专业建设

李林军

学会交通运输类专业建设指导委员会主任委员
陕西铁路工程职业技术学院副院长　教授

2018年9月，在全国教育大会上，习近平总书记对深化教育体制改革作出重点部署，针对教育工作目标、根本任务、教育评价等方面，提出"四点要求""五个下功夫"和"九个坚持"。李克强总理也指出，职业教育要坚持面向市场、服务发展、促进就业的办学方向，深化产教融合、校企合作。会议内容既高屋建瓴，为教育发展指明方向，又落地生根，为教育工作提出具体要求。

陕铁职院牢记立德树人使命，以国家优质校、16个"一流专业"和80项创新发展行动计划建设为抓手，创新人才培养模式，积极搭建政校行企各方参与的产教融合纽带，推动铁路工程、铁路运输、轨道装备制造三大专业群建设，实现了从对接单个企业向对接产业群、从对接产业单个环节到对接产业链、从服务国内企业向服务国内外企业的转变升级，专业建设标准化、规范化、品牌化日益彰显。

一、以立德树人为根本，构建"专业教育＋综合素养"一体化人才培养方案

学院以十九大精神为指导，深化立德树人，强化顶层设计，构建"专业教育＋综合素养"一体化人才培养方案，将思想政治教育、创新创业教育和工匠精神培育融入教学全过程，教学管理与学生管理紧密融合，营造"三全"育人的良好氛围，将育人工作分解到各环节，落实到各部门，贯彻于各项活动、各个环节的始终，有力促进学生德技并修、全面发展。

建好主力军、抓好主渠道、把牢思政教育主阵地。选精、配强思政教师队伍，安排理论素养高、实践经验足的党政干部、思政工作者担任授课教师，实施专业教育与思政教育相融合，学生工作与思政工作相融合，思政教师队伍与辅导员队伍相融合，构建"思政课程＋课程思政＋二课活动＋社会实践"的思政教育体系，切实加强思政工作。

完善体制机制，集聚社会合力，加强创新创业教育。将创新创业教育融入办学理念、专业培养、第二课堂和技术服务，构建"四融入三推进"的创新创业教育体系，设定6.5个专门学分，开设"创新教育"等4门课程，推进创新创业教育改革融入人才培养全过程。与中铁一局共建创新学院，设立创新教研室，专门负责全院创新教育与课程建设，聘任31名校外创新创业导师，为学生提供个性化深度指导。近三年，获中省"互联网＋"大学生

创新创业大金奖 3 项、银奖 8 项，铜奖 17 项。

加强文化引领、搭建实践平台，强化工匠精神培养。通过开展两院院士、全国劳模进校园、技能大师带徒、优秀校友报告会等活动，传播前沿技术、交流成功经验，强化学生工匠精神培养。连续 11 年举办院内技能大赛，为学生提供实践比武平台，邀请企业能工巧匠担任评委，现场指导，提升学生实践技能水平。

二、以诊断改进为契机，建设"数据化决策 + 混合式教学"智慧校园

学院紧跟教育信息化发展步伐，牢固树立"创新、协调、绿色、开放、共享"的发展理念，按照"服务全局、融合创新、深化应用"的原则，构建以"云服务"为核心的资源数字化、应用集成化、传播智能化的信息环境，稳步推进教育信息化各项工作。

加强信息化基础设施建设。升级校园网主干带宽，实现校园网有线、无线 100% 全覆盖，建成标准化考场 350 个，实现一卡通、物联网技术在学院管理中的应用。

强化校园业务系统数据融合。建成集教学管理、学生管理、人事管理等七大服务于一体的应用系统和一站式网上办事大厅，利用移动校园 APP，探索"微应用"，提高办事效率。聚焦教学诊改，建设校本数据中心，对学院、专业、课程、教师、学生五个层面的数据进行分析和监测预警，实现工作管理数据化和统计精细化，为学校科学决策提供数据支持。

重视信息化手段在教学中应用。学院高度重视信息化技术在教学中应用，先后出台制度文件 5 项，将教师信息化教学能力作为年度考核和职称评审必要条件，在全院范围内开展基于"云课堂、云班课"线上线下相结合的混合式教学模式，限定基础资源和使用基本要求，注重课堂效果和学生评价，对教师使用情况进行量化考核，使用达标给予额外工作量奖励。立项院级精品在线开放课程 30 门，推进信息化资源建设应用。近三年，学院立项国家级专业教学资源库 1 项，省级专业教学资源库 4 项。43 部作品在中省信息化教学大赛和微课教学比赛中获奖，6 门在线开放课程被教育厅推荐参评国家精品在线开放课。

三、以产教融合为抓手，实施"技术服务 + 现代学徒制"校企育人模式

学院不断深化"四级对接"，创新校企合作体制机制，依托陕西铁路建筑职教集团主动与技术先进、管理规范、社会责任感强的企业深度合作，实施"管理共同体领导机制、师资共同体互补机制、专业共同体建设机制、产学研共同体创新机制、资源共同体互助机制、文化共同体交融机制"，打造校企合作共同体，全面推进校企协同育人。

着力提档升级，加快技术技能积累与转化。增加投入 3 700 万元与中铁一局共建基于"工程实体 + VR 仿真"于一体的交通土建类综合实训基地，进一步完善实训条件。充分发挥省级实验室—高性能混凝土工程实验室作用，联合 4 家企业、7 家本科院校组成科研团队，开展研究项目 10 个，其中研制的混凝土发泡剂已经在北京、青岛地铁施工中得到应用，实现成果转化。不断拓展 BIM 技术服务领域，承接中铁十四局、中铁大桥局等技术服务项目 14 项，新增合同额 504.4 万元。

强化双主体作用，推进校企协同育人。作为教育部现代学徒制试点立项建设单位，学院遴选铁工、地隧、装饰三个试点专业先后与中交天和、中铁二十局三公司等组建现代学徒制

班 6 个,联合培养学生 202 名。企业给学生配发工装,设立奖学金,举行拜师仪式,行拜师礼,确定师徒关系,增强学生归属感和责任感。校企双方共同制定招生招工标准、共同制订人才培养方案、共同开发岗位课程、共同组织课程教学、共同编制考核评价方案、共同开展"双师"教学评价与管理,实现人才共享、资源共享、利益共享,形成了"六共同、三共享"校企合作育人机制,校企共同制定《企业师傅聘任及管理办法》等制度文件 9 项,进一步夯实了校企双方职责。

发挥教育资源优势,助力脱贫攻坚。指定扶贫方案,主动和洋县、临渭区相关部门对接,先后开展人才帮扶、智力帮扶和教育帮扶 37 项,开展扶贫培训累计 2 686 人次,培训课时 1 128 学时。结队帮扶山西机电职业技术学院,2018 年,接收该院 86 名城轨机电专业学生进行为期一学期的专业技能培养,与此同时,2 名教师在我院挂职锻炼,提升其专业技能和教学管理水平。

四、以输出优质资源为突破,打造"交通学院+培训中心"的国际合作品牌

学院作为教育部"高端技能型、应用型人才联合培养百千万交流计划"中方院校,积极探索国际交流与合作,实施"走出去,跟上去,融进去"三步走规划,输出优质教育教学资源,全面提升人才培养质量和办学水平。

多方位走出去。学院与韩国东亚大学、中国台湾朝阳科技大学等国家和地区院校形成紧密合作关系,连续 3 年选派 120 名学生赴俄罗斯、韩国游学;选派 6 名教师、10 名学生赴中国台湾朝阳科技大学开展一学期学习和交流,实施学分认定。选派 160 名教师赴英国、澳大利亚、德国、新加坡等地学习研修,覆盖学院所有教研室主任和骨干教师。选派 1 名教师赴俄罗斯萨马拉国立交通大学讲学一个月,讲授高铁前沿技术和学院铁路类专业建设情况,宣传中国高铁发展历程与成就。

多渠道跟上去。学院依托"一带一路"中国—东盟轨道交通教育培训联盟、中俄交通大学校长论坛理事单位身份,加强与俄罗斯、德国等国家的交流与合作。与俄罗斯萨马拉国立交通大学共建陕铁院-萨马拉国际交通学院,开办高铁、信号、运营、物流四个专业,每期招生 400 人,目前,已获陕西省政府批准。

深层次融进去。自 2016 年以来,学院先后选派四批次 41 名教师赴肯尼亚为当地学生开展行车、电力、信号、线路等铁路培训,服务蒙内铁路建设。目前,合作项目进一步升级,学院在肯尼亚成立陕铁院 RTI 培训中心,承担肯尼亚铁路建设所需的师资培训、人才培养工作,输出铁路建设施工技术和中国标准。同时,学院已启动肯尼亚师资专题培训项目,接收一批肯尼亚铁路培训学院教师来院培训。

进入新时代,面对新形势,陕铁院将不忘初心、牢记使命、抢抓机遇、超前布局,以更高远的历史站位、更宽广的国际视野、更深邃的战略眼光,深化产教融合,提升服务经济社会发展能力,加快推进一流专业建设,培养更多的技术技能人才。

(在陕西省职业技术教育学会 2018 年学术年会上的发言交流材料)

服务国家海洋发展战略　打造高职航运一流专业

王玉彪

学会文化教育及公共事业类专业建设指导委员会秘书长

延安职业技术学院副院长　教授

一、延安职业技术学院航海专业群建设概况

2007年天津海事局响应国家海员向中西部转移战略，经多方考察，与延安老促会、我院签订了联合办学协议。2008年我院正式成立了航运工程系；2011年我院获得了海船船员培训资格证，成为西北地区唯一具有海船船员培训资质的高等院校；2015年获得了内河船员培训资质，2016年确定为海军定向培养士官院系。我院航海专业现开设航海技术、轮机工程技术、国际邮轮乘务管理3个专业，累计招收学生1 047人，天津市船员服务行业协会15家会员单位与我院签署了就业安置协议，毕业生就业率达98%。2012年"交通部海事局西部海员培养基地"正式在我院挂牌。在黄土高原播撒海洋文化的同时，为延安的职业教育发展、劳动力输出、实现脱贫目标作出了积极的贡献，人才培养质量得到了社会的广泛好评，成为延安职业教育的新亮点和农民转产就业的新品牌。

习近平总书记在党的十九大报告中明确要求"坚持陆海统筹，加快建设海洋强国"，为建设海洋强国再一次吹响了号角，更为我们办好航海专业指明了方向。

二、校政行企合作联合办学，十年磨一剑特色鲜明

政府搭台、企业参与、行业指导、名校支教、学院发力，这是我们十年举办航海专业的基本经验。

1. 宣传航海文化，转变传统观念，西部海员培养基地的影响力不断增强

招生范围由陕西省拓展到江西、甘肃、宁夏、四川、重庆等省（区、市）。

2. 自建与帮扶并举，不断完善办学条件，确保人才培养质量

近10年来，我院先后投资3 000万元建成了集航海、轮机、邮轮、考证和水上安全五大功能和六大中心实习实训基地，拥有航海模拟器等30多个实训室。2014年获批为陕西省高职示范性实训基地，2017年被延安市政府命名为延安市科普教育基地。

学院采取高薪聘用、选派培训等多种方式加强师资队伍建设。2012年西部海员发展推进会在延安召开，大连海事大学等6所知名航海院校与我院签订了支教协议，五年来支教院校先后派28名航海教育教授专家来我院支教，为我院帮带出一批本土专业教学人才。目前我们有航海经历的轮机长、大副等教师26人。

我院严格按照《船员教育和培训质量体系》的要求，构建了完备规范的人才培养方案和课程体系。2017年航海技术专业获批为陕西省高职一流专业建设项目；2016年承担创新发展行动计划骨干专业和生产性实训基地项目建设；2018年6门专业课获批为学院在线开放课程建设项目；并受邀成为国际邮轮乘务专业国家资源库建设单位。

近年来，人才培养工作取得了可喜的成绩。轮机专业学生参加全国职业院校技能大赛"船舶主机和轴系安装"连续三年获奖；邮轮专业学生参加陕西省"中餐宴会主题设计"技能大赛荣获二等奖，并参加了该项目的国赛；学生每年代表学院参加英语口语技能大赛多次获奖；我系青年教师也在省教学能力大赛中荣获一等奖一项、三等奖两项。张坤老师指导学生获得陕西省第四届互联网+大学生创新创业大赛铜奖。学生的双证获取率超过97%。

3. 坚持实行军事化管理，强化学生素质教育

我们坚持实行军事化管理，严格执行一日生活制度，达到了队伍军事化、宿舍军营化、行动一致化的目标。同时，我们充分利用延安革命老区得天独厚的红色优势，"六维育人"成果明显。毕业生过硬的素养更得到了用人单位的青睐。

4. 挖掘资源优势，助力精准扶贫，社会服务成效显著

开展海船船员培训。学院与市人社局、财政局等6部门联合下发了《关于贯彻落实精准扶贫进一步推进海员培训工作的通知》，累计培训水手和机工近百名，均已上船就业。开展内河船员培训，为陕西省9个地市培训内河船员超过了1 000人次。

5. 加强对外交流，扩大影响，提高知名度

西部海员培养基地建设十年来，一直得到天津海事局、老促会、延安市政府、行指委和各兄弟院校的大力支持。我们的海员培养工作也得到了交通运输部部长和书记的充分肯定。2017年我院举行了西部海员培养基地建设十周年系列活动，召开了"小康路 交通情"西部海员培养主题采访座谈会，来自新华社、新华网、人民网、中央电视台等国内10余家主流媒体的记者对西部海员培养基地的成长历程和典型事例进行了报道，极大地拓展了外部影响力。

三、未来三年航海专业的规划与目标

1. 招生与精准扶贫相结合，为区域经济发展做贡献

进一步拓宽招生范围和渠道，在稳定高考渠道招生的基础上，积极开展机工水手、内河船员、国际邮轮乘务等短期培训，确保西部海员培养基地的生源。

2. 管理与质保体系相结合，保证内涵建设

学院将严格执行《延安职业技术学院船员教育和培养质量管理体系》等文件规定，以诊断与改进为契机，进一步优化管理，强化师资队伍和实训基地建设，增强西部海员培养基地发展内涵，完成省级骨干专业、一流专业的建设任务。

3. 产教融合校企合作，保证可持续发展

加强与15家企业的深度合作。对接航运产业和航运职业岗位对航运专业的人才需求，科学构建课程体系、设置教学内容，密切教学过程与航运专业工作过程的衔接关系，完成生产性实训基地的建设，强化基地在西部海员培养的桥头堡地位，提升在全国海员培养的影响力。

4. 依托圣地红色资源，培养德技双优士官人才

遵循延安精神为主线、专业教学为标线、军政训练为基线的"三线并进"育人思路，努力培养"政治素质优良、专业素质精湛、军事素质合格"的海军士官。优化培养方案，制订"红色基因明显、理实比例合理、措施保障有力"的人才培养方案，实现"理论与实操、文化与军事、学校与军营"有机结合，为国防建设做出延职人的贡献。

5. 加强师资队伍促发展，力争申报省级教学成果奖

三年内引进学科带头人2名，聘请企业兼职教师10人，形成学历、职称、企业经历、年龄结构较为合理的专兼职师资队伍；持续加大资源库建设和在线精品课开发；总结经验积极申报省级教学成果奖。

随着"一带一路"倡议落地和21世纪海上丝绸之路的建设，我们要抢抓机遇，迎接挑战，争取为国家航海事业输送更多的西部有志青年，将"延安海员"的打造成西北地区职业教育的名片，努力服务国家海洋发展战略，全力打造高职航运一流专业。

（在陕西省职业技术教育学会2018年学术年会上的发言交流材料）

材料成型与控制技术专业人才培养模式的研究与实践
——对接产业　制定规范　产教融合　贯穿标准　建设高职材料成型一流专业

杨兵兵

学会材料与能源类专业建设指导委员会委员
陕西工业职业技术学院材料工程学院教研室主任　教授

在产教融合理论指导下，按照"创新理念、制定标准、试点完善、实践提升"的思路，在国家示范院校建设、国家职业教育教学资源库建设、陕西省高校教改、陕西省一流专业建设等7个项目支持下，历经11年研究与实践，形成以下主要成果。

一、主要做法

（1）确立了"立德树人、校企协同、对接产业、产教融合、标准贯穿、强化能力"的专业建设指导思想。

（2）建立了"行业指导、校企协同、标准贯穿、形成规范"的产教融合机制。行企校联合制定了被中国铸造协会认定的全国铸造行业高职材料成型专业《职业岗位标准》，依此制定的《职业能力标准》和《专业规范》被全国机械职业教育教学指导委员会等认定为全国机械行业人才培养通用标准，通过职业标准与专业规范的对接、转换，实现了产教融合。

（3）创新了"全真载体、实境训能"的352人才培养模式。即"3个教学阶段""完成5类典型项目""积累2年工作经验"，构建了"专业特定能力—行业通用能力—职业核心能力"三层构架的综合职业能力体系，并将绿色制造、智能制造技术纳入课程内容，出版《材料成型专业人才培养方案》。开发11门专业核心课程，主编出版教材15本。

（4）形成了"德才兼备、双师结构"的教学团队建设模式。以行企校协同育人为平台，以"人才融通、协同互助、共同受益"为原则，以"以德为先、崇尚技术、培育名师、打造团队"为理念，以"双带头人培养、骨干教师培育、双师素质提升"为手段。建成省级教学团队。

（5）形成以"校内外实训基地建设规范、管理及评价指标体系、铸件外协＋生产实训＋顶岗实习"为核心的实训基地建设、管理、运行体系。

（6）搭建全国机械行业材料成型职教集团平台，形成了集团运作，对接产业，动态调整专业建设、人才培养质量等《评价指标体系及评价标准》和《人才培养方案》的持续更新机制。

二、解决的主要教学问题

（1）行企校合作，深入企业调研形成《人才需求调研报告》，并参照国家职业资格标准，吸纳行业技术标准，借鉴国外相关标准，开发了材料成型专业《职业岗位标准》，以此为基础，解决了专业定位不够准确，专业建设与产业发展对接薄弱，缺乏指导性的专业职业岗位标准的问题。

（2）行企校协同，通过分析岗位群、岗位、工作过程、职业能力要求和职业道德与行为规范等内容，构建相关岗位的职业能力，形成了高职材料成型专业《职业能力标准》；在此基础上，开发具有普适性的《专业规范》，创新形成"全真载体、实境训能"的352人才培养模式。利用校内校外两种资源，推行并实施"铸件外协+生产实训+顶岗实习"实践教学模式，以此解决人才培养质量与行业企业发展需求匹配度不高，缺乏产教融合机制的问题。

（3）基于行业认定的职业标准和专业规范，创新人才培养模式，重构基于工作过程能力和职业素养导向的课程体系，优化人才培养方案，改革教学方法，开发专业核心课程，打造教学团队，建设实训基地，构建动态调整的系统化质量保障与评价体系，形成对接产业、服务行业发展的材料成型专业建设新模式，解决了专业建设缺乏可操作的范式等问题。

（4）依托陕西装备制造业职教集团和牵头组建的全国机械行业材料成型专业职教集团，搭建了行企校合作平台，掌握产业发展动向和人才需求变化，更新教学内容，形成了集团运作，对接产业，动态调整专业建设、人才培养质量、就业质量3套《评价指标体系及评价标准》和《专业人才培养方案》的持续更新机制。以此解决产业结构调整，技术优化升级，缺乏持续更新的专业建设动态调整的问题。

三、主要创新点

（1）创新形成了"行业指导、集团运作、校企共建、制度保障"的行企校协同育人机制，丰富了产教融合理论。

（2）形成了"行业指导、校企协同、标准贯穿、形成规范"的产教融合机制，开发了行业认定的高职材料成型专业《职业岗位标准》《职业能力标准》与《专业规范》。

（3）创新了材料成型专业"全真载体、实境训能"的352人才培养模式。

（4）创新了集团运作、对接产业的专业建设动态调整机制。

四、应用效果

（1）校内推广应用。一是人才培养质量稳步提高。毕业生遍及全国各地，多数已成为企业骨干，15名入职清华大学等高校工程训练中心。二是专业综合实力不断提升。获评国家重点专业、全国职业院校装备制造类专业示范点、全国机械行业技能人才培养特色专业。获全国优秀教师、全国先进教育工作者、全国黄炎培职业教育杰出教师各1名、省级教学名师3名、省级师德先进1名。建成国家精品课程及精品资源共享课程各1门，建成国家职业教育材料成型专业教学资源库。主持陕西省"一流专业"、创新发展行动计划"骨干专业"和"材料工程类协同创新发展中心"建设项目。获陕西省教学成果特等奖1项、二等奖2项。三是辐射带动焊接、模具、机电一体化等制造类专业协同发展。

（2）校外推广应用实效。一是面向院校的推广应用。开发的《职业岗位标准》《职业能力标准》与《专业规范》作为行业标准被50余家院校用于专业建设、人才培养、职工培训，效果良好。主编教材15本（"十二五"职业教育国家规划教材4本），被20余所院校采用。出版《高职院校专业建设的研究与实践》等3本专著，发表系列研究论文34篇，引领全国高职材料成型专业建设。二是媒体、会议广泛推介。三是社会服务效果明显。

（在陕西省职业技术教育学会2018年学术年会上的发言交流材料）

护理专业"校院融合三一递进"人才培养模式改革与实践

冯 华

学会医药卫生类专业建设指导委员会秘书长

咸阳职业技术学院医学院院长 副教授

一、"校院融合、三一递进"人才培养模式内涵

"校院融合、三一递进"人才培养模式主要是充分利用学校和医院两种不同的教育环境和教育资源,形成双元驱动、联动的校企协同育人模式。

三年制高职护理专业学生,第一学年在校内进行公共课程和专业基础课学习,将校内实训室建成模拟病房,掌握护理岗位所必需的基础知识、基本理论和基本技能;第二学年到教学医院进行专业课学习,在医院设立教室、实训室,将课堂搬入医院,让教学现场贴近工作现场,在班级集体授课的同时,还为每一位学生安排临床一线带教导师,实施导师制培养,加强专业实践能力和操作技能训练提升综合实践能力;第三学年进入实习医院进行临床实习,培养学生解决实际问题能力和临床综合能力,使其胜任护理工作。

二、做法与过程

(1) 牵头成立了咸阳职教集团,建立校政院三方联动的合作机制。通过政府主导、行业指导、学校牵头、企业参与成立了咸阳职教集团,与咸阳市中心医院等5所集团成员医院签订协议,在各医院组建校院工作站、教研室,制定了51项制度,建立了学校医院融合双主体育人管理体系及运行机制。

(2) 实施校院融合育人,三年"三一递进"培养。按照"学院建病房,医院设课堂"的模式共同组织教学。第一学年在学院学习《正常人体结构》等10余门基础课,第二学年实施办学入院,依据5家教学医院各自优势,分方向组班培养,由一线医护专家上讲台临床对岗教授《康复护理》等10余门专业课。并为学生配备专业导师,负责学生专业学习指导及职业规划。第三学年进入临床实习。通过教学主体和教学场所的改变实现学生第一学年基础能力、第二学年专业核心能力、第三学年专业综合能力的"三一递进"培养。该模式直接受益学生9届共3 576人,其中3所医院订单培养共3届528人。

(3) 校院联合开发课程及教材。将临床护理教学内容按照人的生命周期进行整合重构,

根据社会需求特别是区域行业需求，开设养老、康复、社区、母婴护理等专业方向。校院联合制定了 5 个方向培养方案，细化培养目标，制定新的融入行业标准的教学标准。构建了基于护理工作过程系统化的课程体系，共同制定了《康复护理》等 8 门方向课课程标准，建设了 3 门院级精品课程，开发了《养老护理与管理实训教程》等 7 部特色教材。

（4）打造双师结构教学团队，实行一对一导师带教培养。建立了教学专家+行业专家的专业双带头人机制和学校医院相结合的双师教学团队。充分发挥医院丰富的师资优势，每个合作医院教学班学生均有一位高年资临床护理人员担任导师，负责专业学习及职业规划的全方位指导，使学生在合作医院一年学习中不仅专业技能得到大幅提高，还能够建立清晰明确的职业规划和定位，具有较强的可持续发展能力。累计 426 名医院医护专家骨干任教，生师比大幅低于校内。27 名校内护理专业课教师先后到医院挂职锻炼，占该类教师 86%；累计 356 人担任专业导师。

（5）校院共建实训基地。校内护理实训基地建设邀请医院护理专家参与设计，其构建布局、文化氛围完全仿真医院真实工作环境，紧跟临床护理新进展，使校内实训基地仿真化，实现"学院设病房"。接受合作医院捐赠，与核工业 215 医院共建了"合作教学实训中心"。学校指导并提供部分实训设备，给每个合作医院共建一个校外实验实训室，并建设规范管理模式，使校外实训基地教学化。

三、成效与反响

（一）实施应用情况

（1）人才培养质量显著提高。成果应用使学生职业能力显著提升，学生累计获得国家大赛奖项 6 项，获奖数量居省内院校护理专业第一。其中 2012 年获全国高职院校护理技能大赛一等奖，为西北地区该赛项迄今唯一最高奖。毕业生受到用人单位广泛好评，一次性就业率始终在 96% 以上，毕业生在北京解放军总医院等高层次医院就业比例逐年增加；护理专业招生报考人数及录取分数线连续五年居于省内同类院校第一。

（2）教师职业能力明显提升。护理专业教师先后获得 19 项国家及省级教学奖项，专业带头人成长为省级教学名师，担任全国卫生行指委委员、陕西省职教学会医药卫生类专业委员会主任委员。

（3）专业内涵建设卓有成效。护理专业被教育部、卫计委等国家四部委确定为首批全国职业院校健康服务类示范专业点，为陕西省护理专业唯一示范点。并先后被确定为教育部创新发展行动计划国家骨干专业、陕西省普通高校一流建设专业、省级重点专业。

（二）辐射与影响

我院护理专业校企合作人才培养的改革成效，受到兄弟院校的肯定和借鉴，在全省医学类教育领域具备了较强的影响力和显示度。先后有 20 余家省内外兄弟院校前来我院护理专业考察交流。

本模式改革经验先后获国家职业教育教学成果二等奖及陕西省高等教育教学成果一、二等奖;在人民日报、教育部网站等官方主流媒体报道60余篇;曾作为校企合作一体化办学典型案例在中国职业教育网进行展示。

(在陕西省职业技术教育学会2019年学术年会上的发言交流材料)

酒店管理专业现代学徒制人才培养模式的探索与实践

王中锋

陕西工商职业学院旅游与酒店管理学院院长　教授

我是 2017 年陕西省教改重点项目《酒店管理专业现代学徒制人才培养模式的探索与实践》负责人王中锋，下面由我来对本项目从研究基础、研究过程和成果、项目推广应用效果和后续研究设想几方面做出汇报，希望各位同仁批评指正。

一、研究基础

（一）校企共同成立专业建设委员会

从 2011 级学生开始，酒店管理专业即同酒店开展"订单式"人才培养。校企共同成立了酒店管理专业建设委员会，由原天域凯莱大饭店总经理马永芳任主任委员，由酒店人力资源部总监和学校教研室相关教师参与。主要职责是加强酒店管理专业建设，密切与社会的联系，为学校在酒店管理专业建设，实行产学研结合等方面提供建设性意见和方案，保证酒店管理专业建设更好地适应人才培养、服务地方经济与社会发展的需要。

（二）校企共同成立人才培养学院

2013 年年底，同洲际酒店管理集团合作办学，成立了西北地区第一家洲际英才管理学院陕西工商职业学院分院，使办学水平同国际接轨。原西安皇冠假日酒店人力资源部总监魏青为洲际英才管理学院陕西工商职业学院分院副院长，同时聘请多名酒店方面的管理和技术人员为我校学生授课。

（三）开设订单班，同酒店共同进行人才培养

2011 年同西安皇冠假日酒店合作开设"洲际英才班"，2013 年，同西安索菲特人民大厦开设"未来之星班"。2015 年，为了进一步深化职业教育的培养目标，培养高层次的、零距离就业的酒店管理人才，同上海威斯汀酒店和上海佘山艾美酒店合作，开设"管理培训生班"。2016 年，同虹桥喜来登上海太平洋大饭店、上海锦江饭店、上海华亭宾馆、上海锦

江国际饭店、上海虹桥宾馆和天域凯莱大饭店等五星级酒店开展订单班。

（四）我院酒店管理学生在全国技能大赛获得可喜成绩

2017年5月，学院酒店管理专业学生杨庭岚代表陕西省获得全国职业院校技能大赛西餐宴会服务赛项一等奖。

二、本项目主要的研究过程及所取得的成果

（一）赴国内外知名院校和合作企业进行调研

（1）调研了国际和国内著名酒店管理院校的人才培养情况，如瑞士洛桑酒店管理学院、扬州中瑞酒店管理学院、桂林旅游学院、浙江旅游职业学院等院校，根据这些院校的办学经验，结合我省和我校实际情况，完成专业和课程的标准化建设，设计酒店管理专业的人才培养过程。

（2）调研合作酒店，如西安索菲特人民大厦、西安皇冠假日酒店、西安凯悦酒店、上海锦江饭店、上海威斯汀大饭店等十几家酒店，听取行业关于对人才培养方面的建议和意见。

（二）设计课程体系，撰写《酒店管理专业现代学徒制人才培养方案》

根据调研和近几年我校酒店管理专业的办学实际，撰写出了《酒店管理专业现代学徒制人才培养方案》，经过学院学术委员会、学校学术委员论证后，在2018级学生当中开始实施本方案。

《酒店管理专业现代学徒制人才培养方案》设计过程中，在课程设置上以加强学生的文化素质培养和提高实践操作能力作为主线，专业知识"以够用为原则"、技能教学以"扎实"为原则，适当降低理论性的难度与深度，同时加强知识的适用性，强调基础理论和基本知识的有用性和应用性。

围绕培养符合高素质劳动者和技术技能型人才为目标，分析国家对高职教育的目标要求和酒店行业，特别是高星级酒店对人才的需求，明确培养目标和规格，依据岗位知识、能力和素质要求，建立课程体系和教学内容，修订专业人才培养方案。从宏观角度，分析不同层次和类型的高职学校在酒店管理专业人才培养方案制定的过程和背景，探究人才培养特点，研究探讨如何制定出适合我校酒店管理专业特点的人才培养方案。从微观角度，不仅探究课程设置、课程内容和实践体系，而且实施了基于工作流程的岗位需求分析。在探讨人才培养方案制定的科学程序、科学理念和科学内涵，以及方案科学实施等的基础上，构建并实施基于岗位工作流程的《酒店管理专业现代学徒制人才培养方案》。

（三）实施工学交替、现代学徒制人才培养

（1）制度框架的构建和实施。①"双主体"合作办学，招生招工一体化。按照《招生招工一体化实施方案》，明确酒店的选拔标准，学生和酒店相互选择的流程等。在每一级学生入校后，即开展酒店宣讲双向选择，组成冠名的"学徒制"班。然后签订《校企合作人才培养协议》，明确双方培养权利和义务，学生成为酒店的准员工。"学徒制"班学生毕业即成为酒店的正式员工。

②实行四学期制和"工学交替"教学模式。知识以"够用"为原则，在小学期完成理论知识学习。时间相对紧凑，知识的学习相对集中，满足学生多样化选课的需要，让学习成为"理论—实践—再理论—再实践"的螺旋上升的过程。这样的反复过程更有利于学生对技能和文化知识的掌握。

③校企融合，开展现代学徒制人才培养。由学校和酒店共同进行人才培养，共同商讨人才培养方案。技能课程学习主要在酒店的实际岗位进行，按照合作酒店的岗位要求、岗位流程，选聘优秀的岗位师傅指导。针对不同阶段的实践学习要求，制定不同的学习计划和考核标准，并举行了拜师仪式和谢师仪式。

④校企共同设计实施教学、组织考核评价。一个科学、完善的现代学徒制人才培养过程是一个实施有方案、过程有监督、结果有考核、反馈有整改的循环过程。这里要研究不同角色的激励、也要研究不同角色的责任。只有做到权、责、利相对等，形成完善的制度，才会形成良好的结果，达到职业教育的目标。

校企双方共同制定了现代学徒制学习的一系列制度：实习前需要有《实习方案》《实习大纲》《实习协议》《实习承诺书》《安全责任书》；实习过程酒店师傅需要填写《企业实习记录表》；学生需要填写《专业综合实践技能鉴定表》《顶岗实习鉴定表》《毕业实习鉴定表》《实习日志》《实习总结》；指导老师需要填写《联系学生记录表》。学生在酒店实习结束后，要经过酒店的考核，评选优秀实习生，进行实习总结。所有实习鉴定要经过岗位师傅的考核打分和人力资源部盖章，才能获得相应的学分。

⑤建立了校企融合专兼职教师队伍。选拔和培养优秀的学校老师负责系统性理论的教学，企业师傅负责岗位技能的教授。与优秀企业双方共同建立校内指导教师、企业带班师傅的"双导师"管理制度；选聘企业优秀技术骨干进校参与教学，学生进店后由酒店指定辅导师傅指导，形成了《酒店岗位师傅选聘考核管理办法》《酒店管理专业实习指导老师选聘考核管理办法》等一系列的管理规定；"双师"素质教师占所有教师总数比例明显上升，初步形成了一支理论扎实和技能优秀的"双师型"专兼职教师队伍。

（2）校企共同进行教学改革。①教材编著。为了让学生更能适应酒店的标准要求，酒店管理专业以中软酒店管理系统 CSHIS 为蓝本，同北京众芸信息技术股份有限公司西安分公司共同编写了《酒店管理信息系统实训教程》。教材采用项目、任务的方式进行编写，理论和实践相结合，边做边学、边学边做，有利于学生对知识和技能的掌握。

②课程改革。根据学生的学情特点，采用"以工作任务为目标，教学做一体化"的教学模式，实行现场教学、任务驱动、项目导向、案例分析、小组任务、角色扮演等教学手段。精心设计课程单元的实训任务，将课堂搬进实训基地，使学生身临其境，处于学习的实

践氛围中，在实训基地让学生亲自动手操作，培养学生的职业能力和职业素养。

③课程考核。积极推行形成性评价，尝试进行教学考核方式方法的改革，以加强学生的实践技能、提高教学质量为重点，采用形成性评价方法、小组互评，项目任务等灵活多样的考试和考查方式。在《餐饮服务与管理》《菜点酒水知识》等课程中进行"以赛代考"的课程考核改革，在《酒店管理信息系统》课程中同北京中软酒店信息技术公司进行能力"认证"课程考核改革，在《人力资源管理》课程中进行"任务设计"课程考核改革，在《管理学基础》课程中实施小组"项目任务"、辩论赛的方法，评价方法采用小组互评，让学生变被动接受为主动学习。

三、项目成果推广实施效果

（一）就业质量及社会声誉方面

（1）毕业生跟踪反馈良好。根据对 2017 届毕业生的跟踪调查，社会对学校"学徒制班"毕业生总体评价较好，用人单位充分肯定了学校毕业生的工作表现，对学生的思想道德表现、社会适应能力、人文素质、协作精神、敬业精神等方面的评价满意率较高；一致认为学校毕业生好用，具有爱岗敬业、吃苦耐劳和开拓创新精神，专业理论扎实，业务能力强，动手能力强，职业素养高。

（2）酒店认可度明显提高。通过调查发现：用人单位对实行现代学徒制模式培养的学生总体评价较高，学生有着较好的敬业精神、团队精神和基本素质，在调查中，用人单位对毕业生的总体满意度平均值为 96.8 分。

（二）校企合作方面

2018 年，共有洲际、万豪—喜达屋、雅高、锦江等全球排名前十的酒店管理集团旗下 15 家酒店与我校酒店管理专业合作。近三年，校企合作共有 27 个订单班和 9 个管理培训生班进行培养，共有 46 人次获得企业奖学金。学校已经同瑞士酒店与旅游管理学院（HTMi）和瑞士工商酒店管理学院（BHMS）签订了合作（办学）协议，在教师和学生培养方面开展深度的长期合作。

（三）获奖方面

（1）2018 年，由学生成立的智睿酒店管理咨询有限公司项目"智睿酒店、'培'你成功"，获得了学校互联网+"青年红色逐梦之旅"创新创业比赛金奖，并代表学校参加了中国"互联网+"大学生创新创业大赛陕西"青年红色筑梦之旅"在延安举行的活动，获得陕西省"青年红色逐梦之旅"比赛铜奖。

（2）酒店管理专业学生在各级饭店服务技能比赛中成绩斐然，在 2019 年"鼎盛诺蓝杯"第十一届全国旅游院校服务技能（饭店服务）中，我校酒店管理专业获得中餐宴会摆台、西餐宴会摆台、中式铺床、鸡尾酒调制等 4 个项目中获得三个二等奖和一个三等奖的好成绩。

（3）酒店管理专业获批国家级骨干专业和省级一流专业建设。

（4）《酒店管理专业"工学交替""现代学徒制"人才培养模式探索与实践》获得 2018 年陕西省政府教学成果二等奖。

四、后续研究设想

研究团队在以后的研究和专业建设过程中将继续做好以下工作：

（1）继续完善《酒店管理专业工学交替、现代学徒制人才培养方案》。

（2）继续完善师傅带徒弟的教学规范和过程监控，形成良好的机制。

（3）继续深化校企合作，完善校内指导教师、企业带班师傅的"双导师"管理制度，给予多方面的激励，形成师傅带徒弟的积极性。

（4）继续通过"内部培训、外部引进"等方式培养骨干教师、"双师"素质教师优化教师队伍。

（5）同企业合作开发课程资源。

（6）继续研究校企融合的利益共同点和落脚点。

（在陕西省职业技术教育学会 2019 年学术年会上的发言交流材料）

高职临床医学专业《儿科学》工学结合教学改革实践

茹官璞

学会科研工作委员会委员

商洛职业技术学院教务处副处长　副教授

一、综述

（一）研究背景与意义

随着国家全面开放二胎生育的政策落实，儿科医生的工作强度将进一步增大，《儿科学》虽属临床医学专业的二级学科、必修课，但是由于是小科目，历来分配学时少，教学条件差，加之儿科临床工作强度大、医患矛盾突出、收入偏低等多种因素，导致我国儿科医师缺乏。

医学生的本科和研究生培养模式已经过几十年的摸索与实践，人才培养方案已经成熟，加之近年来八年制培训模式和住院医师培训制度的完善，医学生的培养往往定位于高素质、高要求，但是在这种培养模式中成长的学生多在"三甲"医院甚至国外医学院中学习、工作，他们对于自身执业能力、工作环境的要求和定位也较高，往往不愿意回基层工作，即便进入基层医疗系统，也多因为基层条件有限难以留下而离职另谋高就。高职高专培养的医学生是国家针对国内医疗现状为基层医疗量身定做的医学储备力量，摸着石头过河是对目前高职高专医学生培养的形象描述。就儿科而言，基层医务工作者在工作中遇到的最多问题是儿童正常发育问题和儿童常见病多发病。因此要注重培养其处理儿科常见病、多发病的能力，同时兼顾儿童保健方面的知识，对儿童的正常生长发育过程以及常见变异要熟悉。但是授课过程中也不能完全忽视深奥的发病机制、疾病前沿研究进展的讲授，这些看似在其临床工作中不实用的知识点，实则是其在未来职业生涯中自我提升的技能储备。因此，既不能完全照搬本科的人才培养模式，又不能一味地降低标准，在满足基层医疗的前提下，培养学生具有一定自学和自我提升的能力是不可忽视的。如何提高高职高专医学生的儿科学素养，使其在今后的基层工作中能够更好地处理儿科疾患，便成为一个值得思考的重要课题。

（二）需要解决的教学问题

（1）必须要摆脱传统的普通高等教育教学模式。教师习惯于课堂讲授，强调学科知识的系统性、衔接性和完整性；沿用以理论教学为主、实践教学为辅的教学模式，忽略了实验实训和顶岗实习等实践教学。习惯于布置书面作业，解答问题，不习惯于训练学生的动手操作。

（2）"双师型"素质的教师及实验教师和实习指导教师严重不足。教师大部分来自普通高等学校和普通中等学校，职业院校毕业的师资占少数，具有"双师型"素质的教师偏少，理论课教师偏多，不少教师只会"教"不会"做"，实验教师和实习指导教师严重不足。

（3）教学资源不适应"工学结合"的教育教学模式。例如：人才培养方案、课程标准、教材等不适应课程体系改革的要求。考试方法单一，评价体系与"工学结合"的教育教学模式不吻合。

（4）缺乏与专业技能课程相配套的教学设备和实训条件。尽管我院逐步强化了"工学结合"的教学理念，但实际上实践教学的组织与实施还不够深入、不够细化，缺少经费进行"工学结合"教学的建设。

（三）研究构想

（1）树立"工学结合"的高职教育教学理念。教师教学思想观念的转变是构建"工学结合"教学策略的关键。长期以来，教师向学生传授系统知识的讲授法在教学过程中已成为定势，但对高等职业教育而言，其培养目标是为社会培养高素质技术技能人才，其根本任务在于促进学生专业技能的形成和创造思维的发展，培养学生在生产、建设、管理、服务一线所需要的技术能力。这就要求教师应具备"双师型"的素质，教师既懂理论，又懂工作岗位任务及临床实践；既能用理论指导临床实践，也能将工作任务需求及临床实践传授给每位学生，保证工作与学习实现高度融合。因此，高职院校的教师必须从传统的学科式教学模式中解放出来，把"理论教学为主"转变成"理论与实践高度融合"，树立"工学结合"的高职教育教学理念。

（2）制定"工学结合"的《儿科学》教学标准。《儿科学》教学标准包括《儿科学》课程设置、课程标准、课程内容和教材。目前，本科院校临床医学专业《儿科学》设置60学时，其中，理论48学时，实训12学时，而大部分高职院校临床医学专业儿科学设置68学时，其中，理论50学时，实训18学时，课时的设置不够合理，理论课时所占的比重过大，实训课时比例较小，学生专业意识渗入太迟，理论知识讲授太多，实践技能训练太少，这既制约了学生创新思维的开发，也弱化了学生职业技能的培养。

（3）构建课堂教学过程性评价体系。改革传统的评价学生成绩的手段和方法，打破一考定终身的评价机制，实行理论性考核与实践性考核相结合的综合评价考核制度，重视过程性考核和评价，增加考评方式的多样性，通过评价学生的学习态度、学习项目完成情况、基本实训操作考评、儿科临床常见疾病的临床思维能力测评、医患沟通技巧测评等手段来评定学生成绩，评价学生能力，减少纯理论性试卷考试。

(4) 建设"双师型"的师资队伍。随着高职教学模式的不断改革，理论课与实践课的教学界限需要淡化，理论课教师与实践课教师的身份也需要淡化，只有依托附属医院、教学医院（商洛市中心医院、商洛市中医院）儿科临床及学院儿科教研室教学的有效结合，建成"双师型"教师队伍才成为可能，才能保证学习过程工作化、工作过程学习化，才能不断保障"工学结合"的教育教学模式。

(5) 完善实践教学的实训基地建设和管理。实训基地建设和管理是实践教学的重要保障和支持。因此，开展"工学结合"的教育教学模式，不仅要充分发挥校内实验实训设备的作用，还要充分利用"工学结合、院校合作"这一载体，把儿科课堂教学搬到教学医院儿科，把医院儿科临床岗位标准和规范搬到学校的课堂，实现校院一体、医教融通的深度融合办学模式。

（四）预期成果

(1) 编写完成高职临床医学专业的《儿科学》课程标准。
(2) 制作高职临床医学专业的《儿科学》教学多媒体课件及教学视频。
(3) 将儿科教研室教学团队培养成为"双师型"教学团队。
(4) 发表1~2篇国家级期刊论文。

二、教学改革的具体方法、步骤

（一）准备阶段（2017年9月1日至2017年10月1日）

(1) 搜集资料，充分准备，进行了课题的选题——"基于'工学结合'人才培养模式视域下的高职临床医学专业《儿科学》课堂教学改革实践与研究"，撰写了课题申请书，申报并成功立项为陕西高等教育教学改革研究项目重点课题。
(2) 成立了课题组，明确了由茹官璞副教授负责主持课题，杨守国、李春正、雷献文、冯文萍负责协调项目组与各个基地的对接，提供宏观政策指导做好课题分工，李燕燕负责拟定立项书、结题报告书、开展各项调查，贾永峰、周博、王平负责修订各项标准、实践研究，茹官璞负责制定各项标准、实践模式研究、撰写论文，任务明确，分工合理。
(3) 组织课题组成员进行初步讨论，课题负责人与成员一起制订切实可行的研究计划、课题任务书和开题报告。

（二）实施阶段（2017年10月1日至2019年6月1日）

（三）总结阶段（2019年6月1日至2019年8月1日）

(1) 整理相关研究资料，统计相关研究结果，总结课题研究报告。

（2）课题组所撰写的"基于岗位能力提升的儿科课堂教学改革实践"论文在《陕西教育》杂志 2017 年第 9 期中刊登，所撰写的"高职临床医学专业《儿科学》对分课堂教学实践研究"论文被《教育现代化》杂志 2019 年 10 月录用。

（3）验收阶段（2019 年 8 月 1 日至 2019 年 8 月 30 日）。

三、教学改革的实践与成效

一是院校一体，共同研学国省高等职业教育教学文件及规定，"工学结合"的高职教育教学基本理念已经形成

二是院校联合，依据高职院校临床医学专业人才培养方案，结合儿科临床岗位工作任务，确定了《儿科学》课程标准

三是院校合作，依据高职院校临床医学专业人才培养方案、《儿科学》课程标准，结合基层儿科临床岗位工作任务，编写了相关资源

（1）编写了全国高职高专临床医学专业"十三五"规划教材《儿科学》1 部。

（2）编写了校本教材《儿科学》实训教程 1 部。

（3）依托学院专业资源库平台建设，完成了临床医学专业《儿科学》资源库的建设工作。2016 年年初，学院所申报的教育部创新发展行动计划项目 5 项全部获批。

（4）以临床医学专业课程导师制教学为基础，积极构建教学过程性评价体系。

（5）积极依托"院校一体　医教融通"的模式，推进实训基地建设和管理。

（6）利用校内外教学资源，促进"双师型"师资队伍建设。

四、教学改革相关成果

一是选取商洛职业技术学院 2011 级和 2013 级临床医学专业学生，进行儿科课堂教学问卷调查、临床技能竞赛和多站式技能考核

实施儿科课堂教学改革的效果显著：一是增强学生的认知；二是提高学生的基本操作能力；三是提高学生实践分析能力和综合素质。

二是选取我院 2015—2017 级高职临床医学专业 12 个班的学生，将其分成两个组，从学生到课情况、教学互动情况、作业完成情况、讨论交流情况、学生对儿科基本技能掌握的牢固程度、学生平时成绩、实践技能考核成绩及期末理论考试成绩等方面进行比较。

教学效果：一是课堂教学的参与度得到增强；二是基本操作能力得到提升；三是综合素质逐步得到提高。

五、教学改革相关成果目录

（1）高职临床医学专业《儿科学》课程标准。

（2）校本教材《儿科学》实训教材。

（3）全国高职高专临床医学专业"十三五"规划教材（案例版）《儿科学》。

（4）《儿科学》教学 PPT 及《儿科学》教学视频（附光盘）。

（5）"基于岗位能力提升的儿科课堂教学改革实践"论文被《陕西教育》收录。

（6）"高职临床医学专业《儿科学》对分课堂教学实践研究"论文被《教育现代化》收录。

（7）2018年度陕西省职教优秀论文评比二等奖1项、三等奖1项。

（8）儿科教学团队被学院命名为2019年度院级优秀课程教学团队。

（9）主持人荣获2018年度陕西省师德先进个人。

（在陕西省职业技术教育学会2019年学术年会上的发言交流材料）

学前教育专业"全实践"人才培养模式的探索与实践

——汉中职业技术学院学前教育专业创新发展纪实

祝 彦

学会文化教育及公共事业类专业建设指导委员会委员

汉中职业技术学院师范学院院长 副教授

汉中职业技术学院学前教育专业自 2006 年设置以来,专业建设以落实立德树人为根本任务,以提高人才培养质量为主线,以就业为导向,深化教育教学创新改革。按照"充实内涵、注重应用、扶优强特、争创一流"的建设思路,创新形成了注重学生为主,德技并修,"校企共育,全程实践,分段实施"的"全实践"专业人才培养模式,在省内外起到了改革创新示范带头作用。

一、德技并修,完善"全实践"人才培养模式

(1) 持续修订、完善人才培养方案,确立实践型专业建设目标。积极推行"优势定位,全程实践",培养思想政治坚定、德技并修、全面发展,具有一定的科学文化水平、良好的职业道德,能够从事保教、管理等工作的高素质劳动者和技术技能型人才。创新形成了"校企共育,全程实践,分段实施"的"全实践"人才培养模式。

指导思想:"校内校外有机融合,校内打基础、校外重实用"的"全实践"人才培养模式构建,以教师资格证国考制度改革为导向,做到"五对接":与创建省级示范院校项目对接、与省级综合试点改革项目对接、与教师资格证国考对接、与创新创业要求对接、与师范学院 8 项技能考核对接。

实践方式:校内教育教学模拟实践、学生三创训练、毕业实习三种有机融合。除此之外,"全实践"人才培养方式还体现在人才培养的其他环节和方面,包括基于教育教学活动而组织的专业技能训练、专业技能比赛、专业技能展演等方式,还包括基于特定节日组织的专业社会服务公益活动,以及学校组织的寒暑假"三下乡教育实践活动"等方面。

(2) 凝练能够满足实践型人才发展需求的"全实践"人才培养内容体系。以学生专业认知过程为基本要求,以学习内容为重要参考依据,以确定不同年级"全实践"人才培养内容。一年级按照"专业发展感知"作为"全实践"主要内容,二年级按照"专业发展实践技能训练"作为"全实践"内容,三年级以"专业发展反思"作为"全实践"内容。

(3) 完善能够促进实践型人才发展需求的"全实践"人才培养专业文化氛围。"全实践"人才培养模式需要得到"全实践"人才培养专业文化的支持,近些年来,围绕实践型

人才培养的目标诉求，重视营造专业实践文化氛围。现已在师生中形成了"重视实践、凸显实践"的基本教育教学理念，同时在师生教与学的不同环节中凸显出了"为实践而教，为实践而学；为应用而教，为应用而学"的教学氛围。

（4）积极采用"教、学、做一体化"和讨论式教学方式。实施"做中学""做中教"，推行"优势定位，全程实践"的培养模式；以"2+1"二段三步运行的教学模式为步骤；以教学内容与工作任务统一、教学环境与工作环境统一、教师与岗位工作者统一、考核标准与行业准入相统一的"四个统一"为人才培养途径，以充实人文社科知识，完善知识结构，实现专业素质和人文素养"同步发展"为目的。在课堂中使用整合式教学方法，取长补短，增强了教学效果。同时在建设学前教育专业资源库和使用蓝墨云班课的基础上开展智慧课堂教学活动，利用大数据服务于教学工作。

（5）完善融入四级递进式技术技能项目和四种职业资格标准的"课证融通"课程体系。按照"双需求"，即岗位需求和技术活动全过程需求，分别解构所需要的知识、技术、技能、素养等要素，并通过技术技能融合的项目课程来建立专业课程体系，进行"课程标准"的开发。课程体系框架设计融入四级递进式技术技能项目（即基本技术技能训练项目→专业技术技能训练项目→创新技术技能训练项目→岗位技术技能训练项目），四种职业资格标准（保育员、幼儿园教师、幼儿培训机构人员、早教师职业资格标准），将专业教学标准与职业资格标准实现较好对接。递进式教学内容安排符合学生的认知规律。专业标准与行业标准的融合将使培养的人才更适合社会需求，接近零距离上岗，并能培养学生可持续发展能力。倡导结合各专业特点与实际，实施项目化教学，贯通在学生三年学习生涯中。

二、提升人才培养质量，完善专业课程体系

（1）以院园合作为平台，注重开发体现实践素养养成的课程体系。以幼儿园环境创设课程为例，与汉中市幼儿园等园所合作实施工学交替"两轮实践"人才培养模式，培养适应幼儿园实际工作的人才；先是引领开设该课程的学生进行了实地观摩见习，熟悉了幼儿园环境创设的实际场景，直观地了解了具体内容和多种形式。在此基础上，学生回到课堂教学环节，将幼儿园部分环境创设主题进行再创作。这有力地促进了学生理论与实践相结合、实际需求与专业供给相结合，达到了院园合作共赢的目的。学生的环创技能受到用人单位的肯定。

（2）强化需求导向，以社会需求为基础，构建具有实用性的课程体系。以《美术》课程为例，在原有的美术课程模块的基础上，借鉴基于工作过程导向的课程开发理念与思路，本着专业课程改革、学生职业技能与综合素质同步提升的原则，积极探索课程改革的有效途径和方法。针对幼儿园工作需求，重新拟定了《美术》课程内容的设置。根据多位老师历年的教学经验以及学前教育专业的发展趋势，拟定为造型基础、技能提升两大模块，包含简笔画、素描（速写、线描）、儿童画（水彩笔、彩铅、油画棒、水粉）、儿童版画（刮蜡画）、儿童国画、儿童画组合创编（四格连环画、绘本）六大内容。《手工》课程也紧跟幼儿园新需求，加入不织布、超轻黏土等手工项目教学。

一是校校合作共建课程。与汉台区宗营镇中心幼儿园、汉中市幼儿园合作开展"幼儿园环境创设课程创新改革项目"；与甘肃泽远教育服务公司校企合作联合开发语言表演特色

课程，实施了以项目教学、案例教学、工作过程导向教学等教学理念为引领的"语言表演"课程教学，成效明显。

二是加强信息化课程建设步伐。2018年4月我系教师刘丽、郝浩竹的信息化设计作品获得汉中职业技术学院2018年信息化教学比赛"二等奖"；7月我系教师刘丽、郝浩竹的信息化设计作品获得陕西省高等职业院校信息化教学大赛二等奖；10月我系教师陈旭凤、叶秋美教师的微课《幼儿玩教具制作——纸皮影》被陕西省推荐参加全国高校微课比赛。

三是实施国际课程合作。2018年10月我院与新加坡智源教育学院开展国际婴幼儿保育课程合作；12月底教育系与新加坡智源教育学院签订《国际婴幼儿培育框架课程》合作协议并组织课程实施，师生60人参与学习。

四是聚焦本土，开发汉中非物质文化遗产特色课程。举行"非物质文化遗产进课堂"启动仪式和非遗专家讲座。汉中市群众艺术管社会文化科科长、汉中市非物质文化遗产剪纸传承人毛晓江，非遗科专家崔焕焕应邀出席并授课。

五是潜心建设人文类课程。加强《美学与美育》《教师礼仪》《国学经典导读》《大学语文》《应用文写作》等人文类课程建设；《教师职业道德》《教育政策法规》等师德课程共享；《教育学》《心理学》《音乐基础》《美术基础》等教育类专业基础课程共享。

（3）完善课程资源，形成学前教育专业及专业群共享型教学资源案例库。组建学前教育专业资源库建设团队，加强专业教学资源库建设。学前教育专业教学资源库主要建设7门优质资源共享课程：《学前教育学》《学前儿童科学活动指导》《幼儿手工》《琴法》《学前儿童健康活动指导》《学前儿童游戏教程》《学前心理学》。新建20门核心课程的课程标准、电子教案、课件、视频、图片、练习题以及测试题，并整理归档。录制教学视频135个、音频20个、微课115个。制作动画、虚拟仿真实训画面，根据建设内容及任务，4门核心课程的负责人按照课程特点及教学需要，编写动画脚本，制作动画和虚拟仿真实训画面。

开发建成精品在线开放课程：着力推进《巧手·匠心——手作课堂》精品课程打造，高效优质完成课程建设工作。制作50节微课，每节时间10~15分钟；共计600分钟，36学时，折合2学分。课程采用融合教、学、做一体的信息化导学、个性化实训、无纸化考核，形成一个认知、自学、教学、实践加考核的课程教学体系。充分发挥在线教育优势，结合线下教育，着力提升学生手工制作水平。目前该课程已经在中国MOOC平台上线。

三、立德树人，把好学前教育专业办学质量关

传承师范精神、弘扬职教理念、把好高职学前教育质量关，是我们的根本。站在新起点、立足新时代，高职院校要进一步强化使命感、质量意识和责任担当，围绕"准、深、新、高"四个方面，把好学前教育专业的办学质量关。

一要定"准"培养目标，改革专业人才培养方式。将职业道德、专业情怀的培养贯穿于人才培养全过程，融合师德规范教育、教育情怀养成教育与专业教育，注重中华优秀传统文化教育、人文教育和科学精神培养；要打破幼儿教师培养体系与幼儿教育体系即供给侧与需求侧之间的壁垒，开展政府、高校、幼儿园的协同培养，建立校企命运共同体。

二要做"深"课程改革，构建实践取向课程体系。当前，国家正在进行新一轮职业教育专业教学标准的修订工作，我们在学前教育专业课程体系构建时要落实好国家标准，在此

基础上结合自身特点彰显特色优势，形成代表自身专业办学水平的课程设置方案、课程标准和实践教学体系。

三要推"新"教学手段，实施线上线下融合教学。要充分利用互联网技术，实现优质教学资源共享。首先，要注重开发优质数字化课程资源，构建结构化在线课程体系，为实现移动学习提供资源支持；其次，要搭建智能化交互式学习平台，构建线上线下深度融合的教学体系和以学习者需求为导向的多元学习体系。

四要筑"高"教学团队，强化教师分层分类培养。首先要积极引导专业教师争做立德树人的垂范者，在专业课程教学中善于挖掘学前教育专业的精神与文化特质，将高尚的师德传导给学生；其次是队伍的学科结构要合理，重点增加学前教育学、儿童发展心理学、教学与课程论等学科背景的教师在专业教学团队中的占比。再者引导教师开展社会培训，通过服务幼儿教师专业发展实现自我专业成长。

教育无止境，润物细无声。师范教育提倡"和合共生，润泽心灵"，讲究润德、润智、润情、润行，做好有温度的教育，培养有灵魂的教师，是我们肩负的历史使命。我们师范学院专业团队愿意用心、尽心，扎根陕南为服务区域经济发展、培养优秀的教育类专业人才、办好人民满意高职学前教育专业做出积极的贡献。

（在陕西省职业技术教育学会2019年学术年会上的发言交流材料）

第六篇 "三教"改革课堂革命 提升学生综合能力

推进课堂教学信息化　打造精品在线开放课程

段　峻

学会教学管理改革与技能大赛工作委员会秘书长

陕西工业职业技术学院教务处长　副教授

一、为什么建

1. 国家战略要求

十九大报告指出：必须把教育事业放在优先位置，深化教育改革，加快教育现代化。

《国务院关于加快发展现代职业教育的决定》国发〔2014〕19号"构建利用信息化手段扩大优质教育资源覆盖面的有效机制，推进职业教育资源跨区域、跨行业共建共享，逐步实现所有专业的优质数字教育资源的全覆盖。"

《教育部关于加强高等学校在线开放课程建设应用与管理的意见》（教高〔2015〕3号）指出：2017年前认定1 000余门国家精品在线开放课程。到2020年，认定3 000余门国家精品在线开放课程。

《教育部关于印发〈高等职业教育创新发展行动计划（2015—2018年）〉的通知》（教职成〔2015〕9号）"顺应互联网＋的发展趋势，构建国家、省、学校三级数字教育资源共建共享体系。""应用信息技术改造传统教学，促进泛在、移动、个性化学习方式的形成。"并明确提出建设一批国家精品在线开放课程，建设1 000门左右省级精品在线开放课程。

促进信息技术与教育教学的深度融合是深化高等教育教学改革的最为有效途径。以在线开放课程建设与应用为抓手，加快推动现代信息技术与教育教学深度融合，已成为高等职业教育教学改革的重点之一，也将是未来三年中我国高职领域的必争之地。

2. 适应学生个性化发展的需要

随着"互联网＋"时代的到来，"网络原住民"增多，互联网突破了课堂的边界、学校的边界、求知的边界，"万维空间"挑战"三尺讲台"。

网络深刻影响着青少年一代的学习、生活、成长，如何做好引导规范、扬长避短、趋利避害，如何促进线上与线下正向融合、虚拟与现实良性互动，非常现实地摆在我们面前。

3. 提升专业内涵建设的需要

通过优质课程建设，能积累大量的专业建设、资源建设经验，锻炼课程建设团队，打造一批教学名师，培育一批教学成果，因此，在线开放课程的建设将是我们提升专业内涵建设的有力抓手。

我院省级以上精品课程对专业内涵提升的贡献：

序号	课程名	主持人	专业	团队	成果奖	教材
1	《机械零件车削加工》（国家级精品课程）	田锋社（国家级教学名师、国家万人计划教学名师）	机械制造与自动化（骨干专业、一流专业）	国家级教学团队	国家级教学成果奖一等奖	
2	《铜合金铸件铸造技术》（国家级精品课程）	杨兵兵（全国优秀教师）	材料成型与控制技术（骨干专业、一流专业）	省级教学团队	省级教学成果特等奖	
3	《国际贸易》（省级精品课程）	赵居礼（省级教学名师）	物流管理（骨干专业、一流专业）	省级教学团队	省级教学成果一等奖	
4	《计算机应用基础》（省级精品课程）	王津（省级教学名师）	计算机应用技术（骨干专业、一流专业）	省级教学团队	省级教学成果一等奖	省级优秀教材一等奖
5	《机加工艺方案设计与实施》（省级精品课程）	魏康民（省级教学名师）	机械制造与自动化（骨干专业、一流专业）			省级优秀教材一等奖
6	《电子电路安装与调试》（省级精品课程）	卢庆林（全国师德标兵、省级教学名师）	电气自动化专业（骨干专业、一流专业）	省级教学团队	省级教学成果一等奖	省级优秀教材一等奖
7	《物流机械设备的使用与维护》（省级精品课程）	李选芒（省级教学名师）	物流管理（骨干专业、一流专业）	省级教学团队	省级教学成果二等奖	
8	《灰铸铁铸件生产技术》（省级精品课程）	韩小峰（省级教学名师）	材料成型与控制技术（骨干专业、一流专业）			

4. 完成追赶超越目标的需要

在国家示范骨干校建设期间，深圳职业技术学院、天津职业大学等国内知名一流高职院校在课程建设方面取得了丰硕成果，建成国家级精品课数量远超我省高职院校，这些学校也是我们在国家级精品在线课程建设方面追赶超越的标杆。

因此，我们的建设目标是：3~5门国家级精品在线开放课；9~15门省级；通过这些课程建设，支撑一批骨干专业、一流专业，打造一批名师、团队、立体化教材、教学成果奖。

二、如何建

1. 统一策划、分批启动

按照"自由申报、统筹规划、分层遴选、重在培育"的工作思路，坚持"打造一批、建设一批、培育一批"的建设步骤，由教务处统一策划，2016—2017 学年期间分 3 批共立项建设 81 门院级在线开放课程，每门课程投入资源制作费 5 万元、建设经费 1 万元、推广费 3.5 万元。

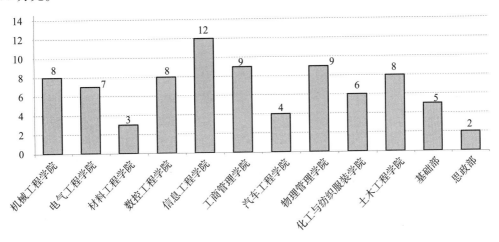

各二级学院立项院级在线课程数量分布（共 81 门）

2. 科学规划、分层培养

课程立项结合学院一流专业建设需要，支持具有较好专业背景和现代教育技术优势的主持人优先申报。按照省一流专业每专业 5 门课程、省一流培育专业每专业 3 门课程的遴选原则进行立项统筹。按照课程建设基础对课程分类培养，基础好，团队的实力强的课程定位为打造国家级精品在线开放课程，其次定位为省级、院级，构建国家级—省级—院级三级课程体系。即要打造一定数量的品牌课程，同时通过在线开放课程建设丰富数字化教学资源。

3. 加强协调、做好服务

（1）做好前期培训，解决定位不准的问题

在课程建设前期，为了帮助广大教师解决课程建设定位问题，从概念上分清在线开放课程与以往精品资源共享课、精品课程之间的区别和联系，学院依托有合作关系的公共服务平台（超星尔雅、学堂在线、智慧树等），不定期邀请国内在线开放课程领域知名专家学者和平台技术服务人员，根据教师、学生的需求变化和技术发展，来校开展课程建设、课程应用以及大数据分析应用等培训，本年度参与教师达 140 余人次，同时，积极组织在线开放课程建设骨干教师参与省内外相关技术培训近 100 人次。

(2) 搭建交流平台，厘清目标不明的问题

在建设初期，为了解决建课教师在不同建设阶段目标不明的问题，帮助其做好课程建设规划，厘清不同建设阶段的具体建设任务，学院通过搭建课程交流 QQ 群、微信技术讨论群、校内课程建设专家现身说法等互动交流平台，手把手对教师的课程建设及应用过程进行全程指导。本年度共开展线上交流 54 人次，线下交流讨论 150 人次，协助院内 30 余门在线开放课程成功上线，其中 17 门课程认定为院级精品在线开放课程。

(3) 做好统筹协调，化解权责不清的问题

在建设过程中，为了明确技术服务企业的建设责任，协调课程拍摄场地、统筹课程建设进度，学院定期总结建课教师及企业在合作过程中存在的问题和意见，召开课程建设意见反馈会议 10 次，约谈服务企业 20 余次，有效地解决了课程建设过程中推诿扯皮的现象，保障了课程建设的顺利进行。

三、如何管

为了推动在线开放课程的广泛应用，整合优质教育资源和技术资源，实现课程和平台的多种形式应用与共享，有效的管理不可或缺。

管的目的是为了推进应用，我们将以此为抓手，通过三年的课程建设及应用，在绝对杜绝只建不用的前提下，制定一整套的保障措施和激励机制，大幅提升陕西工院教师的信息化教学水平。

1. 搭建平台、全面保障

(1) 强化硬件基础打造信息化教学环境

网络基础：千兆到楼宇、百兆到桌面的校园网、WIFI 校园全覆盖、出口带宽 3.5G、52 间授课教室实现 2 颗高密 AP 全覆盖，每间可单独满足 100 人同时上课。

智慧教室：建设集录播、交互式课堂教学、人员考勤、视频监控等功能于一体的智慧教室 5~10 个，并要求在建的实训室在原有建设要求的基础上统一增加录播设备。

(2) 优选软件平台搭建课程应用桥梁

选择基础良好、技术先进、符合校情、安全稳定、优质课程资源集聚、服务高效的平台——爱课程、学堂在线、智慧职教、超星泛雅等平台，认定为院级在线开放课程公共服务平台。同时积极与合作平台联系，搭建适合我校需求的小规模专有在线课程平台，并引进云课堂、雨课堂、云班课等翻转课堂工具，为校内开展在线开放课程建设和课程的课堂应用创造条件。

2. 过程评价、动态监控

在课程立项建设期内中，学院要求建课教师每月通过现场汇报或书面汇报的形式汇报建设进展，在此基础上结合服务企业的定期汇报，对课程建设进度进行动态监控，对于进展情况不佳的项目，学校将根据实际情况，采取限期整改、撤销立项等处理措施。

课程建成上线后，学院将根据课程授课安排，组织校内外专家对上线课程开展过程性评价，在综合考察课程的教学内容与资源、教学设计与方法、教学活动与评价、教学效果与影

响、团队支持与服务等要素的基础上，结合线上监控与随堂听课等多种形式对课程的应用效果展开全面评估，对于评价合格的课程认定为院级精品在线开放课程。

3. 以用促建，注重实效

在线开放课程资源建设是基础，教学应用是关键。出台相关激励政策，鼓励教师参与建设、加强应用。学院印发《陕西工业职业技术学院专业教学资源库建设项目管理办法（试行）》《陕西工业职业技术学院在线开放课程建设管理办法》规范课程建设管理，给予建设团队奖励。出台《陕西工业职业技术学院2017—2018学年在线开放课程应用管理办法》，给予使用在线开放课程教学进行日常的老师每学时25元的额外补助。定期举行信息化教学公开课和教学比赛，通过比赛，一大批骨干教师脱颖而出。在职称评定、年度考核、出国进修等教师关注的工作中，优先考虑课程主持人和信息化教学比赛中的获奖者。

（在陕西省职业技术教育学会2017年学术年会上的发言交流材料）

搭建"产学研用"合作平台　打造一流教学团队

孟繁增

学会教学管理改革与技能大赛工作委员会副主任委员
陕西国防工业职业技术学院教务处长　副教授

高职教育的"产业性、社会性、跨界性"特征，令其具有开展"产学研用，协同育人"的先天优势。搭建高职院校"产学研用"合作平台，创新"协同育人"机制，共享技术、项目、产业和教育资源，是促进高职教育产教深度融合、带动地域经济提质增效的重要手段。陕西国防工业职业技术学院机电专业群依托国防工业技术优势，服务县域包装机械行业发展，在"产学研用，协同育人"方面取得了显著成效。

一、打造行业领军人物，提升专业服务产业发展能力

1. 鼓励教师到企业锻炼，技术应用与创新能力整体提高

鼓励中青年教师到企业顶岗锻炼，利用自身的技术专长，为企业解决技术问题或为企业开展技术咨询、技术培训。教师在生产实践中寻找创新火花，解决企业生产实践中的具体技术和工艺问题，逐步提高自身科研能力。近三年来，机电专业群的200余人次到企业锻炼6 000人·日，大大提高了教学团队的技术应用与创新能力。

2. 鼓励教师同企业深度融合，造就印刷包装机械行业领军人物

学校鼓励科研团队积极承担企业技术改造项目研究，深入企业研究开发新产品、新工艺，提高企业产品的技术含量，提升企业的科技创新能力。近三年来，机电专业群的40多名教师长期与企业保持密切的科研服务关系，承担省级及以上政府教科研项目数23项，教科研项目到款127万元，获批专利65项。两位老师20年来扎根服务县域企业，现已成为国内外印刷包装机械行业的领军人物。

二、深化人才制度改革，引导教师主动服务行业企业

为突破创新主体间的壁垒，充分发挥各创新主体的人才优势和技术优势，学校以内部人才管理制度和运行机制改革为核心，推进学校、科研院所、行业企业的深度合作，探索形成了适应于"产学研用"协同育人的人才管理机制，引导教师主动为行业和地方企业提供服

务，有效促进了产学研用合作的开展，营造了有利于协同创新的环境和氛围。

1. 建立科研成果导向人才考评制度，大幅提升教师科研创新热情

客观、准确、全面的人才考核评价制度是激励科技人才投身产学研用协同创新工作，保证协同创新可持续运作的重要手段。学校修订了科研管理办法、职称评聘办法，加大科研奖励力度，改变单纯的论文、获奖、专利、科研经费等考核评价方式，重点考核科技创新对提升社会效益、促进经济增长和解决行业企业重大需求的实效，形成了以科研项目质量和社会贡献为依据的人才考评制度，提升了教师参与科研创新的热情。

2. 建立多维科技创新分配制度，形成协同竞争制度氛围

学校充分发挥分配制度的激励作用，制定了《科研基金管理实施细则》等制度，设立科研基金，下放科研人员依托产学研用平台开展科技和社会服务合法得利的分配自主权，加大奖励力度。形成了合理的利益共享机制，实现了责任、贡献与报酬的一致性。同时，科技创新分配制度还鼓励教师通过专利许可、技术转让、产品开发等多种形式，加快科技成果转化，推动产学研用协同创新良性发展。近三年来，机电专业群引入博士生2名，企业工程师13名，获批科研基金260余万元，获得科研奖励220余万元。创造了协同与竞争的制度氛围，提高了科研成果的成功率与转化率。

三、搭建产学研用平台，实现产教融合"四共四赢"

实施产学研用协同育人，关键是要转变单打独斗的传统思维，摒弃本位主义，突破产、学、研、用各自为政的壁垒，强化开放、合作、共享，这就需要建立一个能有效汇聚和整合校内外资源的平台，使多主体、多因素能进行多方位交流和多样化协作，进行跨边界的合作。学校以产学研用平台为支撑，以价值为纽带，以项目为载体，通过校企共建协同育人联盟，共建技术创新平台、共建专业、共同培养创新型人才，实现了产教深度融合，多方共赢。

1. 共建协同创新联盟，多方赢得发展空间

机电专业群与陕西户县东方机械有限公司、东风仪表厂、西北机器有限公司、中国兵器工业213研究所等6家在行业内有一定影响力、具备较强技术实力、规模较大，对学生实习、就业有一定需求的企业，建立了协同创新联盟。2011年，协同创新联盟成员单位加入了陕西国防职教集团，进一步扩展了合作发展空间，开启了人才共育、过程共管、成果共享、责任共担的产教融合发展新局面。

2. 共建技术创新平台，企业赢得先进技术

2011年，学校成立了机电工程研究所和机械设计与制造研究所，形成了以学校及校内应用技术研究所、中国兵器工业213研究所、陕西户县东方机械有限公司为核心成员，以协同创新联盟、陕西国防职教集团为支撑的产学研用平台。近五年，协同创新联盟依托该平台深耕印刷包装机械行业创新，主持或参与省级及以上课题16项，面向举办全省军工单位职

工技能大赛 4 次，举办技术培训 20 余次，培训人数 730 人次。通过校企合作开展社会服务和科研项目，提高了年轻教师的科技开发和工程实践能力，提升了机电专业群的创新实践水平。

3. 共建机电专业群，学校赢得社会资源

产学研用结合是专业可持续发展的有效途径。协同创新联盟成员单位按照与学校签订和合作协议，充分发挥合作各方在设备、场地、师资、信息等方面的资源优势，从人才培养方案与课程开发、创新教育团队建设、实践教学创新体系建设、培养创新人才等方面全程参与机电专业群的专业建设工作，在合作机制、合作内容、合作方式等方面找到利益平衡点，真正实现了"资源共享、优势互补、利益互惠、发展共赢"。

4. 共同培养创新人才，学生赢得就业竞争力

"产学研用"是生产、学习、科学研究、实践运用的系统合作工程，其本质是促进科技、教育与经济的结合，产学研用平台的目标在于提升教育教学质量。从学校方面讲，产学研用合作教育就是充分利用学校与企业、科研单位等多种不同教学环境和教学资源以及在人才培养方面的各自优势，把以课堂传授知识为主的学校教育与直接获取实践能力为主的生产、科研实践有机结合的教育形式。从"产学研"过渡到"产学研用"，进一步强调了应用和用户，突出了产学研结合必须以企业为主体，以市场为导向。

四、科研反哺教育教学，产学研用合作育人成果丰硕

1. 项目驱动、真题真做，培养复合型人才

为打通校企人才通道，交好学校与企业接轨的"最后一棒"，机电专业群自 2006 年起，大力推广自企业一线的教师在课堂教学和毕业设计环节的"真题真做"实战化项目教学经验，探索"校企联合指导顶岗实习—毕业设计—就业"的新模式：一是设计选题和工程案例、科研任务无缝对接。学生在完成前二年的课程学习后，根据企业的需求和学生的意向，经过双向选择，学生到企业进行顶岗实习和毕业设计。二是课题紧密结合企业生产和科研任务，由校企双方联合指导，学生在承担企业实际任务的同时，接受工程实践训练，真题真做完成毕业设计。近年来，30% 左右的机电专业群毕业设计课题均来自企业的实际项目。三是企业在此过程中全面考查学生，优秀学生得到优先录用，较好地实现了"毕业即就业"的目标。每年机电专业群的毕业生在实习单位顺利就业的比例达 87% 左右。一大批毕业生已成为这些实习单位的"生产—开发—管理"的技术骨干，实现了企业、学校、学生多方共赢。

2. 开辟创新教育第二课堂，助力学生多渠道成才

一是聘请企业骨干给学生讲授专业发展现状、应用前景及就业需求，形成了将专业知识、生产案例、实践应用深度融合的教学方式，不仅能激励学生积极主动学习，加深学生对专业的认识和理解，而且能培养学生的创新能力。

二是联盟企业提供部分资金和设备资源,校企共建研发中心,共同开发新产品。学生通过参与研发项目,培养了学生的实践创新能力。

三是学校联合相关企业广泛开展科技创新活动,通过每年举办校园技能节和技能大赛,不仅激发了学生积极探索的精神和深入研究的能力,而且培养了学生的创新精神和创造能力。

近三年来,机电专业群先后有 600 余名学生参加"互联网+"大学生创新创业大赛、"创青春"大学生创业大赛、"挑战杯"创新创业创效大赛、机器人大赛、国家级技能大赛,获得省级及以上奖项 123 项。

五、促进企业科技进步,产学研用合作育人成果丰硕

1. 项目载体,科研支撑,促进企业科技进步

近年来,机电专业群科研团队主持或参与企业和研究所课题有视频用铝箔图层机组、空调用亲水铝箔涂布机组、旧式渗碳炉结构优化与节能技术研究等 80 余个项目。这些项目都紧密结合当前的科研方向和企业技术需求,均获得良好效益。依托这些项目,科研团队发表教学和科研论文 75 篇;申报国家发明专利 3 项,实用新型专利 66 项,其中学校教师主持的视频用铝箔图层机组、空调用亲水铝箔涂布机组项目,分别获得西安市科学技术二等奖和三等奖。

2. 加大科技成果转化力度,产学研用经济社会效益显著

学校在开展产学研用合作中,始终把科技成果的推广应用,作为与企业产学研用合作的一项重要内容,努力把先进适用的科技成果应用于企业生产,促进了企业的科技进步。学校与联盟成员单位东方机械有限公司共同研发的国家级服务"一带一路"项目——"新型环保耐腐蚀视频用铝箔涂布机组"业已完成验收,并将出口泰国。该项目合同金额 1 200 万元,其中国家拨付创新基金 60 万元。该项目的自动化和职能化处于国际领先水平,其创新的涂布连续烘干技术缩短了生产线长度,减少了废品率,降低了成本,提高了经济效益。东方机械有限公司凭借科技红利,2006 年产值为 1 200 万元,2017 年前三季度已达到 5 300 余万元,比 10 年前增长了 4 倍,产学研用平台对该公司发展起到了决定性的技术支撑作用。据不完全统计,近 5 年来,产学研用平台产出的科研项目和技术服务所产生的社会经济效益超过 1.8 亿,铝箔包装机械产品国内占有率超过 20%,取得了显著的经济效益和社会效益。

十多年来,协同创新联盟积极拓宽合作渠道,进一步扩大校企合作范围,丰富产学研用协同育人的内涵,校企在人才培养方案开发、教材编写、实训基地技术、师资队伍培养、大学生创新创业中心和社会服务平台建设等方面实现了深度融合,学生创新能力和就业竞争力全面提高,教师团队的科研服务水平大幅度提升,对学院的专业建设和发展产生巨大影响,受到兄弟院校和用人单位的好评。

(在陕西省职业技术教育学会 2018 年学术年会上的发言交流材料)

加强师德师风建设　落实立德树人根本任务

张小林

学会土建类专业建设指导委员会秘书长
杨凌职业技术学院建筑工程分院院长　教授

杨凌职业技术学院建筑工程分院现有教职工63人。其中专职教师48人，教授5名、副教授13名，硕士研究生达90%以上，建筑工程技术专业为中央财政支持的重点建设专业和陕西省高等职业教育重点建设专业，国家骨干和一流建设专业，建有国家级建筑技术实训中心。先后荣获学院"院务公开先进单位"等6项光荣称号，多次荣评学院"先进党总支""就业工作先进集体""目标任务考核优秀单位"，在教学等其他工作中也多次获得先进集体称号。

一、抓学习：为师德师风建设正本清源

（1）加强理论学习，提高认识水平。组织全体教职工深入学习党的各大会议精神，认真贯彻落实党的教育方针，统一思想，更新理念。组织全体教职工定期开展政治理论学习和业务学习，引导广大教师热爱教育事业。目前，政治理论学习已经成为分院的一项常态化工作内容。

（2）坚持"两学一做"学习教育，深化思想觉悟。以党建工作为重点，坚持"两学一做"学习教育全覆盖、常态化、制度化，提出领导带头、认真落实、明确责任、严格标准、强化监督、重点跟进三个要求，重创新、求实效、发挥长效，注重发挥分院3个专业党支部的战斗堡垒作用和师生党员的模范带头作用，落实了总支委员联系党支部制度及班子成员联系学生班级制度，取得了阶段性成效。先后荣获"先进基层党组织""先进党支部""巾帼建功集体""创新示范岗""五一巾帼"示范岗等称号，有2人获"优秀党务工作者"，22名党员获"优秀共产党员"，1人获民盟陕西省委（2012—2017）年度盟务工作先进个人。

（3）紧抓制度学习，规范教师行为。深入学习《高等教育法》《教师法》《高等学校教师职业道德规范》、高校教师行为"红七条"、《辅导员、班主任工作职责》等内容，理解领悟建设内涵，准确把握倡导性要求和禁行性规定，使师德规范成为全校教师普遍认同和自觉践行的行为准则。

二、立制度：为师德师风建设保驾护航

（1）充分发挥组织机构的指导引领作用。成立师资队伍建设工作领导小组，把师德师风建设列入重中之重。分院党政领导作为师德师风建设责任人，教职工及学生全员参与，定期研究工作，做到"领导、实施、参与"三层联动，形成组织严密，责任明晰，管理有序的师德工作体系。

（2）健全完善考核评价机制。深入贯彻落实学院各项规章制度，制定了《师德师风建设方案》和《师德师风建设考核办法》，建立健全师德师风建设长效机制，并逐一贯彻落实。成立师德考评小组，规范师德行为，推进学生评教，建立"学校、教师、学生"三位一体的监督网络，严格落实师德考核和师德建设"一票否决制"。

三、育人才：为师德师风建设树根立魂

（1）以活动促进教学能力提升。以思想政治教育和师德师风教育为重点，强化实施青年教师挂职锻炼和"导师制"培养，稳步推进与陵东村党支部结对共建工作，并安排党总支委员在陵东村挂职锻炼，成立"为农服务专家组"为该村农业企业规划设计等提供技术服务。

（2）以科研竞赛提升教学水平。先后承担了各类科研金项目共50余项，1个骨干专业和《创新创业》课程获省级立项，2个一流专业获省级立项；先后获得国家级教学成果二等奖1项，黄炎培职业教育奖优秀理论研究奖1项，省级教学类课程大赛奖6个，省级优秀论文奖16篇，20余名教师被评为"优秀指导教师"。

（3）以教学改革助推校企合作。完成"追赶超越"计划和28门核心课课程标准编制，完成《钢筋工程施工与管理》等14门各级精品资源共享课程的网络化和信息化建设。先后与陕建五建等12家企业深度合作，与陕建五建筑工程公司、广联达科技股份公司等组建订单班6个，开设建工国际班5个，与榆林学院共同探索高本衔接人才培养模式。

四、做活动：为师德师风建设增砖添瓦

（1）主题教育强化主旋律。组织教职工参加革命基地学习教育、"一封家书"主题征文、建党95周年歌咏比赛、"中国梦·劳动美"教职工演讲、"弘扬工匠精神，共筑职业梦想"等多项主题教育活动，增强了教师的责任感和使命感。通过多种途径聆听职工心声，以实际行动让师德教育深入人心。开展廉政文化作品征集、主题党日等活动，提高教师政治思想意识，引导教职员工爱岗敬业，乐于奉献。

（2）争先创优弘扬正气。通过系列活动，注重榜样引领，弘扬"学为人师、行为世范"的师德风范，传承"教书育人、管理育人、服务育人"的优良传统。有1位教师获省教育工会"五一巾帼标兵"称号，4位同志获示范区"优秀巾帼志愿者"和道德模范提名、1位获"好媳妇""好婆婆"和"杨凌最美家庭"荣誉，1位获"先进教育工作者"等。

（3）师生互助凝心聚力。以"亲近学生，了解学生"为目的，组织教职工结对帮扶学

习困难学生、建档立卡学生 150 余人,通过诚信教育、感恩教育等方式,帮助学生树立正确的人生观、价值观。积极组织辅导员等开展进班级、进宿舍、进食堂、进网络,联系学生、联系家长活动,极大地促进了教育管理工作。

师德师风建设是高校改革发展与建设过程中一项艰巨而复杂的系统工程。建筑工程分院将秉承杨凌职院的校训、校风,不忘初心,砥砺前行,助力我校建成具有一定国际影响力的高职名校而不懈奋斗。

(在陕西省职业技术教育学会 2018 年学术年会上的发言交流材料)

加强专业师资队伍建设　提升教师教学科研能力

——陕西警官职业学院转型发展下的教师教学科研能力提升

贾清波

陕西警官职业学院教务处长　副教授

一、实施背景

陕西警官职业学院创办于 1953 年，是由陕西省公安厅主管，省教育厅进行业务指导的全省唯一一所公安院校，履行公安高职教育和在职干警培训双重职能，至今已有 66 年的办学经验。2015 年以来，学院党委先后印发了《关于全面深化改革加快转型发展的意见》《关于全面加强专业建设提高人才培养质量的意见》等纲领性文件，为学院加快师资队伍建设和提升教学能力提供了制度保障。自 2016 年划归省公安厅主管后，学院面临新的转型发展契机，学院教师在转型发展的机遇和挑战下教学能力有了明显的提升。

二、主要做法

（一）做好顶层设计，设置教师发展机构

从机构设置上，2015 年学院成立教师教学科研发展中心，2016 年设置教师发展科，配置工作人员 1 人。其主要职能是：制（修）订教师发展相关制度；教师发展平台系统使用、维护；实施教师能力发展项目；组织开展教师业务培训；组织教师实践锻炼；组织教师开展教学技能竞赛；组织教学名师评选；客座教授、兼职教授管理等。

（二）突出实战要求，提升教师服务公安能力

在制度建设方面，推动省公安厅出台《关于支持陕西警官职业学院建立健全"校局合作、协同育人"机制的意见》，制订了《陕西警官职业学院公安实务教官管理办法（试行）》《陕西警官职业学院校外实践教学基地建设管理办法》《陕西警官职业学院公安信息化应用实验室管理办法》等几个（公安）制度，为教师深入公安一线、不断提升服务能力、提升实战教学水平奠定了制度保障，持续推进提升教师队伍实践教学能力工作，主要做

法有：

（1）完善学院教师实践锻炼管理办法，规范教师实践锻炼管理。重点从公安专业、法律专业教师中择优选派到基层公安机关进行实践锻炼。近三年教师实践锻炼共 147 人次。先后受到了陕西省公安厅、西安市公安局及各分局、咸阳秦都分局等单位的肯定。

（2）加强兼职教官、实战部门专家授课队伍建设。为保证学院师资队伍常态化，学院从今年起开始正式实施了"教官制"。为抓好"教官制"实施，学院多措并举，全力推进。教学改革与公安实战要求对接，学院始终瞄准公安工作对人才素质要求，积极探索新形势下公安人才培训规律要求，大胆创新教育模式，积极推进"教、学、练、战"一体化教学模式改革，形成了理论与实践、校内与校外相结合的人才培养机制。目前共有来自陕西省公安厅、西安市公安局的 22 位受聘教官成为我院兼职教官。未来正在进一步扩大兼职教官的范围，目前我院实战部门专家授课人数已达到 23 人。新聘任的学院第二届教学指导委员会中增加了兄弟院校和事务部门的专家。

（3）坚持实战标准，推进实战化教学。建立校局合作机制，推进融入公安服务实战进程，立足公安实战与公安队伍建设需求，面向实战开展课程教学和实践教学，做到"实战有所需，教学有所应"。改革课程内容，创新教学模式，强化教学实训，提高学生警务实战技能。

（4）加强校外实践教学基地建设。完善校外实践教学基地管理制度，对原有的校外实践教学基地进行效果评估和遴选调整。在省公安厅的指导下，推动建立 3 个以上高质量实践教学基地（陕西省公安厅刑侦局、咸阳市公安局秦都分局、武功县公安局、安康法院等），满足教师开展实践锻炼和学生进行实习实训要求。

（三）加强师资培训，促进教师专业发展

（1）根据学院转型发展需要，自 2015 年起，学院共安排了 25 名公安专业专任教师赴中国人民公安大学进修。

（2）为进一步做好教师培训工作，学院每年设立专项教师培训经费保障外出进修、业务培训和实践锻炼，提高教师业务水平。有计划地邀请公安机关实务部门领导、业务骨干定期到学院与师生座谈、讲座、合作研究。

（3）出台教师继续教育管理办法，建立健全教师全员培训制度。实行五年一周期不少于 360 学时的教师全员培训制度。对教师参加继续教育实行学时制管理，教师每人每年应完成不少于 80 学时的继续教育学习任务。

（4）学院今年新建立教师在线学习中心，方便全体专任教师开展继续教育课程学习。

（四）开展以赛促教，以赛促学，提升教师教学技能

（1）举办学院信息化教学大赛、教师教学技能竞赛、课堂教学创新大赛、微课教学比赛、课堂教学观摩等活动。推荐优秀作品积极参加省级教学技能竞赛，促进教师教学能力提升，提高人才培养水平。对接全国公安院校教学技能大赛要求，制定培育计划，开展教学技能竞赛活动。

(2) 抓好以赛促学、以赛促教及相关制度建设。组织教师开展教学技能竞赛，做好参加全国公安院校教学技能大赛项目培育工作。实现各专业学生专业技能竞赛全覆盖，提高学生职业能力。

三、实施成效

（一）教师提升自我教学能力意识明显提高

学校不断创新教师培训理念和模式，充分利用教育部全国高校教师网络培训中心的优质数字化教育资源平台，近年来积极组织教师600余人次进行网络培训学习。通过参与网络在线培训，学校教师队伍整体水平得到了有效提高。目前，组织教师进行网络在线培训已成为我校提升教师教学能力、人文素养和业务能力的一条重要途径。在组织开展的陕西省高校2018年度教师网络培训工作情况评审中，学校被授予"陕西省2018年度高校教师网络培训先进单位"称号。

（二）教师教学能力显著提高，多名教师在省部级以上竞赛中获奖

(1) 在教育部主办，山东省教育厅、济南市教育局、教育部职业院校信息化教学指导委员会承办的第八届全国职业院校信息化教学大赛中，学院教师白冰在高职组信息化课堂教学比赛中荣获三等奖，实现了学院教师参加全国一类竞赛奖项的重要突破。
(2) 学院教师段朝晖在2019年陕西高校思政课教师"大练兵"主题活动中荣获思政课"教学标兵"荣誉称号。
(3) 学院教师左娟霞获得2018年"陕西省高校思政课教学骨干"。
(4) 在陕西省首届高校教师微课比赛中，学院教师于宁的《现代警察体能训练之软梯训练法》作品获得一等奖。在第二届全国高校微课教学比赛中荣获二等奖。
(5) 在2019年陕西省高职院校课堂教学创新大赛中，我院共推荐6名教师参加省级复赛，分别获得两个二等奖，两个三等奖，两个优秀奖。

（在陕西省职业技术教育学会2019年学术年会上的发言交流材料）

以技能大赛项目为引导 夯实教师实践教学能力

董佳辉

陕西工业职业技术学院电气工程学院 副教授

陕西工业职业技术学院与欧姆龙（中国）有限公司、西门子中国有限公司、浙江瑞亚能源科技有限公司等公司深度合作，以订单班为纽带，成功探索出"校企联动，七个一流"的合作育人模式，实现了人才培养模式的改革与创新。在校内建成了"陕西工院—欧姆龙工业自动化实训中心"，全套引入国际员工素质培训体系；教师和企业技术人员开展技术研发，提升教师教科研水平；开展技能证书认证，举办"教育部 PLC 师资培训班""国家级骨干教师师资培训班"等教育部培训项目，成为企业西部地区员工的培训中心；为促进教师业务、学生技能提升，学院以项目为引导，促进提升师生服务产业能力。

一、以教学改革为契机优化教师的专业知识结构

职业教育的人才培养目标是让学生成为技术技能型人才，《国家中长期教育改革和发展规划纲要年（2010—2020）》中提出，职业教育"以服务为宗旨，以就业为导向，促进教育教学改革"，培养服务于经济建设和市场需求的技术技能型人才，是职业院校努力的方向，也是教师实施教学过程的指引棒。职业技能大赛不仅是一个比赛，更注重德技并重、教产结合、起一个纽带作用。

学院优化教师的专业知识结构，培养具有理论知识与实践操作的双重考核标准的师资团队，更加适应高素质技术技能人才的培养要求。职业技能大赛的专业知识考试，其考题是行业企业专家智慧的结晶，要想赛出好成绩，教师必须对这些知识进行梳理，在学生做技能训练过程时传授给学生。这与以往单门课程教学有很大的差别，教师需要真正将各门专业知识融会贯通，灵活运用，这对指导老师也是一个巨大的挑战。因此，教师需要及时梳理自己的学科专业知识，在研究、解答职业技能大赛试题中找出不足，然后加强学习，补缺补差，实现自身学科知识内容和结构的再优化。学院系统设计校企合作一体化策略方案，植入《生产优化管理》《生产计划》《TPM》《生产管理技能》《品质管理》《PLC》及《MRP/MES（理论与实践）》等13门课程，校企共同制定13门课程标准，全套引入国际员工素质培训体系。

学院教师忠诚于党的教育事业，热爱学生，甘于奉献，坚守三尺讲台，挥洒青春，追逐梦想；以爱为径，以乐作舟，坚持让每个学生都能感受到学习带来的成就与快乐；刻苦钻研，以身垂范，带领学生团队披荆斩浪奋战在技能大赛的最前沿；严谨笃学，求真务实，在

学术科研上多有斩获,受到了学生的爱戴,赢得了领导与同事的好评;积极投身教学改革,勇于探索实践,推动人才培养质量提升。2016 年,电气工程学院董佳辉老师被陕西省总工会授予"陕西省劳动竞赛标兵"荣誉称号。

二、以职业技能大赛为平台提升了教师的实践教学能力

随着职业技能大赛的不断发展,在比赛内容上已经非常贴近实际。比赛项目本身就是一个企业要现实解决的问题,教师为了带好比赛,往往要深入企业,学习最前沿的技能并接受全新的理念,并将比赛项目转化为教学过程中的一个项目或者一个任务,以便更好地对学生进行培训。这就要求教师在平时的上课过程中做到"以项目训练为目标、以任务驱动为目的",采取"在做中学、在做中教"的教学方法。比如教师在指导学生技能大赛的过程中不仅要教会学生技能,而且还要将理论融入比赛项目中,在比赛的指导过程中,教师既是指导者,同时又是陪练者,教师要从原来完成教材上的教学任务转向研读职业标准、参与工作过程、通晓竞赛规程方面。同时技能大赛引发的广大学生普遍的技能学习诉求,不得不使教师在练就实操的同时,变更自己的教学方法,以提升自身的教学能力及整体素养。

职业技能大赛考查的是选手的综合素质,同时也是对指导老师对选手培训能力的一次检验。首先,要指导学生按照大赛要求操作训练,指导老师自己要懂得操作规程,把握其中重要的技术性环节。其次,职业技能大赛的试题对更新指导教师知识结构与技能水平具有指导性意义,大赛的试题中也包含了本专业或工作岗位中的新技术、新工艺相关内容。

陕西工业职业技术学院电气工程学院的教师在技能大赛方面取得了很好的成绩,教师的教学能力在大赛培训过程中也有了长足的进步。董佳辉老师从 2010 年开始指导学生参加高等职业院校技能大赛"电气控制系统安装与调试""自动化生产线安装与调试"等赛项,取得了良好的成绩。在指导学生技能大赛同时,董老师善于学习、勇于实践,刻苦钻研,先后取得了高级维修电工、高级 PLC 系统设计师等职业资格证书,积极参加各种劳动技能竞赛,努力把自己打造成双师型教师。在 2015 年全国职业院校信息化教学大赛陕西省赛区"PLC 控制电动机启动电路的组装与调试"大赛获一等奖。参加 2015 年全国职业院校信息化教学大赛全国大赛"PLC 控制电动机启动电路的组装与调试"大赛,获二等奖。

三、以项目为引导提升教师的科研与技术服务能力

职业技能大赛对教师的要求越来越高。要在职业技能大赛中取得良好的成绩,教师不仅要有扎实的实践操作能力,还要有创新性思维。在比赛培训过程中,要敢于进行尝试研究,带领学生在实践中共同进行研究与探索;同时要积极关注相关行业、企业发展的最新技术与动态,将最新的技术信息及时传递给学生,对学生的新思想、新方法给予积极的鼓励与引导,帮助学生实现从理念创新到实践探索的发展过程。在培养学生的创新思维的同时,教师的创新能力也得以很好的提升,教师的创造性可以有效地提升学生的创新素质,学生的创新素质通过技能大赛展现出来。

电气工程学院教师在努力提高自己科研能力和业务水平同时,积极承担科研与企业技术

服务工作，主持完成多项横向科研项目。项目成果在企业中得到了良好的运行和应用，获得企业的极大认可，实现了以自己的专业技术服务于企业生产及地方经济发展的目标。

主要完成的项目有：服务西安长平机械设备有限公司，主持完成横向科研项目"5000kVA 矿热炉炉体液压控制柜的研制"与"6300kVA 矿热炉炉体液压控制柜的研制"；服务西安锐格液压设备制造有限公司，主持完成横向科研项目"6.3MVA 埋弧炉电极控制装置的研制"；受海城市腾发耐火材料有限公司委托，主持完成横向科研项目"25500kVA 镍铁炉自动化控制系统的研制"。

"5000kVA 矿热炉炉体液压控制柜"项目照片

四、以大赛和项目为引导培养高素质技术技能人才

（1）专业引导，做学生的专业引路人——组建国家示范专业电气自动化技术特色教改试点班

习近平总书记代表十八届中央委员会在十九大报告中指出，要完善职业教育和培训体系，深化产教融合、校企合作；现代学徒制教学改革工作需进一步推进；诊改工作提出要持续提高人才培养质量；面对生源多样性、学生学习热情不高等新形式、新问题，我们该做什么？怎么做？

2016 年 10 月我们组建了电气自动化技术专业教学试点班。首先对电气自动化技术专业 2015 级 14 个班的学生进行宣讲，告诉大家试点班要做什么，怎么做，再让学生自主报名。通过实操考试和面试环节，结合学生上一学年学习成绩，最终选定 30 位学生组建了电气自动化技术专业试点班。

宣讲现场　　　　　　　　　　　　　　实操考试现场

面试现场

开班仪式

自动化教研室全体教师经过多次研讨,根据电气自动化技术专业的培养目标及职业岗位标准,制定了详细的培养计划。自动化教研室教师全员参与,根据现有知识体系,梳理细化应知应会知识点,参照技能大赛时间节点,结合工程实际,编制了每学期的课表,在不占用学生正常教学时间的前提下,牺牲休息时间,利用晚自习时间为试点班学生授课。

授课现场

在试点班的教学过程中,参照欧姆龙订单班的课程体系,引入《5S》和《TPM》两门企业课程。

《5S》和《TPM》课程授课现场

(2)项目依托,做学生的专业筑梦人——构建以科研项目提升学生工程实践能力的教学模式

如何提高学生的工程实践能力,成为我们要解决的问题。如何深化产教融合、校企合作

成为我们要破解的难题。我们以实际项目为载体，选取年代久远，控制系统落后的实训设备，应用西门子新型可编程控制器技术、工业以太网技术、触摸屏技术对控制系统进行升级改造。我们共选取了三个典型项目，将30位学生分成10个小组，每个小组由一位"师傅"全程指导项目的实施。"师傅"带着"徒弟"从设计原理图开始，到控制柜体设计、元件选型、元件安装、配线、PLC和触摸屏程序开发，最终完成系统调试，从而使学生掌握自动化控制系统设计开发的全过程，提高了学生的工程实践能力。

"拜师"现场照片

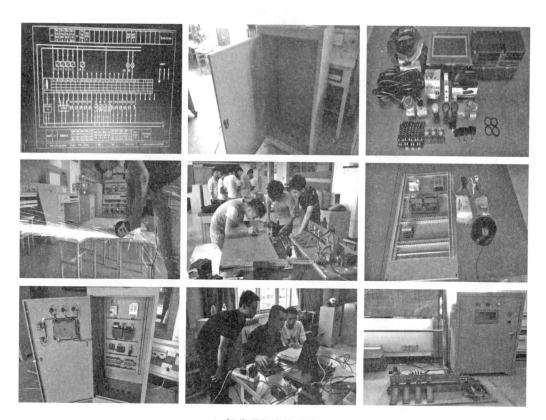

部分项目实施照片

在完成实训设备改造后，我们通过与企业签订横向科研项目，将实际工业设备的设计、安装和调试引入试点班教学，进一步提高学生的技术技能水平，并深化了产教融合、校企合作。

（3）成果丰硕，做学生的专业圆梦人——打造电气自动化技术专业优秀名片学生

通过教改试点，学生的技术技能水平得到了全面的提升。在2017年的陕西省及全国大赛中，本专业学生李永定、刘超伟、赵磊、张希卓、牛恒、王坤等同学，共获得省级一等奖两项、三等奖一项，国家级二等奖、三等奖各一项，在2017年全国智能供配电系统安装与编程调试大赛取第一名的好成绩。2015级试点班学生多数已经在高新技术企业就业，并成为企业重点的培养对象。

部分获奖学生和高新企业就业优秀学生

（在陕西省职业技术教育学会2017年学术年会上的发言交流材料）

以生产项目为载体　深化课程教学改革

——《GPS 测量技术与应用》课程教学改革与实践

张福荣[1]　田　倩　王　涛　张　亚　袁曼飞

1. 陕西铁路工程职业技术学院　教授

　　《国家中长期教育改革和发展规划纲要（2010—2020 年）》、教育部关于深化职业教育教学改革全面提高人才培养质量的若干意见（教职成〔2015〕6 号）、高等职业教育创新发展行动计划（2015—2018 年）、教育部《关于全面提高高等职业教育教学质量的若干意见》（教高〔2006〕16 号）等文件中，明确对职业教育提出了"以服务为宗旨，以就业为导向，推进教育教学改革"，要求高等职业院校要积极与行业企业合作开发课程，根据技术领域和职业岗位（群）的任职要求，参照相关的职业资格标准，改革课程教学内容，普及推广项目教学、工作过程导向教学，充分激发学生的学习兴趣和积极性，建立突出职业能力培养的课程标准，规范课程教学的基本要求，以提高课程教学质量。而 GPS 测量技术作为现代测量技术"3S"技术之一，它具有无须通视、灵活性强、精度高、自动化程度高、测量范围广、操作简单等特点，已经广泛应用于我国地方经济建设和社会可持续发展中，近年来，在铁路、公路等交通土建类行业得到广泛应用。本文针对工程测量技术专业《GPS 测量技术与应用》课程教学内容与职业标准、教学过程与生产过程对接不紧密，学生 GPS 测量实践应用能力不强等问题进行改革，开发形成了以生产项目为载体的项目化课程教学改革实施方案，主要包括课程设计思路、确定课程目标、重构课程教学内容、项目化教学组织、考核方案改革等内容。

一、课程设计思路

　　根据高职工程测量技术专业控制测量员、测图员岗位能力需求，按照生产性工程项目（包含标准、流程、时间、产品等几大要素）以及 GPS 测量技术应用和项目化教学特点，依据课程教学内容与职业标准对接、教学过程与生产过程对接，融入测量新技术理念，同时将学生的创新意识培养和创新思维养成融入教学全过程、促进职业技能培养与职业精神养成相融合的设计理念，进行课程设计。

二、确定课程目标

　　通过本课程的学习，使学生以组为单位能够完成城市、线路、隧道等 GPS 控制测量，碎部测量、RTK 放样等工作，具备从事控制测量员、测图员岗位与 GPS 测量相关的基本技能，培养学生的质量意识、规范意识和标准意识以及团队协作能力和吃苦奉献的精神，同时进一步提升学生的分析问题、解决问题的能力以及创新能力。

三、重构课程教学内容

传统 GPS 测量课程内容包括卫星定位原理、定位系统构成、接收机选用、控制网设计与数据采集、数据处理与平差、坐标转换等内容，是按照学科体系构建的，教学内容宏观抽象、跨度大，学生学起来连贯性不强。而新的课程内容是按照行动体系构建，依据职业岗位群，本着"能力为主，需要为准，够用为度"的原则，按照教学过程与生产过程对接、课程内容与职业标准，重在以生产项目为载体，强调学生在做中学，学中作，教学做合一，实现了教学与职业岗位的无缝对接。本课程共设计了 1 个情境预备知识和 4 个并行关系的学习情境，其中线路 CPⅡ GPS 控制测量这个学习情境灵活弹性设置，可根据学生的学习情况增减。每个学习情境都是一个完整的工作过程，又根据测量工作流程将 4 个学习情境进一步分解成 16 个学习任务，具体教学内容见表 1。

表 1　课程教学内容设计

学习情境	学习任务	职业标准
预备知识	主要学习导航定位技术的产生与发展；GPS 定位系统组成，GPS 接收机的认识	《全球定位系统（GPS）测量规范》（GB/T 18314—2009） 《全球定位系统实时动态测量（RTK）技术规范》（CH/T 2009—2010） 《铁路工程卫星定位测量规范》（TB 10054—2010） 《铁路工程测量规范》（TB 10101—2009） 《高速铁路工程测量规范》（TB 10601—2009）
E 级城市 GPS 控制测量	任务 1.1　城市 GPS 测量技术设计 任务 1.2　城市 GPS 控制网的布设 任务 1.3　城市 GPS 控制网的施测 任务 1.4　LGO 软件应用与数据处理	
线路 CPⅡ GPS 控制测量	任务 2.1　CPⅡ控制测量技术设计 任务 2.2　CPⅡ控制网的布设 任务 2.3　CPⅡ控制网的施测 任务 2.4　COSA 软件应用与数据处理	
三等隧道 GPS 控制测量	任务 3.1　隧道控制测量技术设计 任务 3.2　隧道控制网的布设 任务 3.3　隧道控制网的施测 任务 3.4　TBC 软件应用数据处理	
桥梁 RTK 测图与放样	任务 4.1　RTK 电台模式点位测量 任务 4.2　RTK 网络模式点位测量 任务 4.3　RTK 地形图测绘 任务 4.4　RTK 点放样与线放样	

四、项目化教学组织

教学组织采用任务驱动、项目导向,突出"以学生为主体,教师为主导"的教育教学原则,综合采用六步教学法、讲授法、角色扮演法、小组讨论法等多种形式的教学方法,激发学生学习兴趣,让学生积极主动地完成学习任务。下面以 E 级城市 GPS 控制测量为例介绍项目化教学组织。

1. 资讯——小组承接 GPS 控制测量任务

采用角色扮演法,教师扮演甲方(建设单位),学生扮演乙方(施工单位),由教师(甲方)向学生(乙方)下发任务单、引导文及相关技术资料、规范等,任务单中明确了具体的小组工作任务;学生以组为单位承接训练目标相同但测区测点有别的测量任务,小组分工查阅书籍资料,明确任务及要求。

2. 决策——做好各项组织准备工作

明确了 E 级城市 GPS 控制测量工作任务及要求后,结合引导文,学生会产生多重疑问,也就是发现问题,然后以解决这些问题为目的,一方面教师讲解相关理论基础,另一方面学生搜集典型案例、规范标准进行自我学习消化。经过理论讲授和自我学习,引导文中大部分问题可以解答,不能理解和直接作答的小组讨论研究,以做好测量实施的准备工作。

3. 计划——编写技术设计书

教师带领学生借领仪器、实地踏勘城市测区,确认测区及控制点后学生分组编写技术设计书;各组提交城市 GPS 测量技术设计书初稿,教师组织在全班范围讨论,从编写格式、基本内容、工作方案、技术可行性等方面综合考虑最终确定方案。

4. 实施——组织各小组进行生产作业

在教师的协助和带领下,各组学生依据技术设计书所写测量方案,深入测区进行 GPS 外业数据采集并及时输出所测数据,几个时段全部采集结束后集中学习软件应用并进行内业数据处理,教师在实施过程中穿插讲授相关理论知识,例如软件应用、数据处理流程、坐标系统与时间系统等。

5. 检查——及时进行过程监督检查

为了保证各组过程大致统一,避免出现某组消极怠工而影响课程进度和学习效果,由教师和组长分别扮演项目经理和工程监理的角色对工作过程及完成质量进行跟踪和阶段性检查。建立课程学习交流群,打破课程学习的时间空间约束,全面掌握学生学习动态。

6. 评价——技术总结

该情境结束后,学生上交小组成果及个人成果,其中小组成果包括技术设计书、作业调度表、外业记录手簿、原始数据、控制网平差报告、技术总结等;个人成果主要是引导文。

教师组织各组进行自我总结,演示汇报该情境实施和学习情况,达到温故知新的目的。教师根据上交资料及每人完成情况进行课程过程性评分,见表2。

表2 课程过程性评分记录表

组别	技术设计书	技术总结	控制网示意图	原始数据文件	控制网解算报告	组内分工说明	扣分	得分
第1组			无				2	8
第2组			无	无			4	6
第3组						无	2	8
第4组							0	10
第5组							0	10
第6组		无					2	8
第7组							0	10
第8组							0	10

五、考核方案改革

课程考核抛弃了传统的终结性试卷考核方式,采用项目化过程考核方式。按照总评成绩100% = 平时成绩30% + 过程性考核70%,其中平时成绩考核包括作业、考勤、过程性评分记录等,过程性考核包括案例分析和RTK点位测量等项目,考核内容涵盖了GPS技术应用的核心技能,同时把国家规范、职业岗位要求融入考核内容中,培养了学生的质量意识和规范意识,有利于学生职业素质的养成。

六、改革效果

通过改革,取得了一定成果,学生参加测量技能大赛获国家级、省级奖多项,在企业顶岗实习,能很好的完成GPS测量岗位工作,受到企业好评。同时教师的教育教学能力也得到极大提升,1名教师获全国测绘地理信息职业院校青年教师讲课竞赛特等奖,1名教师获全国测量技能大赛优秀指导教师。总之,以生产项目为载体的项目化教学不仅提升了学生的GPS测量实践应用能力,同时也锻炼了学生的组织协调能力和沟通能力,有效培养了学生的主动思考和解决问题的能力,很好地实现了课程教学与职业岗位的"无缝对接",提升了学生的职业素养和核心竞争力。

(在陕西省职业技术教育学会2017年学术年会上的发言交流材料)

提升教师信息化教学能力　推进混合式课堂教学改革

——高职院校混合式课堂教学改革措施的探索与实践

刘月梅

延安职业技术学院教务处副处长　教授　博士

信息技术作为教学手段应用在课堂教学中已成为现代教学改革的大趋势，教师的角色、教学方法及学生的学习方式也在发生深刻变化，现代信息技术在教育领域的各方面渗透、融合，混合式课堂教学已逐渐成为教学新常态。然而，如何加快信息化课堂教学改革步伐，是我们每一个位职业院校教学管理人员值得思考的问题，笔者结合本院三年多的教师信息化教学能力校本培训工作，对高职院校混合式课堂教学改革措施进行了研究。

一、构建完善的信息化教学应用环境

高职院校教师要实现线上线下混合式教学必须同时具备四个要素：一是掌握技术的教师；二是随时随地可连接的 Wifi；三是功能强大的网络教学平台；四是丰富完善的学习资源。

（一）信息化校园环境建设

信息化校园是高职院校校园文化的发展方向，学校应结合本校办学规模、专业特点以及发展规划等，加快多媒体教室、智能录播室、校园信息化管理平台、虚拟仿真系统等建设步伐，努力营造有利于教师进行信息化教学的软硬件环境。通常一所学校信息化校园环境的建设在很大程度上影响着教师参与信息化教学改革的积极性。

（二）加快共享型专业教学资源库建设步伐

"互联网＋"背景下高职院校信息化教学改变了传统的教学模式，通过建立以专业教学资源库和网络教学平台，可以支持教师开展教学活动和进行教学评价。学生通过专业教学资源库资源进行课前和课后的自主学习。教师通过网络教学平台在课前发布任务、上传资料，促进学生自主学习；课堂上教师进行引导、师生共同探究、答疑解惑；课后师生交流互动，上传作业，从而实现线上线下的混合式教学模式。

二、加强教师信息化教学团队建设

组建信息化教学培训团队，发挥培训教师特长，有效达成培训目标；组建信息技术服务团队，为教师答疑解惑、技术支持，提升培训效果；组建信息化教学课改团队，以专业教研室为基础，以点带面，实现整体提升。

（一）校本培训教师团队建设

高职院校教师信息化教学能力的整体提升主要依赖于校本培训，但校本培训的效果则主要取决于培训教师的水平和培训内容的选择。因此，培训教师团队至关重要，学院应遴选教学基本功扎实，学习能力强同时具备一定信息技术基础的老师外出参加培训，重点学习新的教学理念、现代信息技术和信息技术在课堂教学中的应用方法。培训机构尽量选择国家信息化教学指导委员、教育厅和职教学会等。根据高职院校教师信息化教学能力内涵要求和培训教师团队成员自身特点，每一名培训教师重点钻研自己擅长的内容对全院教师进行培训，从而使培训真正实现预期的效果。

（二）信息化教学服务团队建设

高职院校教师进行信息化教学，除了需要掌握先进的教学理念外，还要学习许多新的信息技术。基于"互联网+"时代线上线下混合式的教学理念，学生的学习也从课堂延伸至课前和课后，教师在课堂教学中更多的是起到一个引导作用，看似教师的教学工作量减轻了，但实际上教师在课前和课后需要完成的工作量大大增加，微课、视频、教学动画等的制作也不是每一名教师所擅长了。因此，学校应遴选一些教师，与相关企业共同组建一个信息化教学服务团队，为教师录制视频、视频后期处理及动画、教学软件的开发、课件网站的美化等提供技术支持，以保证绝大多数教师将精力主要用于课堂教学改革和课程建设，提高工作效率。

（三）信息化教学课程改革团队建设

基于混合式教学理念，专业教学资源库建设已成为高职院校信息化教学必不可少的平台之一，然而这些教学平台的建设不是一两个教师能独立完成的。因此，学校应以专业教学资源库建设项目为主抓手，以专业教研室为基础，组建信息化教学课程改革团队，共同开发网络教学平台并进行专业教学资源库建设，为广大教师进行信息化教学奠定基础。

三、优化教师信息化教学能力培训内容体系

（一）深入研究信息化教学内涵

"互联网+"背景下高职院校教师的信息技术运用能力包括：构建信息化教学环境的能

力、媒体获取和制作能力、教学资源的设计能力和信息化教学设备操作等能力。教师信息化教学能力内涵在于促进高职院校育人模式和学生学习方式的转变。将教师的信息技术运用能力与职业院校教学方法相结合，依托网络教学平台，构建课前、课中、课后三位一体的混合式课堂教学模式，信息技术贯穿课堂教学全过程（见图1）。

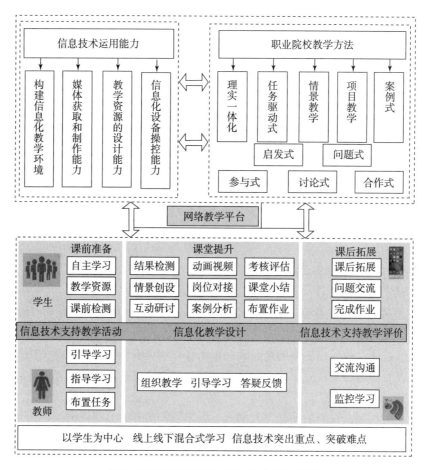

图1　高职院校教师信息化教学能力内涵

因此，高职院校教师进行信息化教学的核心是教学理念、观念的转变，最重要的是树立以学生为中心、线上线下混合式教学的理念，那么教学方法的选择、教学环节的设计都应该紧紧围绕如何调动学生学习的积极性和主动性，着重培养学生的学习能力以及分析问题、解决问题的能力，课堂教学也应该从课堂延伸至课前和课后。

（二）整合培训资源，优化培训内容

从高职院校教师的信息技术运用能力要求出发，对高职院校教师的信息化教学能力进行分解，实现培训内容与教师层次、能力、需求紧密结合，形成了模块化的信息化教学能力提升培训内容体系（见图2）。

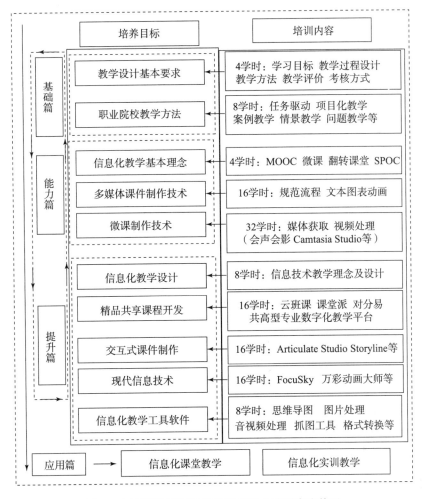

图 2　高职院校教师信息化教学能力培训内容体系

①基础篇（12学时）：以掌握教学设计和职业院校教学方法为目标。②能力篇（52学时）：以掌握信息化教学基本理念、多媒体课件和微课制作技术为目标。③提升篇（64学时）：以掌握信息化教学设计方法、精品共享课程和在线课程开发、交互式课件制作、信息化常用工具软件等为目标。④应用篇：以掌握现代信息技术在课堂教学中的应用为目标。通过举办信息化教学比赛、经验交流会和示范课等途径应用推广，实现整体提升。自编培训教材，分年度逐层推进。各模块循环开设，教师根据自身特点和需求自选模块，针对性强且有效性高。

四、完善激励机制，搭建信息化课堂教学交流与学习平台

将教师信息化教学能力培训纳入年度培训计划，作为专业技术人员继续教育课时；将信息技术应用能力作为教师评聘考核的重要依据，建立科学的教师信息化教学能力考核评价标准，采用倒逼机制促使教师更新教学理念、主动适应社会变化、适应学生生源特点，主动运用信息技术进行课堂教学改革。完善激励机制，加大教师开发精品共享课程、在线课程以及

信息化教学改革研究的经费支持和奖励力度，充分调动教师进行混合式课堂教学模式改革的积极性和主动性。以信息化教学大赛为基础，通过信息化教学公开课，为教师进行混合式课堂教学改革构建信息化教学经验交流的有效渠道。

结束语

"互联网+"背景下，教师的教学理念、教学方法以及教学评价等如何适应职业教育的发展，高职院校教师信息化教学能力也带来新的挑战。线上线下混合式学习模式是将来教育发展的必然趋势，现代信息技术改变了我们的生活方式，也改变了学生的学习方式，那么作为教师的我们，就应该不断更新观念、不断学习，主动适应社会变化、主动适应生源特点，不断进行课堂教学改革与创新。

参考文献（略）

（在陕西省职业技术教育学会2017年学术年会上的发言交流材料）

"一体两翼"高职思政课教学改革与实践

闫红茹

西安航空职业技术学院马克思主义学院副院长 教授

一、成果简介与总体情况

根据《中共中央宣传部、教育部关于进一步加强和改进高等学校思想政治理论课的意见》中实施方案（05方案）要求，针对在高职思政课教学中存在的发挥教师的主导作用多，发挥大学生的主体作用少；理论讲授多，学生实践参与少；老旧内容教授多，与时俱进的内容少；强调社会对大学生的要求多，而对大学生成长、成才中面临的问题关注少；高职学生对感性知识接受多，而对理性知识接受少；上课学生睡觉、玩手机的多，抬头听课的少；课内学习时间安排多，课外时间学习要求少；传统理论讲授方法运用多，现代化教学手段运用少等现象，西安航空职业技术学院思政课教师坚持问题导向，不断探索，形成了"一体两翼"的高职思政课教学模式。

该成果历时七年的实践，成功申报课题3项（其中省级1项、院级2项），发表论文13篇，主编教材2本，校内讲义3本，全省思政教学工作会议上交流2次，学院思政工作会议上交流1次，学院"说课、说专业"比赛中获奖2次。在教学实践的过程中，学生全过程参与，每学期产生百名优秀时事述评员、优秀"红帆学社"社员等，学生获得感明显增强。该成果从理论教学和实践教学两个方面入手，进行教学实践改革创新，使思想政治教学工作始终贴近青年学生，润物无声地给学生以人生启迪、智慧光芒、精神力量。

二、总体思路

"一体两翼"的高职思政课教学改革与实践，遵循教育教学规律，在课程设计理念上体现出以学生为中心，突出主体性；以能力为目标，突出实践性。在教学中贯穿了"两个转化"，即"教材体系向教学体系的转化，知识体系向信仰体系的转化"。

"一体两翼"的教学模式中，课堂教学为主体，以"434模式"发挥思政教师的主导作用，贴近社会实际、贴近生活实际、贴近学生实际，主动回应社会热点、生活难点、学生关注点，从教学内容、形式和方法手段上创新，使学生把课本上的理论知识内化于心，外化于行。鼓励教师通过各种形式把课堂与课外结合、校内与校外结合、集中与分散结合，实现课堂教学向课外教学的延伸和拓展。课内实施"三个一"实践教学，开拓了学生的视野，培养学生关心国家大事的责任意识。课外开展"五个基地、五种精神"教育，让学生现场感受历史、民族、时代与个人命运的紧密联系，增强历史使命感和责任感，激发学生为实现中华民族伟大复兴的中国梦而奋斗。

三、实施过程

七年来，结合高职思想政治理论课教学实际，先后做了以下工作：

第一阶段：思想政治理论课实践教学改革。努力建设了一批思政课实践教学基地，形成了实践教学大纲，改革了实践教学方法及考核评价办法，推动了思政课实践教学模式创新，提高了教学实效性、针对性。

第二阶段：高职思政课教材体系向教学体系转化。在总结以往我院思政课改革实践的基础上，进行充分的调查研究，透彻分析教材重点难点，编写了《思想道德修养与法律基础》《毛泽东思想和中国特色社会主义理论体系概论》学生指导用书和统一教案；编写了《思想政治理论课实践教学手册》。

第三阶段：思想道德修养与法律基础课程专题式教学实践。针对"基础课"教学实际需要，在教学中实施专题式教学，取得了良好的教学效果。

第四阶段："一体两翼"高职思想政治理论课教学实践。在前期研究的基础上，形成比较系统的"一体两翼"高职思政课教学模式。

四、成果的主要内容

1. 不断探索、创新，逐步形成了"一体两翼"的高职思政课教学模式

经过多年的高职思想政治理论课教学实践，我们不断进行探索创新，逐步形成"一体两翼"的高职思政课教学模式。"一体两翼"的教学模式，旨在通过教学内容、教学方法手段等方面的改革创新，努力实现"两个转化"，即"教材体系向教学体系的转化、知识体系向信仰体系的转化"。"一体两翼"中的"一体"指课堂理论教学，以"434"的模式来支撑，充分发挥教师在思政课教学中"导向、导学、导思、导练"的主导作用，把理论教学分为课前、课中、课后三个阶段，综合运用蓝墨云、微博微信等多种教学方式和手段，保障课堂理论教学的效果。"两翼"指课内实践教学和课外实践教学，通过课内"三个一"和课外五个基地，对广大青年学生进行西航精神、航空精神、时代精神、民族精神和奉献精神"五种精神"教育。

2. 推进专题式教学改革创新，形成了我院思想政治理论课教学特色

（1）"思想道德修养与法律基础"课中实施专题式教学，提高了教学针对性与实效。经过在教学过程中的不断摸索，通过打破现行教材中章节的界限，对教学内容进行整合、提炼、概括和充实，将"基础课"划分为既有先后连接又相对独立的专题进行讲授，并围绕着专题确定教学内容，形成新的教学模式，运用多元的教学方法，使教学贴近学生实际、突出社会热点，极大地增强了教学的针对性和实效性。

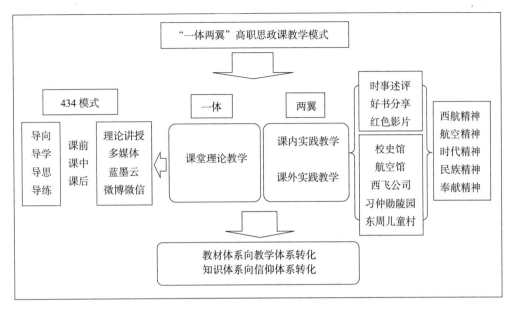

"一体两翼"思政课教学模式框架图

（2）通过打造"四个精品"，办好一个讲堂，带好一个社团，搞好一次社会调查，提升了思想政治理论课教师的学术理论水平、教学能力和科研素养。通过打造"四个精品"，即精品课堂、精品微课、精品课件、精品实践课，提升了思政课教师的教学能力和水平，增强了思政课教师队伍的团队协作能力；通过举办"时政大讲堂"，结合时事热点、难点，宣传党和国家的方针政策，分析国内外形势变化，使学生能更加正确认识世界和中国发展大势，正确认识中国特色和国际比较，正确认识时代责任和历史使命，正确认识远大抱负和脚踏实地，珍惜韶华、脚踏实地，把远大抱负落实到实际行动中，让勤奋学习成为青春飞扬的动力，让增长本领成为青春搏击的能量。通过带好思想政治理论课学生社团"红帆学社"，进一步提高了学生运用理论分析问题、解决问题的能力，调动学生的学习理论的积极性、主动性，提升了思政课的亲和力。通过组织学生社会调查，进一步提升了学生深入实际，对现实问题作周密的调查研究的能力，加深了学生对党的实事求是思想路线的理解，也帮助学生树立和掌握了正确的世界观和方法论。

五、成果的特色与创新之处

（1）理念思路的创新。"一体两翼"的高职思政课教学模式体现了以学生为本的理念思路，从学生实际出发，创新教学模式，提升了思政课的亲和力和实效性。无论是"一体"还是"两翼"都重在发挥学生的主体作用，设计出符合高职学生知识水平，操作性强的教学模式，改变了过去生硬死板、满堂灌的教学模式，从而使思政理论入脑、入心，让学生在"有虚有实、有棱有角、有情有义、有滋有味"的思政课中，满足了成长成才成功的需求，大力提升学生对思政课的获得感，也达到了巩固意识形态主阵地的目的。

（2）内容形式的创新。"一体两翼"的高职思政课教学模式在实施过程中，非常重视转化。将枯燥的教材内容转化为生动、易于接受的教学内容,将抽象的思想政治理论通过各种教学方法、手段的创新逐步转化为学生的信仰。在教学过程中,通过专题式教学来突出重点,把理论的重点难点作为一个个专题来讲深讲透。通过课内课外学生的亲身实践,来体会理论的强大的指导力量,增强理论对学生的吸引力和感染力,让学生在实践中产生一种"我要学理论"的渴望。

(3)方法手段的创新。"一体两翼"的高职思政课教学模式推动思想政治理论教学传统优势同信息技术高度融合,综合运用微博、微信、蓝墨云班课等新兴媒体,全过程精心指导,全方位精准施策,使思想政治工作始终贴近青年学生,润物无声地给学生以人生启迪、智慧光芒、精神力量。

总之,"一体两翼"的高职思政课教学模式,通过理念思路、内容形式、方法手段的创新,做到了情理结合、寓情于理,把外部灌输与内心感悟、课堂讲授与现场体验、理性思维与情感体验相结合,增强了思政课的生动性、吸引力和感染力。

六、成果的推广情况与应用效果

该成果通过七年的实践,取得了很好的教学效果和教学成果。

(1)"一体两翼"的高职思政课教学模式,已经很好地融入"毛泽东思想和中国特色社会主义理论体系概论""思想道德修养和法律基础""形势与政策"等课程的日常教学中,初步实现了"教材体系向教学体系的转化",充分调动了学生的学习积极性,极大地提升了教学过程中学生的参与度,有效地提高了思想政治理论课的教学实效,从而为实现"知识体系向信仰体系的转化"奠定了比较坚实的基础。

(2)围绕改革实践,申报并完成省级、院级课题3项,思政课教师科研能力不断提升。

2012年7月—2014年9月,申报并完成省级科研课题"高职院校思想政治理论课实践教学模式研究"。本课题通过研究,建设了一批思政课实践教学基地,形成了实践教学大纲,改革了实践教学方法及考核评价办法,推动思政课实践教学模式创新,提高了教学实效性、针对性。

2013年3月—2014年3月,申报并完成了院级课题"高职思政课教材体系向教学体系转化研究",初步实现教材体系向教学体系的转化,建立了具有我院特色的思政课实践教学体系,构建了终结性考核与过程性考核相结合的更加科学合理的思政课教学考核评价体系。

2016年4月—2017年4月,申报并完成了院级课题"专题式教学在思想道德修养与法律基础课程中的应用研究"。专题式教学能够有效实现教材体系向教学体系、知识体系向信仰体系的转化,切实提升大学生对"基础课"教学的认同和获得感,提高思政课的教学质量和实效性。本课题从专题式教学设计、专题式教学应用模式、"基础课"专题式教学存在问题及对策、"基础课"专题设置四个方面进行研究探讨,提出了相应的结论与建议。

(3)根据教学需要,编写了《思想道德修养与法律基础》学生指导用书《毛泽东思想和中国特色社会主义理论体系概论》学生指导用书两本教材及统一教案;编写了西安航空职业技术学院《思想政治理论课实践教学手册》。

（4）2010年至今，公开发表《浅析思想政治理论课社会实践教学的组织与实施》《专题演讲讨论在高校思修教学中的应用》等相关学术论文13篇。

（5）在2017年教育部组织的专家听课活动中，王仙先老师主讲的"思想道德修养和法律基础"课赢得专家的高度认可，被推荐为全国高校思想政治理论课优秀教师。

（6）闫红茹的"'一体两翼'的教学模式在思政课中的应用"在学院第二届"说课说专业比赛"中获二等奖；彭艳的"《毛泽东思想和中国特色社会主义理论体系概论》课程改革"在学院第四届"说课说专业比赛"中获三等奖。

（7）马克思主义学院思政课教学经验"'时事述评'在思政课中的应用"在2016年陕西省思政教育研究会年会和陕西省高职思政教育年会上两次发言交流，受到了与会专家同行的一致好评。

（8）2017年6—9月，组织了第一届思想政治理论课教学设计、PPT课件和教学展示活动，思政课专兼职教师积极参与。通过比赛，产生了一批优秀作品，发现了一些优秀教师，得到了学校领导和广大教师的一致好评。

（9）"时政大讲堂"作为马克思主义学院教学实践的一大亮点，截至目前已经组织了6期。各期大讲堂主讲人围绕国际国内热点问题，进行深入浅出的讲解，收到良好的效果，得到广大师生的一致欢迎和好评。

（10）由马克思主义学院指导的思想政治理论学生社团"红帆学社"，在学生中开展毛泽东诗词朗诵、唱红歌、读原著等活动，通过微博、微信等平台积极宣传马克思主义理论和党的方针、路线和政策，得到广大学生的热切关注和积极参与，在教学实践的过程中，学生全过程参与，每学期产生百名优秀时事评述员、优秀读书笔记、优秀"红帆学社"社员等，学生的获得感明显增强。

七、后续工作与今后努力的方向

进一步完善"一体两翼"的思政课教学模式，提高思想政治理论课的教学实效。

1. 课堂理论教学

（1）继续完善"思想道德修养与法律基础"专题式教学实践，逐步在"毛泽东思想和中国特色社会主义理论体系概论""形势与政策"课程中进行专题式教学，提高专题式教学的效果。

（2）继续进行思政课课堂教学改革，推广蓝墨云班课等现代化教学手段，充分发挥学生在课堂教学过程中的主体作用，调动学生的学习积极性、主动性。

（3）继续挖掘开发线上教学资源，实现线上教学和线下教学的有机结合，课堂教学和课外学习的有机结合。

2. 课内实践教学与课外实践教学

（1）进一步完善实践教学环节，优化实践教学考核方式，更加合理地安排实践教学内容，促进实践教学形式的多样化，增强实践教学的针对性、灵活性，使学生能够充分发挥个人专长，使学生学以致用，学有所得。

（2）充分利用现有的课外实践教学基地，争取拓展更多的课外实践教学基地，为课外实践教学的实施提供可靠的保障。

（3）进一步探索课内实践教学与课外实践教学的有机结合，提高实践教学的实效性。

（在陕西省职业技术教育学会2017年学术年会上的发言交流材料）

O2O教学模式在土建类专业课堂教学中的探索与应用

李 静

延安职业技术学院农林与建筑工程系教师 讲师

由于任务驱动、项目导向式的教学方法往往需要更多的教学时间来引导学生完成项目，课堂教学时间很难满足要求。因此，在高速发展的多媒体、互联网等信息技术支持下，探索并应用"O2O教学模式"。

该模式是由任课教师提供以教学视频为主要形式的学习资源，学生通过信息技术的辅助，在课下完成对教学视频等学习资源的观看和学习，课堂上的时间主要是由教师和学生一起完成协作探究和互动交流等活动。其本质是学生的课外准备和课堂活动组成的反馈循环，并且课堂活动是由课外准备决定的。它的目标主要是利用学生反馈引导教学，并激发学生的学习动机。

一、O2O教学模式的应用思想

首先，网络平台的便捷性可使学生课余时间自主学习，打破传统教学空间及时间的限制，学习进度可自由把握，提高学习效率。同时各种先进的教学手段可增强教学效果：对于比较容易理解的知识点，可通过单纯性讲授向学生传授知识；对于比较抽象，难以理解或者描述的知识点，可通过二维、三维动画或者视频等方式将其生动、具体、形象地展示出来；对于项目式教学中不易模仿的工作现场，则可通过现场视频、三维现场模拟等方式全方位、立体式地展现出来。这不仅激发学生的学习兴趣，更能建立学生全方位的立体思维模式，提高想象力。

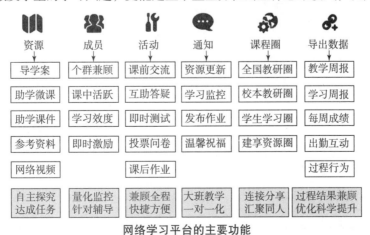

网络学习平台的主要功能

其次，传统的项目式教学中教学内容多，课程容量大，教师在传统授课中对每个知识点都进行讲解的话，课堂时间会显得不足。O2O教学模式下，教师可以将知识的学习放到课前。学生可根据自身情况选择并安排学习内容。网络资源的共享更是为学生提供了大量知识来源，学生可根据自身的实际情况在网络上选择阅读相关资料。对已经熟悉的知识点不必再花费时间去学习，只要去阅读自己不清楚的知识点即可，并完成线上的知识点学习。通过课前学生对知识点掌握程度的反馈，教师在课堂只需很短时间，对存在问题进行讲解。这将大大增加学生动手参加课堂实践操作，以及在遇到实际问题时小组间的讨论或者与老师的讨论时间。这种富有成效的面对面互动学习及亲自动手参加项目时间，会大大提高学生的学习动手积极性。

O2O教学模式的应用——课中环节

在开展实践类课程的教学过程中，使用此模式，可打破传统教学仅仅发生在"课堂"中的局限，充分发挥网络和多媒体的优势，将教学延伸到课前，学生可以根据个人安排，在碎片化的时间中随时随地开展课前预习和互动，教师在课上根据课前反馈进行有针对性的指导，学生则偏重基于任务的技术操作、相关作品设计与分享，激发学生兴趣同时，也体现了学生的自主性。

二、O2O教学模式的组织实施

下面具体以高职院校土建类专业《建筑制图与识图》课程中的"建筑平面图的识读"为例，采用O2O教学模式组织与实施教学，引导学生进行移动化学习。

1. 遵循学生的认识规律进行教学设计

依据职业教育教学改革要求，基于翻转课堂教学理念，采用项目教学、自主探究、团队协作等混合式教学方法，以建筑平面图为载体进行教学设计，完成平面图的识读与练习过程。

整个教学过程分为课前准备、课堂实施、课后拓展三个环节，课前学生根据教师要求查阅资料，为课上做准备。课上首先通过回顾及视频展示，导入教学内容，教师讲解任务一，学生分组完成任务二。课后学生独立完成练习和测试，教师指导答疑。

2. O2O教学模式的教学过程

本课程以任务驱动提高认知能力，通过信息化教学手段，扩展学生的学习时间与空间，破解教学重难点，进而提高学生的职业能力。整个教学过程将充分利用蓝墨云、教学资源库、网络课程平台等教学资源，以学生为主体，发挥教师的主导作用，开展"课前导预习、课上导学习、课后导拓展"的教学活动，信息化教学手段的应用使得整个过程更直观、更有趣。

整个教学过程分为课前准备、课堂实施、课后拓展三个环节。

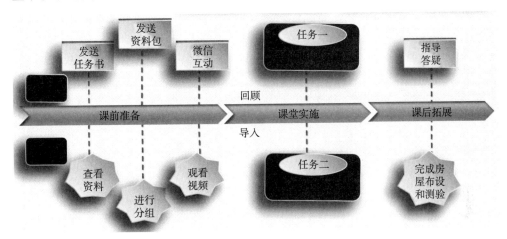

O2O 教学模式教学过程——以"建筑平面图的识读为例"

课前，教师将课前学习资源上传，通过网络学习平台向学生发布任务，学生自主学习课件并观看视频，完成课前测试，教师依据测试结果优化教学内容。

课上，教师通过视频演示售楼部里买房人群对房屋户型的关注，进而引导出建筑平面图是反映建筑物室内布局的重要图纸。

具体学习内容包括两个学习任务，任务一"平面图的识读"、任务二"平面图的识读练习"。主要采取视频、动画演示等手段，完成任务一中的"平面图形成、用途"的讲解，使得抽象原理形象化，学生更容易掌握。

学习初始，教师通过以简单易懂的单层建筑物剖切、移去、投影的动画与图片为教学案例，形象展示建筑平面图的形成，使得学生对平面图的产生有了感观认识。

教师再通过工地操作视频，展示建筑平面图的用途主要是用于砌墙、留置门窗洞口等，使得学生加深对平面图用途的理解。

教师通过楼梯等平面图中典型构件的动画展示，讲解首层平面图的形成及识读要点。再利用网络学习平台完成学习任务书的下发，学生按照任务书的要求以小组为单位，实施任务作业，完成其他层平面图的学习任务。教师针对教学平台上的提问学生，一对一、手把手指导，实现差异化教学。

任务一的最后环节，学生通过查看微课资源，结合教师的课堂小结，回顾任务一的主要内容，实现自我总结提升。

任务二是"平面图识读练习"部分，其子任务一"建筑平面布局模拟"，教师将引导学生利用酷家乐在线资源，开拓思维，发挥个人设计想象，初步完成建筑平面布局。学生的操作成果也将继续作为课后扩展内容，以巩固课堂学习成果。

在子任务二"绘图测试"中，学生将以小组为单位实施任务，通过实际项目案例的计算机绘图操作练习，提高计算机绘图能力，扩展职业能力。

最后，基于中望识图能力实训评价软件，学生完成在线学习评估。通过知识链接的学习，学生完成单项识图测试与综合识图测试。

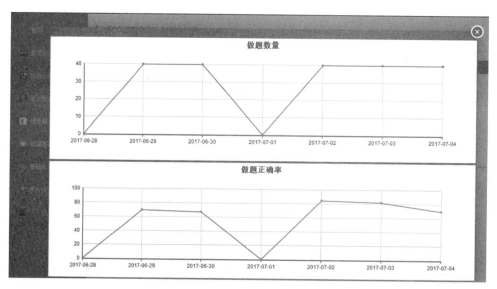

学生获得近期的学习情况趋势图

学生获得在线识图能力评价

通过这一过程，教师不仅对学生学习效果进行了分析统计，也为后续课堂教学准备提供依据。而学生不仅可以实时获取自己的成绩，还可以得到近期的学习情况趋势图。通过实践，发现可以促进学生的学习积极性和自我约束性，同时在考核基础上实现总结提升。

课后，学生继续完成酷家乐在线平面布局模拟，还可以通过 BIM 模型、二维码在线测试等，开展自主训练，巩固课堂学习成果。

三、O2O 教学模式下的考核方法和内容

结合网络学习平台的各项功能,科学安排考核方法和活动。课程的考核贯穿整个学习过程,通过"课前预习在线测验、课上练习即时考核、课后扩展在线作业"等方式,实现多元化考核评价机制。

(1) 资源学习:教师通过学习平台于每次课前 1 周发布教学 PPT 课件,实现和记录即时教学资源分享,学生下载云班课文件到移动端学习。

资源学习 Top 5

姓名	学号	资源学习获得经验值	占资源总经验值 N 的百分比
王卓	123456789	11	2.70%
高伟	1255821	11	2.70%
李创国	00000000000	11	2.70%
陈瑞库	161395004071001	9	2.21%
杨少晨	12345678	9	2.21%

学生线上资源学习排名情况

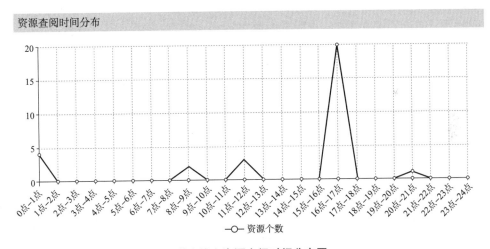

学生线上资源查阅时间分布图

(2) 课堂签到:课堂上教师通过云班课发起在规定的时间里通过某一个手势或一键签到,签到的人数即时反馈给教师,当教师结束签到或未开始签到时,学生无法签到。

(3) 测试:课程组教师根据课程标准讨论并确定测试题以及题量,通过云班课创建测试活动,选择活动开始后,系统自动发送消息提醒所有云班课学生参加测试活动,系统即时反馈结果,教师依据测试结果点评或教学。

(4) 讨论答疑:每个学习点设置"讨论答疑"板块,师生针对本章学习中存在的问题展开讨论,可以学生相互解答,也可以教师解答。

(5) 头脑风暴:每个学习单元设置 3~5 个层次较高的开放性问题供学习思考讨论,训练学生的思维能力和语言表达能力。

（6）作业/小组任务：每个学习点根据教学目标布置适当作业任务，分个人独立完成和小组完成两种形式。

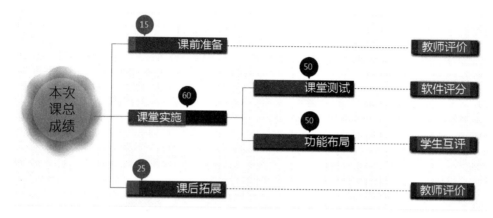

O2O 教学模式下的考核方法和内容——以"建筑平面图的识读"为例

四、O2O 教学模式的应用效果

为了解学生的使用习惯和学习偏好，对 O2O 教学模式产生的教学影响，以及了解该模式的应用效果，进行了相关调查，选取了大量学生统计数据，进行了科学分析。

（1）学生对 O2O 教学模式总体评价较好，有 84.01% 的学生认为该教学模式能够帮助他们提高学习兴趣。同时学生认为该模式的优点在于能够拓宽知识面和视野、培养自主学习能力、同学间讨论更充分、深化教学知识点、补充课程相关知识点、激发学习兴趣和热情、促进师生交流。学生最为认可的优点在于培养自主学习能力和补充课程相关知识，二者的百分比均占到 69.81%；接下来学生认可的是深化教学知识点、拓宽知识面和视野与促进师生交流，三者所占百分比分别为 50.94%、50% 和 48.11%。

（2）基于网络学习平台的学习，是学生主动获取知识或技能的自主学习过程。对于不同资源的"浏览量"，反映了学生更倾向于以何种形式学习教学资源。一般教师提供的资源包括视频、PPT、文档、图片等。分析结果表明，学生更倾向于直观的教学视频，占整个资源浏览量的 53.83%。另外，又经过数据分析与走访学生发现，对理论性较强的课程，如《建筑力学》《建筑结构》等，学生更倾向于观看在线 PPT，学生有更多的时间思考，而遇到有疑问的内容，也可以通过网络查阅或询问教师获得解决。对操作性较强的课程内容，如《CAD》等，学生观看视频的时间明显要高于理论性较强的课程，学生遇到不熟悉的操作内容，一般会让视频暂停，然后动手实践，待得到验证后，再继续观看。

（3）对于线上课程学习常见的四大功能，调查学生对这些功能促进学习的具体实践效果的反馈。经统计分析发现，学生对这些功能比较认可。大概有 80% 的学生认为这些功能能够帮助他们提高课堂学习效果。学生对上传视频、案例功能的满意度最高，为 87.74%；线上答疑功能次之，为 83.96%；线上答题功能再次之，为 81.13%。线上讨论功能的满意度是最低的，有 26.42% 的学生认为该功能对其提高学习效果没有帮助，该比例远超过学生对其他功能的不满意度，其中最大的差距达到 14.16%。

五、O2O 教学模式实施过程中的问题与挑战

（1）手机 App 性能不足、学生设备参差不齐和学校网络不稳定、容量小等外部因素，较大程度上影响了学生在该模式下的学习积极性。

（2）教学内容的选择也是影响教学实践效果的重要因素。在研究调查中，部分学生反映线上学习的题量大、活动多、耗时长，而且课程繁多，所以如果在其中一门课程上耗费大量时间，会影响学生总体学习效率。因此，如何合理地选择教学内容和引导方式，对于提高 O2O 教学模式的实践效果尤为重要。

（3）该教学模式对教师的能力提出了新的要求，主要体现在以下方面：

一是教师要有一定的课堂掌控能力。课堂上使用网络学习平台，教师要有海纳百川的胸襟、有足够宽广的视野、有足够丰富的经验、有掌控全局的气场才能更好地驾驭课堂。同时，教师同注意对课堂时间的合理分配，以免拖堂。

二是教师要有精心的教学设计能力。一方面教师要设计好课上、课下活动，开展丰富多样的教学活动，才能吸引学生的；另一方面教师要注意课前让学生学会网络学习平台的操作，以免影响第一次课程的教学进度，以及学生的学习热情。

三是教师要有丰富的教学资源开发能力。教师推送的教学资源要与教学设计要求吻合、与教学活动需求配套，将教学资源分类建立便于学生查找。教师应注意，制作的教学资源尤其是视频资源不宜过长、过大，以免学生产生厌倦情绪。

四是教师要有大数据分析能力。教师要定期根据网络学习平台上自动统计汇总的数据进行学情分析，及时发现问题并沟通处理。同时，教师要关注学习进度落后的学生，以免学生掉队。

总之，将传统课堂变成"互联网＋手机"的 O2O 教学模式，实现了课堂即时互动、激发了学生利用手机进行自主学习的兴趣，也提高了课堂教学效率，对解决目前高职院校课堂师生教学冲突、课堂教学与手机在线学习冲突问题，有着重要的理论与现实意义。

（在陕西省职业技术教育学会 2017 年学术年会上的发言交流材料）

高职《动物生物化学》实验课程教学改革探讨

侯金星

杨凌职业技术学院 讲师 博士

动物生物化学主要从分子水平上探讨动物体生命活动的规律，是畜牧兽医专业学生的必修课程。近年来，动物生物化学的发展非常迅速，已经渗透到工业、农业、食品科学、医疗卫生、环境保护等多种学科。其理论与技术可为动物日粮配制、代谢疾病诊断治疗、新药物开发等方面的研究提供科学依据。

动物生物化学是一门实践性很强的课程，实验教学在动物生物化学教学中具有重要的作用，它是培养学生基本操作技能、创造性思维能力和探索求实精神的

重要手段。生物化学实验教学的目的主要表现在三个方面：第一，加深学生对理论知识的理解，并将理论联系实际。第二，掌握实验的基本方法和技能。第三，培养学生严谨的科学态度和作风。这种传统的教学模式受场所、课时、设备等因素的限制，加上教学内容枯燥、抽象，在很大程度上抑制了实验教学的实践效果，本文在分析高职院校动物生物化学实验教学现状、存在的问题的基础上，提出创新能力培养视野下高职院校动物生化实验教学改革的对策与建议，期望通过对实验教学手段、教学内容等方面的改革，为社会培养满足时代要求的应用型人才的教学目标。

一、高职院校生物化学实验教学现状及存在的问题

（1）教学内容陈旧。依照教育部对于21世纪动物生产类专业教育的要求，按照"以学生为中心，以教师为主导"的教学理念，强调在基础理论、基本知识和基本技能培养的基础上，重视前沿知识和相关学科知识的渗透。从目前来看，大部分高职院校动物生化实验教学沿袭了普通高校传统的实验体系。尽管传统的实验教材中设置的内容可以在一定程度上帮助学生理解和巩固所学理论知识，但也仅限于作验证知识的手段，远远达不到培养学生动手操作能力、创造性思维能力以及自学能力的教学目标。

高职畜牧兽医专业，实验教学是在校学习过程中培养学生实践动手能力最主要的途径。随着社会的进步和畜牧行业的发展，生物化学技术在畜牧行业的应用越来越广泛，如常用的聚合酶链式反应技术等，但由于高职院校动物生化实验教学内容陈旧过时、起点低，使得生产中常见的实用技术很难走进课堂，导致学习与生产实践脱节，影响到实验教学的成效。

（2）教学方式单一。在教学过程中，学生是教学的主体，不是被动接受知识的机器，但在实际的教学方法选择中，普遍存在固定的一套教学模式，即教师讲原理→操作示范→学

生动手→报告结果→教师讲评。在整个实验教学过程中,学生根据教师的指导对照着实验步骤机械式地进行操作,没有给学生留足够的思考空间和时间,不仅不利于培养学生的独立思考能力和创造性思维能力,还很容易导致学生对生物化学实验失去学习兴趣。这种常规的教学方法已经不能满足社会发展的需要和教学的需求。

(3) 考评模式落后。高职院校动物生化实验课现行的考评模式主要由实验报告、实验态度、操作能力及出勤率四个评价要素组成。由于实验报告中的实验目的、原理、步骤有着固定的模式,实验结果又可以推定,导致部分学生不做实验且抄袭现象比较严重。加上在实验过程中,一位教师带30多个学生,很多学生都持观望态度,模仿别人的操作。也就是说,教师在课堂上掌握的学生实验操作情况并不准确。对学生是否已掌握了实验基本方法和分析能力是很难判断的。

(4) 教师的教学水平有待提高。与师资力量强大的普通高校相比,高职院校的教学水平还有待提高。客观地讲,这是社会上教育资源分配不均造成的。由于教学水平的限制,高职院校的教师很难对学科内容的广度、深度有一个科学全面的认识和把握。此外,实验教学手段、方法和技巧也比较生涩,缺乏灵活度。这些都是影响高职院校动物生化实验教学质量的客观原因。不得不说,如果能够为高职院校的教师多提供一些专业学习和深造的机会,促进其专业水平和教育素养的提高,对提高高职院校的教学水平是大有裨益的。但是,从现实情况来看,高职院校的办学经费比较紧张,根本没有多余的经费投入到教师的深造学习中。这一问题值得引起国家相关部门的高度重视,并采取相应的政策、财政手段改善高职院校经费紧张的问题。

(5) 实验环境待完善。随着社会上对高职院校培养学生质量的认可,高职院校就业形势良好,报考高职院校的人数也在逐年升高,高职院校扩招现象明显。随之而来的是扩招导致高职院校教学设施及师资的缺乏,受实验场地、师资及教学时间的限制,在课堂上很难满足每个学生都操作练习的需求,大多数是分组进行,4~6个人一组进行实验,导致有的同学没事干或者不愿干,严重影响了学生实验的积极性。除此之外,有的实验费时较长,部分学生实验结果不理想却没有机会进行验证,使得实验课堂教学效果不明显。

二、创新能力培养视野下高职院校动物生化实验教学改革的对策及建议

(1) 改革教学大纲,优化教学内容。实验指导教材是实验教学的基础。传统的高职动物生化实验教学内容大都是验证性的,比如,影响酶活性的因素,血液葡萄糖测定、血清总脂测定等。这些实验内容只是对课本知识的验证,内容比较单一,而且起点低。在整个实验教学过程中,学生运用理论知识就可以推断出实验结果。这虽然能在一定程度上帮助学生训练和巩固课本知识,但对学生动手实践能力、解决问题能力以及创新能力的培养是十分不利的。而且这样枯燥、单一的实验内容很容易打消学生对实验学习的积极性,影响到教学效果。因此,建议高职教师在选择动物生化实验教学内容时,尽可能地选编一些综合性实验项目。需要强调的是,综合性实验项目的选择要遵循"基础性、实用性、适用性"三方面原则,注重培养学生的综合素质。这就需要高职教师跳出课本知识的框架,选择一些既与课程知识相关,又与实际相关的综合性知识,比如,动物胰蛋白酶的制备与活性测定。这一实验项目不仅涉及物理学、生物学、化学、解剖学等方面的知识,而且与畜牧专业学生以后的岗

位工作有着密切的联系。这不仅有利于激发学生的学习兴趣及内在的学习动机，而且有利于拓宽学生的知识面，培养学生的科研能力。同时，在实验的过程中，学生通过对课本知识的灵活运用，能够帮助其进一步巩固所学知识，并且达到举一反三的效果。

（2）改革教学手段，突出学生的主体地位。实验教学是理论联系实际的实践活动。要想体现实验教学的功能与价值，必须让学生多动手、多思考。但是，在传统的高职动物生化教学模式中，无论是理论知识的讲解，还是动手实践操作环节，都是教师占据主导地位，学生被动接受教师的知识灌输。这就要求高职教师以人为本的教学观念为指导，对教学手段进行改革和创新。具体可以从以下两方面入手：一是在实验讲解环节，要求学生到讲台上讲解实验目的、实验原理、实验具体操作过程及注意事项等。对于学生讲解不到位的地方，教师进行补充和完善。这样既能检验学生对相关知识的预习情况，也有助于调动学生学习的积极性和主动性。二是在实验操作环节，教师把全部实验交给学生动手做，自己只做必要的把关定向工作。实验准备环节，包括玻璃器皿洗涤、烘干，试剂的称量、配制，仪器的选择等都让学生分组准备，让学生明白实验是一项系统复杂的工程。在实验过程中，教师不要过多地干预，要给学生留有充足的思考和实践空间。这一方面可以让学生明白实验中每一个环节的细微变化都有可能影响到实验结果，从而培养自己科学、严谨的实验态度；另一方面也可以起到锻炼学生克服困难的决心和毅力。这些态度和能力的培养不仅对提高学生的实验操作技能有很大帮助，而且可以为学生以后更好地胜任相关岗位工作打下坚实的基础。

（3）改革考试模式，注重培养学生的综合能力。长期以来，我国高职动物生化实验考核主要通过实验报告进行。这种单一性的考核模式并不能有效客观地考评实验教学后学生获得的知识和能力。因此，建议高职教师转变单一性的考核模式，建立全面的考核指标体系。具体包括以下几个方面：一是实验报告。除了考核学生对实验目的、实验步骤及实验结果的分析，还要重点考核学生对实验的收获、体会以及通过实验得出的经验、教训。这不仅可以初步反映出实验教学的效果，还能够在一定程度上帮助学生端正实验态度，树立实事求是的精神。二是课堂提问。教师可以把课堂提问纳入实验考核体系，对学生预习实验指导情况进行考核。学生对实验指导的掌握情况虽然不是最终的考核目标，但可以反映出学生对实验学习的态度，而且学生对实验指导的掌握情况与最后的实验学习效果有着直接的关系。三是实验过程中的动手操作能力。实验教学最主要的目的是培养学生的动手操作能力，而实验报告、课堂提问只能反映出学生对实验相关知识的掌握情况，并不能考察出在实验过程中操作能力。教师可以在日常的实验教学中，对学生操作是否规范，放置是否有序等方面进行及时、客观地记录，总结归纳后纳入实验教学考核指标。此外，新的考核体系要突出对学生的技能考核，打破传统的以理论为主的考核。教师在设计考核题目的环节，可以结合畜牧临床出题，把学生分成若干个组，通过小组合作的方式设计实验方案、进行实验操作，最后撰写实验报告。教师根据每个小组成员在整个考核过程中的具体表现给出成绩，而不是单一以实验报告为依据。这不仅有助于锻炼学生的实验技能，而且能够引导学生合作学习、探究学习、自主学习，使学生的综合素质大大提高。

（4）提升教师的专业素质。高职动物生化实验教学教师专业素质是制约实验教学质量与水平提高的关键因素。对此，高职院校必须加强对实验师资队伍的建设，培养高水平的实验教师团队。首先，在配备师资的环节，要对实验教师做出高水平要求，确保实验教师与理论课教师的学历、能力等水平相当。这对平衡高职院校中理论与实验两方面教学之间的比重是有很大积极作用的。其次,高职院校要为实验教师提供专业培训的机会。比如,在职学习、校外深造等。无论采取哪种培训途径,都要做到有计划、有目标地培养,扎实推进高校高素质实验教师专业团队的建设。最后,实验教师要主动积极地了解和吸收当前社会上最先进的科学技术,以便促进实验教学方法和手段的创新,提高自身的专业能力和水平。

在高职院校畜牧专业中,动物生物化学是一门至关重要的基础课。动物生化实验教学不仅关系到学生对动物生物化学这门学科内容的理解和掌握程度,而且也是培养学生实际动手能力、解决问题能力以及创新能力的重要途径。因此,高职畜牧专业教师要充分认识到动物生化实验教学的重要性,从教学内容、教学手段、考试模式等多个方面对动物生化实验教学进行全方位的改革,提高动物生化实验教学水平和质量。同时,也使学生各方面的能力和素质得到全面提升,真正实现创新型职业技术人才的培养目标。需要强调的是,高职院校动物生化实验教学是一项长期的、艰巨的任务,不可能一蹴而就。各高职院校也应结合自身实际情况,有计划、有步骤地进行,扎实推进动物生化实验教学模式的改革。

(在陕西省职业技术教育学会2017年学术年会上的发言交流材料)